高校创业教育

实证分析·比较借鉴·路径探索

胡瑞 著

中国教育出版传媒集团

高等教育出版社·北京

内容简介

　　本书包含绪论、高校创业人才培养的理论分析、我国高校创业教育的发展历程与挑战、我国高校创业教育的实证研究、英国高校创业教育的比较与借鉴、高校创业教育发展的路径探索，共6章内容。全书在理论分析和对高校创业教育发展历程梳理的基础上，介绍了对我国高校创业教育的实证研究，在比较借鉴的基础上提出我国高校创业教育发展的优化路径和策略，旨在为我国高校创业人才培养提供参考借鉴。本书供教育主管部门咨询决策及高校管理工作者和相关教师教学和研究参考使用。

图书在版编目（CIP）数据

　　高校创业教育：实证分析·比较借鉴·路径探索 /
胡瑞著 . -- 北京：高等教育出版社，2025.3. -- ISBN
978-7-04-064270-4

　　Ⅰ. G647.38

　　中国国家版本馆 CIP 数据核字第 20256U3C09 号

GAOXIAO CHUANGYE JIAOYU：SHIZHENG FENXI · BIJIAO JIEJIAN · LUJING TANSUO

| 策划编辑 | 李光跃 | 责任编辑 | 李光跃 | 封面设计 | 赵　阳 | 责任印制 | 刘弘远 |

出版发行	高等教育出版社	网　　址	http://www.hep.edu.cn
社　　址	北京市西城区德外大街4号		http://www.hep.com.cn
邮政编码	100120	网上订购	http://www.hepmall.com.cn
印　　刷	唐山市润丰印务有限公司		http://www.hepmall.com
开　　本	787mm×1092mm　1/16		http://www.hepmall.cn
印　　张	10.75		
字　　数	250 千字	版　　次	2025 年 3 月第 1 版
购书热线	010-58581118	印　　次	2025 年 3 月第 1 次印刷
咨询电话	400-810-0598	定　　价	42.00元

本书如有缺页、倒页、脱页等质量问题，请到所购图书销售部门联系调换

前　言

党的二十大报告指出，"坚持创新在我国现代化建设全局中的核心地位""全面提高人才自主培养质量，着力造就拔尖创新人才"。培养富有创新精神和实践能力的创业型人才，是新时代国家赋予高等学校的重要使命，也是高等学校为创新驱动发展提供动力的根本途径。创新创业型人才具有创造意识、创新精神、创新思维和创新能力等核心特质，是助推我国各行业转型升级和高质量发展的重要动力。尽管推动高校创业教育发展、培养大量创新创业人才的重要性已取得普遍共识，但围绕高校创业教育发展、创业人才培养的理论探索及实证研究仍有待进一步深化，大学生积极创业心理的机制也有待进一步挖掘。

面向中国式现代化战略要求，针对加快提升创新创业人才自主培养质量的要求，本书基于创业教育理论分析，探索了我国高校创业教育的发展历程与挑战；剖析了大学生创业心理形成与发展的内在机制；比较分析了英国高校创业教育发展的典型做法、经验与启示；提出了推进我国高校创业教育发展的主要策略。研究力图围绕创新创业人才培养形成科学的解释逻辑，促进高校创业教育的高质量发展，强化高校对现代化建设的人才支撑，服务于"大众创业、万众创新"。全书围绕创业教育的理论体系、发展历程、创业实践、比较分析和策略探讨等方面形成了基本结论。

人格特质理论、计划行为理论、社会认知理论和教育生态理论等为高校创业教育的研究与实践提供了重要依据。人格特质理论提倡基于创业者特质培养和选拔潜在创业者；计划行为理论表明意向是影响行为最直接的因素，创业教育要关注大学生创业意向的培养和生成；社会认知理论启发创业学习可以运用标杆模仿，创业人才培养要注重榜样的示范作用并鼓励积极实践等。教育生态及"三螺旋"理论强调，高校要立足外部环境激发创业教育的内生动力，促进各类要素有序流动，为创新创业人才培养汇聚更多优质资源，引领区域经济创新与转型。

回顾我国高校创业教育发展历程，主要经历了三个阶段：2002年以前是"自主探索阶段"，高等学校根据自身办学传统及发展状况自主开展创业教育；2002—2010年进入"试点推进阶段"，教育部确定了9所创业教育的试点高校，正式启动了高校创业教育；2010年之后，我国高校创业教育进入"深化发展阶段"，教育部出台了《关于大力推进高等学校创新创业教育和大学生自主创业工作的意见》，形成了政府和高校齐抓共管的良好格局。然而，面向中国式现代化新征程，我国高校创业教育还面临着诸多挑战，亟须一步完善与发展。

高校创业教育的根本目的是提升大学生的创新精神、创业能力，实现全面发展。创业心理研究是"教育心理学化"在创业教育中的体现，对于提高创业教育质量具有重要意义。笔者围绕大学生创业心理的实证研究发现，大学生创业态度在创业教育与创业意向之间发挥着中介作用；知觉行为控制在创业教育与创业意向之间具有中介作用；主观规范通过创业态度和知觉行为控制影响创业意向；创业教育组织形式影响个体主观规范。此外，认知灵活性是大学生创业心理发展的关键要素，显著正向影响大学生的创业意向，主要的传导路径是创业自我效能和创业警觉性的链式中介作用。

放眼世界，提升我国高校创业教育的世界影响力，必须汲取世界一流大学的经验，促进国际先进经验的本土化，服务于中国式现代化。本书系统分析了英国创业教育政策变迁，英国高校创业教育组织建设方式，以及创业教育中专创融合的路径。研究认为，英国一流大学的创业教育普遍将培养企业家精神作为重要目的，将创业教育课程体系建设作为重要支撑，将促进创业教育与专业教育的融合作为突破路径，同时借助创业教育组织体系建设变革创业教育模式、优化创业路径和创新创业资源管理与配置。

面向未来，全面提升我国创新创业人才自主培养质量，要着力提升大学生创业文化认同感，建构合理的创业教育课程体系；优化创业教育教学过程及方法，特别要注重探索"情景式"创业教学策略；健全师资队伍建设，不断优化创业教育师资结构；促进大学生积极创业心理发展，关注创业自我效能、创业警觉性和认知灵活性等积极创业心理的引导；强化创业教育组织建设以及建构良好高校－政府－企业三螺旋体系等。

创业教育是推动创新引领发展的重要路径，创新创业人才是建设创新型国家的重要力量。创业教育研究与实践拥有广阔的发展前景和强大的生命力。本书研究框架的厘定以及研究和写作历经数年，其间得益于北京师范大学刘宝存教授的悉心帮助和指导；得益于浙江大学徐小洲教授及团队的引领和支持；华中农业大学研究生李彩云、徐传雲、赵紫睿、张慧杰、冯燕、王一涵和王丽等参与了研究工作。付梓之际，我谨向所有帮助和支持本研究的专家、朋友、团队成员和高等教育出版社表示衷心的感谢。

囿于作者的学术积累和学术素养，本书还有很多未尽之处，希望专家、学者和同仁不吝指正。在研究和撰写过程中，我们参考了国内外的许多研究成果，未能一一列出，敬请谅解。

胡 瑞
2023 年 8 月

目　录

1 绪论 ·· 1

　　1.1 研究缘起 ·· 1

　　1.2 概念界定 ·· 3

　　1.3 文献综述 ·· 9

　　1.4 研究思路与研究方法 ·· 22

2 高校创业人才培养的理论分析 ·· 25

　　2.1 人格特质理论及其对创业人才培养的启示 ·································· 25

　　2.2 计划行为理论及其对创业人才培养的启示 ·································· 28

　　2.3 社会认知理论及其对创业人才培养的启示 ·································· 33

　　2.4 教育生态理论及其对创业人才培养的启示 ·································· 36

　　2.5 三螺旋理论及其对创业人才培养的启示 ····································· 40

3 我国高校创业教育的发展历程与挑战 ·· 44

　　3.1 我国高校创业教育的发展历程 ··· 44

　　3.2 我国高校创业教育的推进策略 ··· 48

　　3.3 我国高校创业教育面临的问题与挑战 ······································· 57

4 我国高校创业教育的实证研究 ·· 61

　　4.1 高校创业教育对大学生创业意向的影响 ····································· 61

　　4.2 高校创业教育对大学生创业技能的作用 ····································· 91

　　4.3 大学生创业心理的影响机制 ·· 96

　　4.4 实证研究反思 ·· 111

5 英国高校创业教育的比较与借鉴 ·· 114

　　5.1 高校创业教育政策：英国创业政策30年变迁 ···························· 114

　　5.2 创业教育组织建设：剑桥大学精英创业协会的组织及运行 ··········· 120

　　5.3 专业教育与创业教育融合：伦敦大学学院的实践 ······················ 124

5.4 国外高校创业教育发展的经验借鉴 ··· 130

6 高校创业教育发展的路径探索 ··· 133
6.1 明确创业教育的根本目的 ··· 133
6.2 完善高校创业教育政策制度 ··· 134
6.3 优化高校创业教育组织建设 ··· 136
6.4 大力发展高校创业师资队伍 ··· 138
6.5 推进高校创业课程体系改革 ··· 139
6.6 改革高校创业教学策略 ··· 142
6.7 强化高校创业文化建设 ··· 144

参考文献 ··· 147

表　目　录

表 3-1　我国创新创业教育相关政策（1998—2020 年）⋯⋯⋯⋯⋯⋯⋯ 49

表 3-2　我国 3 座城市创业教育政策情况 ⋯⋯⋯⋯⋯⋯⋯⋯⋯⋯⋯⋯ 53

表 3-3　主要大学生创新创业竞赛基本情况 ⋯⋯⋯⋯⋯⋯⋯⋯⋯⋯⋯ 55

表 4-1　变量的描述统计及相关分析 ⋯⋯⋯⋯⋯⋯⋯⋯⋯⋯⋯⋯⋯⋯ 66

表 4-2　有中介的调节效应检验结果 ⋯⋯⋯⋯⋯⋯⋯⋯⋯⋯⋯⋯⋯⋯ 67

表 4-3　样本基本情况 ⋯⋯⋯⋯⋯⋯⋯⋯⋯⋯⋯⋯⋯⋯⋯⋯⋯⋯⋯⋯ 74

表 4-4　量表的信效度检验结果 ⋯⋯⋯⋯⋯⋯⋯⋯⋯⋯⋯⋯⋯⋯⋯⋯ 76

表 4-5　变量的区分效度检验结果 ⋯⋯⋯⋯⋯⋯⋯⋯⋯⋯⋯⋯⋯⋯⋯ 76

表 4-6　主要研究变量的描述性分析 ⋯⋯⋯⋯⋯⋯⋯⋯⋯⋯⋯⋯⋯⋯ 78

表 4-7　性别统计变量下的 t 检验结果 ⋯⋯⋯⋯⋯⋯⋯⋯⋯⋯⋯⋯⋯ 79

表 4-8　学科差异的 t 检验结果 ⋯⋯⋯⋯⋯⋯⋯⋯⋯⋯⋯⋯⋯⋯⋯⋯ 80

表 4-9　生源地差异的 t 检验结果 ⋯⋯⋯⋯⋯⋯⋯⋯⋯⋯⋯⋯⋯⋯⋯ 80

表 4-10　父母及亲属创业经历差异的 t 检验结果 ⋯⋯⋯⋯⋯⋯⋯⋯ 81

表 4-11　高校创业支持差异的 t 检验结果 ⋯⋯⋯⋯⋯⋯⋯⋯⋯⋯⋯ 82

表 4-12　年级方差齐性检验结果 ⋯⋯⋯⋯⋯⋯⋯⋯⋯⋯⋯⋯⋯⋯⋯ 82

表 4-13　年级差异的方差分析结果 ⋯⋯⋯⋯⋯⋯⋯⋯⋯⋯⋯⋯⋯⋯ 82

表 4-14　家庭居住地域方差齐性检验结果 ⋯⋯⋯⋯⋯⋯⋯⋯⋯⋯⋯ 83

表 4-15　家庭居住地域的方差分析结果 ⋯⋯⋯⋯⋯⋯⋯⋯⋯⋯⋯⋯ 83

表 4-16　父母受教育程度的方差齐性检验结果 ⋯⋯⋯⋯⋯⋯⋯⋯⋯ 84

表 4-17　父亲受教育程度的方差分析结果 ⋯⋯⋯⋯⋯⋯⋯⋯⋯⋯⋯ 84

表 4-18　母亲受教育程度的方差分析结果 ⋯⋯⋯⋯⋯⋯⋯⋯⋯⋯⋯ 85

表 4-19　结构方程模型拟合结果 ⋯⋯⋯⋯⋯⋯⋯⋯⋯⋯⋯⋯⋯⋯⋯ 86

表 4-20　标准化路径系数和标准误结果 ⋯⋯⋯⋯⋯⋯⋯⋯⋯⋯⋯⋯ 86

表 4-21　创业技能的主要结构维度 ⋯⋯⋯⋯⋯⋯⋯⋯⋯⋯⋯⋯⋯⋯ 91

表 4-22　因子分析结果 ⋯⋯⋯⋯⋯⋯⋯⋯⋯⋯⋯⋯⋯⋯⋯⋯⋯⋯⋯ 94

表 4-23　模型拟合指数 ⋯⋯⋯⋯⋯⋯⋯⋯⋯⋯⋯⋯⋯⋯⋯⋯⋯⋯⋯ 95

表 4-24　各因子负荷的参数估计值及 t 值 ⋯⋯⋯⋯⋯⋯⋯⋯⋯⋯⋯ 95

表 4-25　样本基本情况 ⋯⋯⋯⋯⋯⋯⋯⋯⋯⋯⋯⋯⋯⋯⋯⋯⋯⋯⋯ 99

表 4-26 各量表的信度效度检验结果 ……………………………… 100

表 4-27 主要研究变量描述性统计结果及相关系数矩阵 …………… 101

表 4-28 层级回归模型 ………………………………………………… 102

表 4-29 样本基本情况 ………………………………………………… 107

表 4-30 变量的描述统计及相关分析 ………………………………… 109

表 4-31 中介效应检验的 Bootstrap 分析 …………………………… 110

表 5-1 剑桥大学精英创业协会内外部关系 ………………………… 123

表 5-2 伦敦大学学院的主要创业社团 ……………………………… 129

图 目 录

图 2-1　计划行为理论结构模型 ··· 29

图 4-1　有中介变量的调节模型 ··· 64

图 4-2　TPB 视角下创业教育与大学生创业意向的关系模型 ······················· 73

图 4-3　结构方程模型的估计路径系数结果 ······································· 87

图 4-4　大学生创业技能影响关系模型 ··· 94

图 4-5　大学生创业意向影响关系模型 ··· 99

图 4-6　调节效应示意图 ·· 103

图 4-7　链式中介效应模型 ·· 107

图 4-8　认知灵活性、创业自我效能、创业警觉性和创业意向的关系模型 ············ 110

图 5-1　剑桥大学精英创业协会执行委员会组织构架 ······························ 121

图 5-2　工程创新与创业专业主要课程设置情况 ··································· 127

图 5-3　工程创新与创业专业的实践平台 ··· 127

1

绪 论

"大众创业、万众创新"背景下，创新创业已经成为一种价值导向和生活方式。大学生具备较高的人力资本，是高层次创业和学术创业的潜在群体，也是助推创新型经济发展的重要动力。本章厘清了包括创业教育、创业人才培养、创业意向在内的相关概念内涵；回顾分析了创业教育大学生创业心理的前期研究结论；找准本研究的切入点和可能的创新之处，在此基础上提出了研究的思路与方法。

1.1 研 究 缘 起

教育、科技、人才是全面建设社会主义现代化国家的基础性、战略性支撑。加快建设教育强国，必须坚持教育优先发展，全面提高人才自主培养质量，着力造就拔尖创新人才，为中国式现代化建设塑造发展新动能新优势。中国拥有全世界最庞大的学生群体，"大众创业、万众创新"背景下，高校毕业生不仅是机会型创业、学术创业的主体，同时也是促进经济增长和提高区域创新水平的重要动力。

第一，具备创新精神和创业技能的大学生是推动创新型国家发展的动力。纵观发达国家创业型经济发展进程，高校创新与创业教育的贡献极为凸显。硅谷、"128 公路"分别依托斯坦福大学和麻省理工学院的创新创业人才培养、科技成果转化以及高科技创业企业获得持续发展的动力。剑桥大学通过创业学习中心（Center for Entrepreneurial Learning）和剑桥创业中心（The Cambridge Entrepreneurship Center）打造创业教育网络、推动创新与创业，在剑桥地区建立了一千多家高科技企业，不仅增加了社会财富，还通过创业提供了大量就业机会，形成了"剑桥现象"（Cambridge Phenomenon）。高校创业教育至少在三个层面发挥突出作用：一是提升大学生创新创业能力，缓解高校毕业生就业压力；二是提高区域自主创新能力，推进创业型经济发展；三是优化高校内部组织改革。目前，我国经济增长方式由要素驱动向创新驱动转变，拥有较高人力资本的大学生是高层次创业、学术创业的重要来源。高校创业教育以培养大学生的创新精神和创业能力为根本目标，因此，转变教育思想观念，改革人才培养模式，提高创业教育管理水平，培养更具社会竞争力的创新型人才成为高等教育的重要使命。

第二，基于大学生创业心理的创业教育策略，是提升创业人才培养质量的重要途径。20 世纪 80 年代以来，创业在促进经济增长、增加就业、提高人均收入水平等方面的作用日益突出，受到政府和学术界的普遍关注。但是，传统的创业教育理念及实施方式受"行为主义理论"的影响较为深远，学生成为适应高校创业教育的"反应系统"，形成了"刺激—反应"学习系统。大学生的创业学习过程成为接受教师创业知识传授这一"外部刺激"而产生的反应，是一个被动接受的过程。传统的创业教育和创业学习方式不利于创业教学方式拓展与创新，制约了高校创业教育效果。著名教育家裴斯泰洛齐认为，"教育必须提高到科学的水平，教育科学应该起源并建立在对人的心理探索的基础上"。"教育心理学化"向高校创业教育过程的移植无疑成为创业教育革新的理论动力。大学生创业心理和创业教育的结合，逐步成为创业教育研究和实践的重要方向。创业认知、创业意向、创业警觉性、创业自我效能、创业激情及创造力等成为当前教育学和社会心理学研究的前沿问题，挖掘大学生创业心理的形成及演化的规律，能够为创业教育实践提供理论支撑，同时有利于建构有效的创业教学设计及策略，探索可被教授的创业认知过程，从而通过高质量的创业教学培养出高水平创业人才。

第三，我国高校创业人才培养存在系列问题有待突破。"大众创业、万众创新"背景下，高校毕业生成为促进经济增长和提高区域创新水平的重要动力。然而，我国高校创业教育效果不尽理想、大学生创业依然存在突出问题有待解决。一是大学生创业参与率低下。教育部课题组调查表明，2016 之前的 10 年里，我国仅有 1.94% 的毕业生具有真实创业经历，远低于发达国家 20%~30% 的比例，且参与率呈现下滑趋势；2015 届大学毕业生毕业三年后仍坚持创业的为 44.8%，2022 届大学毕业生自主创业比例为 1.5%，高校毕业生在创业率和创业层次上出现"双低"困境。二是高层次、机会型创业比例不高，致使创业领域知识资本化水平偏低。2009 年，教育部高校学生司的全国调查表明，高校毕业生从事高科技创业的仅占创业总量的 17.11%。[1] 同年，成都团市委调查显示，超过 40% 的大学生选择了生存型创业，没有发挥自身的知识和技术优势。依据最新发布的《2022 年中国大学生就业报告》，2021 届大学生毕业半年后"自主创业"的比例仅为 1.2%，远低于发达国家 20%~30% 的创业参与率。[2] 高校毕业生创业参与率和成功率的"双低"困境成为摆在高校创业教育发展面前的难题。三是高校创业教育尚未实现带动就业的"倍增效应"。目前，大学生创业行为改进还面临诸多困境：就业压力日益严峻与大学生创业意识薄弱的矛盾，创业机会涌现与大学生创业能力低下的矛盾，受教育程度越高与创业意向越低的矛盾。因此，高校创业教育距离高质量发展尚有距离。

自 1999 年扩招以来，我国高等教育规模不断扩大，现已进入大众化发展阶段。近年来，高校毕业生就业难问题成为劳动力市场普遍出现的主要矛盾，同时还面临创业率和创业层次的"双低"困境，"上水平"也已成为现阶段"大众创业、万众创新"的关键性问

［1］郭必裕.我国大学生机会型创业与生存型创业对比研究［J］.清华大学教育研究，2010，31（4）：70-73.

［2］麦可思研究院.2022 年中国大学生就业报告.

题。党的十八大明确指出，经济发展方式转变依赖于创新创业活动，要"鼓励创业""促进创业带动就业""支持青年创业"。党的十九大报告重申，"实施扩大就业的发展战略，促进以创业带动就业""完善支持自主创业、自谋职业政策，加强就业观念教育，使更多劳动者成为创业者"。党的二十大报告再次强调，"深入实施科教兴国战略、人才强国战略、创新驱动发展战略""破除妨碍劳动力、人才流动的体制和政策弊端""支持和规范发展新就业形态""完善促进创业带动就业的保障制度"。新形势下，创业教育研究应该将政策研究、教学改革等宏观问题与大学生创业心理等微观内在机制相结合，采用多学科交叉的研究方法，开辟以大学生个体创业的认知过程、心理过程、行为过程为切入点的新思路，探讨高校创业教育发展及大学生高层次创业行为的形成规律与调节机制，促进知识的资本化、提高创业人才培养质量。

1.2 概念界定

1.2.1 创业教育

创业研究在西方学界掀起高潮后，人们越来越重视个体创业素质的培养，"创业教育"应运而生。创业教育研究专家 Gibb 认为："创业不是魔法，也不神秘。它与基因没有任何关系。创业是一种训练，而就像任何训练一样，人们可以通过学习掌握它。"事实上，每个学生身上都在某种程度上存在着可以培养成为企业家的天赋。[1] 这些论断道出了创业教育的可行性及创业人才培养的可能性。1947 年，哈佛大学商学院的迈勒斯·梅斯（Myles Mace）教授率先开设了一门创业教育课程"新创企业管理"（Management of New Enterprises），共有 188 名 MBA 学生参加了这门课程的学习，[2] 这标志着美国高校创业教育的肇始。直到 1989 年，创业教育的概念才真正走入大众视野。柯林·博尔（Colin Boer）在"面向 21 世纪教育国际研讨会"上提出"未来人应手持三本教育护照，一本是学术性的，一本是职业性的，一本是创业性的。"

创业教育是面向全体学生、结合专业教育、将创新创业教育融入人才培养全过程的教育，[3] 其本质是培养学生具备创业行动所需的观察力、创业意识、创业思维和创业技能，并最终使受教者具有一定创业能力。[4] 经济学视域下，创业教育可以被理解为洞察外部商业环境，评估创业者自身和团队的能力和资源，参考对手公司的模式，从而为新公司建立

［1］GIBB A A. Enterprise culture and education：understanding enterprise education and its links with small business，entrepreneurship and wider educational goals［J］. International Small Business Journal，1993，11（3）：11–34.

［2］KATZ J A. The chronology and intellectual trajectory of American entrepreneurship education：1876—1999［J］. Journal of Business Venturing，2003，18（2）：283–300.

［3］王占仁．"广谱式"创新创业教育的体系架构与理论价值［J］. 教育研究，2015（5）：56–63.

［4］JONES C，ENGLISH J. A contemporary approach to entrepreneurship education［J］. Education and Training，2004，46（8/9）：416–423.

分析商业模型；[1]创业教育的核心内容是引导学生提高不确定环境下的机会识别能力、行动能力，以及掌握企业管理基本原理、商业计划和市场营销等；[2]创业教育可以划分为创业精神教育、创业起始教育、创业责任教育和创业技能教育四个维度。

国内早期也有学者从哲学视角分析创业教育，胡晓风等人认为"创业教育就是培养人生旨在创业的教育，就是构建合理人生的教育，或者说是提高人生质量的教育。"[3]基于不同的教育目的，创业教育的内涵也有所不同。我国有学者认为"创业教育实质上也是一种素质教育"，创业教育的目的是培养具有开创性精神的人。张玉利等指出"对于作为素质教育的创业教育来讲，其本质并不是让接受创业教育的学生都去创办自己的企业，而是培养掌握创业者技能和富于创业精神的管理人才。"[4]而联合国教科文组织对创业教育的定义则是从"培养创业技能"的角度出发，认为"从广义上来说创业教育是指具有开创性的个人，它对于拿薪水的人同样重要，因为用人机构或个人除了要求受雇者在事业上有所成就外，正在越来越重视受雇者的首创、冒险精神，创业和独立工作能力及技术、社交、管理技能。"[5]

从本质上看，创业教育是一种培养人的社会活动，它具有教育活动的一般属性，也兼具创业教育的特殊性质；无论是在学校开展的正规创业教育，还是贯穿于日常生活中的各种潜移默化的精神渲染，或是个体的自主学习，都理应归于创业教育体系之中。从其特殊性质来看，创业教育的教育主客体、教育措施、教育内容均与其他类别的教育有所区别，它是教授创业技能、培养创业意识和创业思维，最终使受教育者具有一定创业能力的教育。

1.2.2　创业人才培养

首先，创业人才培养是一种人才培养活动。关于人才培养的内涵，《军事大辞海》将人才培养解释为"通过各种教育训练和实践，不断提高人才的政治思想觉悟、科学文化水平和技术能力的活动"。[6]王晓辉（2014）认为人才培养是一个系统工程，包括培养的理念、目标、主体、客体、途径、模式与制度七大要素，着重解决的是教育理念的确立、人才培养目标的设定、人才培养对象的甄选、人才培养主体的开发、人才培养途径的选择、人才培养过程的优化、人才培养制度的保障七大问题。[7]陈天勇（2015）认为人才培养需要制订培养目标和培养形式，利用科学的、可操作的培养实施路径，并遵循一定的方法步

［1］MULLINS J，KOMISAR R. Getting to Plan B：breaking through to a better business model［M］. Boston，MA：Harvard Business Press，2009.

［2］TANG J，KACMAR K M，BUSENITZ L. Entrepreneurial alertness in the pursuit of new opportunities［J］. Journal of Business Venturing，2012，27（1）：77–94.

［3］胡晓风，姚文忠，金成林. 创业教育简论［J］. 四川师范大学学报，1989（4）：1–6.

［4］张玉利，陈寒松. 创业管理［M］. 北京：机械工业出版社，2011.

［5］曹扬. 转变经济发展方式背景下高校创新创业教育问题研究［D］. 长春：东北师范大学，2014.

［6］卓名信，熊五一，周家法，等. 军事大辞海［M］. 北京：长城出版社，2000.

［7］王晓辉. 一流大学个性化人才培养模式研究［D］. 武汉：华中师范大学，2014.

骤和思维结构，实现人才培养的最终目标。[1]陈克现等（2015）认为人才培养内涵一般包括两方面具体内容：一是教育价值取向，涉及对人才培养各个环节的理解和选择，诸如对学校的社会办学定位、人才培养规格定位、学科专业的设置、课程内容体系构建、教学模式选择的理解和认识。二是人才培养目标体系，包括教育目标、人才培养目标、人才培养规格、课程目标、教学目标等。[2]徐晓鸣（2019）认为人才培养是指对人才进行教育和培训的过程。[3]结合以上对人才培养的解释，可以认为人才培养是在一定的教育思想的指导下，根据社会和人的发展需要，通过构建培养目标体系、设计合理且可操作的培养模式、制定科学的培养制度等来对人才进行系统的教育和培训，以提高其素质、知识水平和能力的活动。

其次，根据人才培养的相关理论，创业人才培养中目标的确定、制度的设计、途径和模式的选择等都要围绕创业人才展开。以人的全面发展理论为基础，创业人才培养要以培养创业人才的广泛兴趣为出发点，着力引导创业人才行为能力发展、个性潜能释放，通过倡导个性化教育促进创业人才全方面均衡发展。以能力本位为基础，创业人才培养要着重培养创业人才的实践能力、分析能力、创新创业能力、团队协作能力等，打造以能力培养为核心的教学体系。以大学生成长成才理论为基础，创业人才培养要促进大学生通过客观实践，实现主观世界的持续更新，调整自身创业思维和创业策略，保证创业目标始终朝着正确积极的方向发展。以多元智能理论为基础，创业人才培养要在培养过程中采用多元化教育教学方法，融合多门学科知识，注重创业人才创新创业精神的培养，提高其独立思考能力。

综上所述，创业人才培养是指以现代教育理论、教育思想为指导，通过相对稳定的人才培养制度、培养模式、课程体系及选择适当教学内容等对学生进行教育教学和实践训练，以培养学生的创新创业意识、思维、能力、素质，促进其全面个性化发展，使学生能成为具备一定创业能力和创业潜质的创业人才的培养活动。

1.2.3 创业意向

西方学者中 Bird（1988）较早提出创业意向的概念。Bird 认为，创业和战略性管理是两种不同类型的行为，创业意向是有意识的精神状态，受到个人背景和社会背景的影响，且个人或社会因素都必须通过形成意向来影响创业行为。[4]Boyd 等（1994）拓展了Bird 的理论，他们在创业意向的产生因素中引入了自我效能感这一要素，用其解释创业意向如何由思想转变为行动，并认为创业自我效能感会影响创业意向的产生，对个体的

［1］陈天勇. 基于素质模型的高校创新型科技人才培养研究［J］. 现代营销（下旬刊），2015（9）：92.

［2］陈克现，周向阳，王春潮. 应用技术型人才培养的内涵与途径——以独立学院的教学改革为例［J］. 高等农业教育，2015（9）：56–60.

［3］徐晓鸣.“绿色教育”视角下的职业院校环境教育人才培养研究［D］. 济南：山东师范大学，2019.

［4］BIRD B. Implementing entrepreneurial ideas：the case of intentions［J］. Academy of Management Review，1988，13（3）：442–454.

创业行为能起到重要的中介作用，这为后来研究创业者特质对创业意向的影响打下了基础。[1] Krueger 等（2000）认为作为潜在创业者对从事创业活动与否的一种主观态度，创业意向是创业者的创业前提，潜在的创业者只有具有了一定程度的创业意向才可能从事创业活动。[2] 因此，创业意向是创业行为最好的预测指标，是对人们具有类似于创业者特质的程度以及对创业的态度、能力的一般描述，是企业寻求发展或者组织寻求革新的原动力。类似地，Hicham 等（2023）将创业意向描述为认知状态：个体的自我认知决策，他们的目标是建立和拥有自己的企业。[3]

国内也有学者在西方研究的基础上进一步分析创业意向，丁明磊（2008）借用 Krueger 等人的观点，认为个体在创业前首先需要产生一定的创业意向，只有先期具备了创业意向才可被视为真正从事创业活动的潜在创业者，因此，创业意向应被解释为个体是否从事创业活动的一种主观态度，是对人们具有创业者特质的程度以及对创业的态度、能力的一般描述，是对创业行为最好的预测指标。[4] 与此相似，郑爽等（2022）通过实证研究表明"创业意向是大学生实施创业准备行为的先决因素，是个体因素指向创业准备行为的中介变量，创业意向的高低决定了大学生创业行动的可能性，创业意向高的个体更容易从事创业行为"。[5] 王建红（2011）将创业意向定义为潜在创业者对是否从事创业活动的主观态度，并提出它是最好的创业行为预测指标，代表着创业潜在主体选择创业的可能性，是创业的内生原动力。[6] 邱慧燕等（2023）从创业韧性视角探究了创业团队经历创业失败后的连续创业意向形成机制。[7]

国内外学者围绕创业意向做的大量研究均一致认为创业意向是创业行为最好的预测变量，其代表了潜在创业者未来是否从事创业活动的一种主观态度，只有具备较强创业意向的个体才有可能开始真正的创业行为。

1.2.4 创业能力

"能力"在《辞海》中指成功地完成某种活动所必需的个性心理特征。人的各种能力

［1］BOYD N G, VOZIKIS G S. The influence of self-efficacy on the development of entrepreneurial intentionsand actions ［J］. Entrepreneurship Theory and Practice, 1994, 18（1）: 63–90.

［2］KRUEGER N F, REILLY M D, CARSRUD A L. Competing models of entrepreneurial intentions ［J］. Journal of Business Venturing, 2000, 15（5）: 411–432.

［3］HICHAM L, KHADIJA D, HOUDA B, et al. Antecedents of civil engineering students' entrepreneurial intentions: Dataset article ［J］. Data in Brief, 2023, 49: 109410.

［4］丁明磊. 创业自我效能及其与创业意向关系研究 ［D］. 天津: 河北工业大学, 2008.

［5］郑爽, 刘红瑞, 李静, 等. 主动性人格与大学生创业准备行为的关系: 创业意向的中介效应与创业社会支持的调节作用 ［J］. 心理发展与教育, 2022, 38（6）: 813–821.

［6］王建红. 海外归国人员创业自我效能及其与创业意向关系研究——基于上海海归的实证 ［D］. 上海: 华东师范大学, 2011.

［7］邱慧燕, 雷轶, 管凌云. 创业失败对连续创业意向的影响——创业失败学习与创业韧性的作用 ［J］. 创新与创业教育, 2023, 14（3）: 20–28.

是在先天基本素质基础上，通过后天学习、生活及实践而形成发展的。创业能力是成功完成创业行为所必需的能力和心理特征，既包括目前已经具备的能力和素质，也包括可以通过外界刺激或影响而展现的潜在能力。学者们主要从个体和组织层面来定义创业能力。个体层面，Thompson（2004）把创业能力看作创业者的天赋能力，[1]Man 等（2002）认为创业能力是创业者拥有的智力资本，包括个性、隐性知识和关键技能，是创业者开创事业或成功履职的综合能力。[2]组织层面，Rule 等（1993）把创业能力定义为组织识别新想法、新产品和新观念的手段和方法，[3]Arthurs 等（2006）把创业能力界定为组织根据识别到的市场机会获取所需资源以开发机会或者建构新市场机会的能力。初青松（2014）等则认为创业能力是指将自己或他人的科研成果或市场创意转化为现实生产力的能力[4]。

目前有关创业能力维度的研究中，大多围绕着机会、资源等创业领域最核心的内容展开。一是基于机会视角对创业能力进行划分，March（1991）认为创业者的创业能力主要可以分为两个能力，即探索能力和开发能力，探索即寻找创业机会，开发即通过掌握资源将找到的创业机会变为创业项目，让其在创业企业中落地生根。[5]Chandler 等（1994）将创业能力划分为六个维度，分别为机会识别能力、机会预见能力、概念能力、人际关系能力、政治能力、职能能力。[6]Man 等（2002）则将创业能力划分为机会能力、关系能力和战略能力。[7]国内基于机会视角划分创业能力比较有代表性的有唐靖和姜彦福（2008），他们在整合的基础上将创业能力划分成机会识别与开发能力和运营管理能力。[8]尹苗苗和费宇鹏（2013）在前述两种能力的基础上进一步进行了细化，并结合中国情境，运用实证方法将创业能力划分为机会相关能力、战略相关能力、网络相关能力、管理相关能力及领导相关能力，进一步丰富了创业能力的内涵。二是基于资源角度对创业能力进行划分。[9]Baron 和 Shane（2005）认为"创业致力于创造新事物，如新产品或新服务、新生产过程、发掘新市场、组织现有资源的新方法等"。[10]国内学者王洪才（2022）认为创业能

［1］THOMPSON B. Exploratory and confirmatory factor analysis：Understanding concepts and applications［J］. Washington，DC：American Psychological Association，2004.

［2］MAN T W Y，LAU T，CHAN K F. The competitiveness of small and medium enterprises：A conceptualization with focus on entrepreneurial competencies［J］. Journal of Business Venturing，2002，17（2）：123–142.

［3］RULE E U，IRWIN D W. Fostering intrapreneurship：The new competitive edge. Journal of Business Strategy，1993，9（3）：44–47.

［4］初青松，孙靖皓，侯梦琪 . 基于大学生创业教育的模式研究［J］. 辽宁教育行政学院学报，2014，31（1）：41–44.

［5］MARCH J G. Exploration and exploitation in organizational learning［J］. Organization Science，1991，2（1）：71–87.

［6］CHANDLER G N，HANKS S H. Founder competence，the environment，and venture performance［J］. Entrepreneurship theory and practice，1994，18（3）：77–89.

［7］MAN T W Y，LAU T，CHAN K F. The competitiveness of small and medium enteprises：A conceptualization with focus on entrepreneurial competencies［J］. Journal of BusinessVenturing，2002（17）：123–142.

［8］唐靖，姜彦福 . 创业能力概念的理论构建及实证检验［J］. 科学学与科学技术管理，2008（8）：52–57.

［9］尹苗苗，费宇鹏 . 创业能力实证研究现状评析与未来展望［J］. 外国经济与管理，2013，35（10）：22–30.

［10］罗伯特，巴隆，斯科特 . 创业管理：基于过程的观点［M］. 张玉利，谭新生，陈立新，译 . 北京：机械工业出版社，2005.

力是个体勇于把想法付诸行动的能力，是一种实践能力。[1] 葛宝山等（2023）认为创业能力包括机会识别能力、创新和风险承担能力、国际网络能力、国际营销能力、国际学习能力五大维度。[2]

综上所述，创业能力是指一个人在创业过程中所拥有的能力和技能。它涵盖了多个方面，包括创新能力、领导才能、决策能力、执行力、团队合作能力、市场洞察力、财务管理能力等。这些能力不仅能够帮助创业者解决问题和应对挑战，也能够为创业企业的成功打下坚实的基础。

1.2.5 创业环境

创业环境作为在创业活动中发挥重要作用的影响因素，一直都是学者们探究创业行为时关注的要点。Gartner（1985）基于组织环境理论并融合"创业活动中可获得所需资源"这一命题，指出创业环境主要由创业者可以获得的资源、政府机构及科研院所的支持等多种要素共同构成。创业环境是创业者在创建企业的过程当中，对新创企业成长具有一定作用的多个外部因素所共同构成的有机整体。[3] 池仁勇（2002）认为："创业环境是创业者周围的境况，是创业者及其企业产生、生存和发展的基础，它是个多层面的有机整体，由创业文化、政策、经济和技术等要素构成，是一个复杂的社会大系统。"蔡莉等（2007）在前期研究基础上提出创业环境是指对创业者创立企业整个过程产生影响的一系列外部因素及其所组成的有机整体。[4] 陈琪、金康伟（2008）将创业环境归纳为三类：一是平台论，指出创业环境是社会、研究机构、政府有关部门共同为创业者创建新事业所提供的公共平台；二是因素论，认为创业环境是对创业行为产生影响的多个要素的有机结合；三是系统论，认为创业环境涵盖了多个创业要素，共同组成了一个复杂的系统，而围绕着创业者的政策、经济、文化等构成了创业者创建新企业的基础，该复杂系统所具有的多个层面构成了有机的整体。[5] 方鸣等（2021）认为创业环境是指创业者所处的现实环境，它是对创业行为产生影响的各项因素的综合。[6] 谭新雨（2022）将创业生态环境分为金融支持、人力资本、创业平台、生活服务 4 个模块。[7] 孙博等（2022）认为创业环境包括治理环境、法治环境、金融环境、市场环境与技术环境 5 个方面。[8]

国外学者围绕创业环境的研究起步较早，提出了一些比较经典的研究方法和构成框

［1］王洪才.创新创业能力的科学内涵及其意义［J］.教育发展研究，2022，42（1）：53-59.

［2］葛宝山，赵丽仪.战略指导下企业精一国际创业能力进阶研究［J］.外国经济与管理，2024，46（1）：92-107.

［3］GARTNER W B. A conceptual framework for describing the phenomenon of new venture creation［J］. Academy of management review, 1985, 10（4）：696-706.

［4］蔡莉，崔启国，史琳.创业环境研究框架［J］.吉林大学社会科学学报，2007（1）：50-56.

［5］陈琪，金康伟.创业环境问题研究述评［J］.浙江师范大学学报（社会科学版），2008（5）：110-114.

［6］方鸣，翟玉婧，谢敏，等.政策认知、创业环境与返乡创业培训绩效［J］.管理学刊，2021，34（6）：32-44.

［7］谭新雨.科技人才创业生态环境：内涵探索与量表开发［J］.科学学研究，2023，41（11）：2038-2049.

［8］孙博，刘善仕，彭璧玉，等.区域软环境因素对人才跨区域流动的影响研究［J］.科学学研究，2022，40（4）：642-651，694.

架，具有较高的实用价值。研究提出的五维度模型和 GEM 模型是比较具有影响力的创业环境模型，被广泛用于模型构建的基础。五维度模型由 Gnyawali 等（1994）构建，其将创业环境分为创业和管理技能、社会经济条件、政府政策和工作程序、资金支持及对创业的非资金支持。[1] GEM（2003）将创业环境分为金融支持、政府政策、政府项目、教育和培训、研究开发转移、商业环境及专业基础设施、国内市场开放程度、实体基础设施及文化和社会规范九个方面。[2]

概而言之，创业环境是指一个国家、城市或地区的创业者所面临的外部条件和资源。它包括政策支持、法律法规、经济发展水平、市场规模、人才储备、资金支持、创新能力、科技水平等各种因素。创业环境对于创业者的创业成功与否起到重要影响。优越的创业环境可以提供更多的机会、资源和支持，有助于创业者更好地发展和实现自己的创业目标。

1.3 文 献 综 述

1.3.1 关于创业教育和创业学习的研究

创业教育是面向全体学生、结合专业教育、将创新创业教育融入人才培养全过程的教育。[3] 创业教育是培养大学生创新精神、创业技能，促进大学生创业带动就业的有效途径。

第一，关于创业教育价值的研究。创业教育具有重要的精神价值和物质价值。精神价值层面，创业教育能够提升大学生的创新精神和创业能力，促进个体自由全面发展和自我价值的实现，这一过程依赖于显性与隐性知识的共用，其作用结果是观念、素质和自身技能的改造而非创业行动本身。正如 2008 年欧盟发布的研究报告《高校创业教育》（*Entrepreneurship in Higher Education*）所陈述的那样，创业教育所培养的创业精神是个人将创意转化为行动的能力，包括创造力、创新精神和冒险精神，是创业者不可或缺的能力。物质价值层面，创业教育的"实用性"，即创业教育提升大学生创业参与率和带动就业的能力与效果。物质层面的价值往往是显性的，与政府和社会所关心的就业问题直接相关。英国创业教育研究专家艾伦·盖博（Allan Gibb）教授论述了创业教育的实用性价值，主要包括发展创业型职业动力、掌握创立公司的步骤及需求、培养企业家素质、掌握与创业过程相关的商业知识及熟悉与利益相关者的关系。[4] 为充分挖掘创业教育的实用价值，

[1] GNYAWALI D R，FOGEL D S. Environments for entrepreneurship development：key dimensions and research implications [J]. Entrepreneurship Theory and Practice，1994，18（4）：43–62.

[2] 张秀娥. 创业管理 [M]. 北京：清华大学出版社，2017：51–57.

[3] 教育部关于大力推进高等学校创新创业教育和大学生自主创业工作的意见.

[4] GIBB A. Concepts into practice：meeting the challenge of development of entrepreneurship educators around an innovative paradigm：The case of the International Entrepreneurship Educators' Programme（IEEP）[J]. International Journal of Entrepreneurial Behaviour & Research，2011，17（2）：146–165.

国内外学者探讨了创业类型与创业带动就业效果之间的关系，以此确定高校创业教育的发展方向及发展过程中应具备的要素，进而实现高校创业教育的效益最大化。创业教育基本发挥了提升创业认知能力和培育创业心智的作用（叶伟巍等，2019）。[1] 创业教育的实用性价值还体现为，积极贡献于多渠道就业岗位的开发、充分就业的实现及和谐稳定劳动关系的建构等。

第二，关于创业教育的理论分析视角。学者们主要从教育学、心理学和管理学等学科特点出发对创业教育展开研究。其一，教育学主要从创业课程、教学方法、教学组织形式、创业师资、创业平台、创业氛围营造等角度研究创业教育实施过程与改进策略（徐小洲等，2017）。[2] Paton 和 Smith（2014）探讨了创业教育方法，提出应避免程序化教学，鼓励实践而非学习本身，注重经验学习与反馈的原则。[3] 其二，心理学主要从个体与环境互动的角度分析创业教育的作用，认为创业教育的教学内容及组织形式作为大学生创业学习的外部因素，与大学生个体特征相互影响，促进了大学生创业知识结构及思维能力的形成，最终作用于后续的创业行为（Kim 等，2018）。[4] 这反映出，认知因素（例如，大学生创业认知）是刺激和反应的中介，决定了个体在面对不同类型及程度的环境刺激（例如，教学过程不同情景设置等）时的表现，从而影响其行为倾向（例如，创业行为选择）（Obschonka 等，2018）。[5] 其三，管理学则擅长于运用人力资本理论，提出知识在个体人力资本集聚或提升中的地位举足轻重，重点关注了大学生创业关键能力——创业认知与创业决策如何通过创业教育与大学生创业特质匹配的过程中得以发展（Wood 和 Williams，2014）。[6]

第三，关于创业教育效果的实证研究。现有的关于创业教育的实证研究，重点关注创业教育对提升大学生创业技能和创业参与率的作用，研究目的常常是改进创业教育政策或教学方法。米江霞和博象喜（2012）认为科学有效的创业教育研究应从创业能力、创业精神培养和创新思维训练 3 个方面入手。[7] 李静薇（2013）将创业教育构成变量划分为学生态度因素和学校教学因素两个方面展开实证研究，前者包括创业教育参与度、创业教育内容满意度、创业教育学习效果 3 个方面，后者包含课堂教学、创业模拟训练、创业实践和

［1］叶伟巍，汪予宸，王茹佳 . "互联网 +"创业认知能力的培养目标研究 ［J］. 高等工程教育研究，2019，178（5）：166-172.

［2］徐小洲，倪好，吴静超 . 创业教育国际发展趋势与我国创业教育观念转型 ［J］. 中国高教研究，2017（4）：92-97.

［3］SMITH A M J, PATON R A. Embedding enterprise education: A service based transferable skills framework ［J］. The International Journal of Management Education, 2014, 12（3）: 550-560.

［4］KIM J Y, CHOI D S, SUNG C S, et al. The role of problem solving ability on innovative behavior and opportunity recognition in university students ［J］. Journal of Open Innovation Technology Market & Complexity, 2018, 4（1）: 4.

［5］OBSCHONKA M, HAHN E, BAJWA N U H. Personal agency in newly arrived refugees: The role of personality, entrepreneurial cognitions and intentions, and career adaptability ［J］. Journal of Vocational Behavior, 2018, 105: 173-184.

［6］WOOD M S, WILLIAMS D W. Opportunity evaluation as rule-based decision making ［J］. Journal of Management Studies, 2014, 51（4）: 573-602.

［7］米江霞，博象喜 . 大学生创业教育的三个维度 ［J］. 社科纵横，2012，27（7）：157-158.

教师素质 4 个方面。[1] 宁德鹏 (2017) 进一步将学校因素扩充为创业教育目标、课程设置、实践教学、教师素质、教学方式及创业教育的受重视程度 6 个方面；同时将学生态度因素调整为创业课程参与度，创业实践（创业技能培训或模拟演习）参与度及创业大赛参与情况进行测量。[2] 部分学者依据目前我国创业教育的实际情况，着重从创业课程、创业竞赛和创业活动的开展及学生参与情况开发量表，考察创业教学过程（木志荣，2016）。[3] 已有不少学者从理论分析的角度指出了我国双创教育的评估应主要关注大学生创业数量、创业率、新创企业增长速度等方面（隋姗姗等，2018）。[4] 创新创业项目数、创新创业受益人数、注册公司数等指标可用于衡量高校教育效果（胡玲等，2020）。[5] 然而，现有的大多数研究没有将创业教育作为多维概念展开探索，也没有区分创业类型，且对于相对有效的创业教育内容、组织形式及核心要素等，缺乏深入研究。

近年来，学者们发现情景式教学在创业教育中的运用可以收获较好的教学效果。例如，中国情境下，创业竞赛较之创业课程对于大学生创业意向和警觉性的正向影响更显著（胡瑞等，2017）。[6] Scott 等（2016）在对创业教育开展及学习效果系统研究的基础上，认为创业教育存在传统方式与基于经验的教育方式，后者会促进学习者的情景学习（actual learning），应成为创业教学的发展方向。[7] 然而，情境因素如何联结到创业教学过程中，情境因素在创业教学过程中的表现形式及对学习效果的影响等问题缺乏明确的研究结论。关于创业教育的实证研究至今还存在明显的缺陷，国外学者惯常于将创业教育作为分类变量进行探索，通过调查大学生是否接受过创业教育来判断其对创业认知的影响，同时缺乏创业教学的研究工具，降低了研究结论的教育学指导意义；国内创业教育研究者则倾向于从宏观角度分析创业教育发展改革路径，鲜有基于创业教学过程与创业情境关联的大学生认知研究。

第四，创业教育对大学生创业心理的影响。实证研究表明，创业教育是形成创业态度、创业意向和创业能力的重要方面（Martin、McNally 和 Kay，2013）。[8] 教育通过培养个

[1] 李静薇. 创业教育对大学生创业意向的作用机制研究 [D]. 天津：南开大学，2013.

[2] 宁德鹏. 创业教育对创业行为的影响机理研究 [D]. 长春：吉林大学，2017.

[3] 木志荣. 大学生创业教育和创业意向关系研究 [M]. 北京：清华大学出版社，2016.

[4] 隋姗姗，钱凤欢，王树恩. 我国创新创业人才培养路径探析——基于国外经验比较与创新创业教育生态系统构建的角度 [J]. 科学管理研究，2018，36（5）：105-108.

[5] 胡玲，杨博. 高校创新创业教育效果的影响因素研究——基于2016—2018年我国150所创新创业典型经验高校的数据 [J]. 华东师范大学学报（教育科学版），2020，38（12）：64-75.

[6] 胡瑞，王亚运，王伊凡. 创业教育对大学生创业技能的影响机制——基于创业警觉中介效应的实证分析 [J]. 高等农业教育，2017（3）：78-82.

[7] SCOTT J M, PENALUNA A, THOMPSON J L. A critical perspective on learning outcomes and the effectiveness of experiential approaches in entrepreneurship education [J]. Education Training, 2016, 58 (1), 82-93.

[8] MARTIN B C, MCNALLY J J, KAY M J. Examining the formation of human capital in entrepreneurship: A meta-analysis of entrepreneurship education outcomes [J]. Journal of Business Venturing, 2013, 28 (2): 211-224.

体的创新精神、自信和成就需要来培养被教育者的创业能力（李明章、代吉林，2011）。[1]
作为创业心理的重要组成部分，创业意向与专业教育相关，在校主修创业学的学生创业意
向高于其他专业的学生，而且前者的创业意向在毕业后的两到五年内变得更加强烈。张
敏等（2017）认为大学生在创业－就业抉择时受到个体心理调节定向和外部信息框架的
影响。大学生就业创业教育需要考虑个体心理因素和外部信息因素，有针对性地加强引
导，明确风险意识。[2]李巍、陈薇等（2023）也认为创新创业教育对提升学生创业意向的
影响是多种条件共同作用的结果，激发学生的高水平创业意向主要有四条路径。[3]创业教
育的内容和组织方式均影响大学生创业心理。从创业教育内容上看，商业计划（business
plan）成为创业教育内容的重要组成部分，商业计划的撰写过程能帮助学生掌握相关知识
和技能。周辉等（2023）认为创新创业教育是一种集知识、能力、创新、创业为一体，以
多种资源为支撑的新型教育模式，主要目的是培育与时俱进的高层次人才。对高校而言，
创新创业教育既是一种实践，更是一种教育理念。[4]但是，Bae 等（2014）的实证研究表
明商业计划和企业创建的形式对创业心理的积极作用不显著。[5]此外，创业者经验的传授
是提升创业自我效能、创业意向的重要策略，可为潜在创业者提供必要知识储备。另外，
从创业教育组织方式上看，学者们论证了实践性教育比起灌输式教育更有效（Kuckertz，
2013）。[6]以往研究证实了分组实践的方式将影响学生的学习过程，并有助于学生记住新
知识。李静薇（2013）将创业教育构成变量划分为学生态度因素和学校教学因素，并通过
实证研究认为，大学生参加创业教育越频繁，对创业教育内容越满意，越会提升其创业
意向。[7]

　　第五，关于创业学习的相关研究。创业学习是人们通过直接体验或观察学习的方式获
取新知识后，采用认知策略将其与旧知识进行比较、连接和吸收的过程。创业学习过程
中，个体元认知有助于将过去事件通过某种方式转化为当前任务或情境所用，且元认知
结构及能力的生成主要源于学习过程（杨俊，2014）。[8]元认知很重要，它有助于将过去
事件通过某种方式转化为当前任务或情境所用，而元认知能力恰恰产生于学习过程（Ford

［1］李明章，代吉林. 我国大学创业教育效果评价——基于创业意向及创业胜任力的实证研究［J］. 国家教育行政学
　　　院学报，2011（5）：79-85.

［2］张敏，王敏敏. 大学生创业－就业的抉择：基于调节定向与信息框架效应的视角［J］. 高等教育研究，2017，38
　　　（9）：78-83.

［3］李巍，陈薇，席小涛. MBA 创新创业教育如何激发学生创业意向——基于 QCA 方法的组态机制研究［J］. 中国高
　　　校科技，2023（3）：64-70.

［4］周辉，乔雯. 高校创新创业教育优化路径分析［J］. 中国高等教育，2023（增刊1）：69-72.

［5］BAE T，QIAN S，MIAO C，et al. The relationship between entrepreneurship education and entrepreneurial intentions：
　　　A meta-analytic review.［J］Entrepreneurship Theory and Practice，2014，38（2）：217-254.

［6］KUCKERTZ A. Entrepreneurship education：Status quo and prospective developments［J］. Journal of Entrepreneurship
　　　Education，2013，16：59-71.

［7］李静薇. 创业教育对大学生创业意向的作用机制研究［D］. 天津：南开大学，2013.

［8］杨俊. 创业决策研究进展探析与未来研究展望［J］. 外国经济与管理，2014，36（1）：2-11.

等，1998）。[1]创业学习作为独立领域，在研究伊始便将其界定为创业者获取、吸收和转化知识进而胜任创业相关决策和任务的过程（杨俊，2014）。[2]创业者往往通过新产品、新服务等介入市场，这也使得自身处于高风险和不确定环境当中，降低不确定性及其风险的重要途径就是在与环境互动的过程中开展创业学习。

创业学习是基于特定事件结果的反应式学习过程，例如，经验学习、"做中学"或者事件学习等。[3]创业学习的内容和主题有其特定内涵，指在一个学习的环境中，设计和提供一个创业的思维模式和技能架构，学生学习的情境和资料都是多元和丰富的，学习主题往往要致力于促进创业教育与知识转化相契合。[4]进一步分析表明，创业者学习什么、如何学习，都会影响学习效果。换言之，创业者的学习风格在创业过程中发挥重要作用（Tiwari 等，2017）。[5]关于怎样的认知风格更加有利于创业学习，认知学派论证了不同的认知风格对知识积累及创业学习的依赖程度不同，通常依赖程度较高的认知方式预示良好的创业教学效果（Utami，2017）。[6]Shane（2000）提出，创业者通过创业学习所获得的知识将在技术开发、机会识别、机会开发三个方面影响机会的发现、创业意向及创业行为选择。[7]

1.3.2 关于创业教育模式及体系建设的研究

Kourilsky（1995）提出有效的创业教育模式应涵盖机会识别、资源整合及建立操作型商业组织三个层面，[8]且创业教育模式具有天然的、广泛的适用性，不同学科都可以发展出独特的创业内容及有效的组织形式。亨利·埃茨科威兹（Henry Etzkowitz）（2009）提出创业训练内容可引入学校课程，创业教育组织过程也可以建立在大学的教学功能上，一旦大学建立起各种联系，它们能将离散的智力财富片段拼接起来，并共同采掘它们。[9]

依据教育管理理论，科学有效创业教育模式的形成依赖于高校创业教育体系建设。高校创业教育体系建设离不开高校、政府与市场这三个主要角色，且高校是实施主体，政府

［1］FORD J K，SMITH E M，WEISSBEIN D A，et al. Eduardo relationships of goal orientation，metacognitive activity，and practice strategies with learning outcomes and transfer［J］. Journal of Applied Psychology，1998，83（2）：218–233.

［2］杨俊.创业决策研究进展探析与未来研究展望［J］.外国经济与管理，2014，36（1）：2–11.

［3］杜威.民主主义与教育［M］.陶志琼，译.北京：中国轻工业出版社，2014.

［4］李华晶，张玉利，TANG J. 从圣路易斯大学看创业教育与知识转化的契合［J］.管理现代化，2015，35（3）：120–122.

［5］TIWARI P，BHAT A K，TIKORIA J. Relationship between entrepreneurship education and entrepreneurial intentions：a validation study［M］// MANIMALA M，THOMAS P. Entrepreneurship Education. Singapore：Springer，2017.

［6］UTAMI C W. Attitude，subjective norms，perceived behavior，entrepreneurship education and self-efficacy toward entrepreneurial intention university student in Indonesia［J］. European Research Studies Journal，2017，20（2）：475–495.

［7］SHANE S，VENKATARAMAN S，SHANE S. The promise of entrepreneurship as a field of research［M］// Entrepreneurship. Berlin Heidelberg：Springer，2007.

［8］KOURILSKY M. Entrepreneur education：opportunity in search of curriculum［R］. 1995：1–18.

［9］埃茨科威兹.创业型大学与创新的三螺旋模型［J］.王聚平，李平，译.科学学研究，2009（4）：481–488.

是责任主体，市场则是供给主体（徐小洲等，2015）[1]。资源依赖性是创业教育体系发展的重要特征，创业教育体系建构过程具有主体多样性和主体地位平等性特征，其运行过程依赖于异质资源在大学、政府、企业之间的跨组织整合、流动及优化配置，进而形成充分发挥大学、政府、企业三方作用的有效机制（王晶晶等，2011），[2]需要政府政策的指导、产业界的配合，做好创业课程与企业成功人士、校友代表等外部资源的融合工作（高福安、铁俊，2014）。[3] Mueller 等（2006）通过对大学附属企业的实证研究发现，高校与企业的互动对于经济效益提升、专利的产出，以及对主体自身发展均具有积极效应。[4]政府在创新创业教育发展中发挥了主导作用，高校作为积极响应者和参与主体，企业作为志愿者，学者作为反思者，共同参与了创新创业教育建构，创造了一种"政－校－企－学"四元合作模型（王洪才，2021）。[5]

围绕创业教育模式研究，李伟铭等（2013）提出了"理论＋案例""仿真＋平台""指导＋实践""专业＋创业"的四维度组织模式。[6]梅伟惠（2012）提出"全校性创业教育"模式应成为高校创业教育的有效组织方式，其过程包含了高校层面的组织结构革新。[7]创业教育组织应划分为领导小组、工作机构、学术中心、技能中心四个部分（张天华，2014），[8]且包括孵化器、创业园、科技园等在内的创业实训平台应成为创业教育组织的有效支撑（高福安、铁俊，2014）。[9]依据整体性治理理论，可以从横向功能、纵向层级整合、跨界深度融合三个维度，实现高校创新创业教育体系整体性整治（丁月华等，2022）。[10]国外高校创业教育的组织模式可划分为商学院/管理学院模式、创业学院模式、团队学院模式、跨学科项目模式和模拟公司模式等（徐小洲、梅伟惠等，2015）。[11]创业教育模式的有效组织及运行过程，表现为相关项目的运行及建立广泛的合作伙伴关系，且这种合作伙伴关系常常产生复杂甚至冲突的利益相关者关系，这些关系产生于高校、商业界与政府的互动过程。

目前，我国高校创业教育模式主要依托传统教学组织模式，缺乏独立性、针对性和系统性（李伟铭等，2013），[12]实施过程具有线性及链式结构特征，多为点对点的线性合作模

[1] 徐小洲，梅伟惠，倪好.大学生创业困境与制度创新 [J].中国高教研究，2015（1）：45-48，53.

[2] 王晶晶，姚飞，周鑫，等.全球著名商学院创业教育比较及其启示 [J].高等教育研究，2011（7）：80-86.

[3] 高福安，铁俊.创业教育与创业型大学制度创新研究 [J].国家教育行政学院学报，2014（6）：9-13.

[4] MUELLER J, MATTOO N, TAN W L, et al. Managing for innovation: a process to develop entrepreneurial young leadership in multi-national firms in Asia [J]. Journal of Advances in Management Research, 2006, 3（1）: 7-16.

[5] 王洪才.创新创业教育：中国特色的高等教育发展理念 [J].南京师大学报（社会科学版），2021，238（6）：38-46.

[6] 李伟铭，黎春燕，杜晓华.我国高校创业教育十年：演进、问题与体系建设 [J].教育研究，2013（6）：42-51.

[7] 梅伟惠.创业人才培养新视域：全校性创业教育理论与实践 [J].教育研究，2012，33（6）：144-149.

[8] 张天华.论高校创业教育的系统构建 [J].国家教育行政学院报，2014（5）：25-30.

[9] 高福安，铁俊.创业教育与创业型大学制度创新研究 [J].国家教育行政学院学报，2014（6）：9-13.

[10] 丁月华，张明丽.高校创新创业教育体系的整体性治理 [J].思想理论教育，2022，514（2）：101-106.

[11] 徐小洲，梅伟惠，倪好.大学生创业困境与制度创新 [J].中国高教研究，2015（1）：45-48，53.

[12] 李伟铭，黎春燕，杜晓华.我国高校创业教育十年：演进、问题与体系建设 [J].教育研究，2013（6）：42-51.

式，忽略了创业教育模式多主体互动的本质特点。然而，创业教育模式朝着多元化方向发展，从线性、双线性向非线性模式转变，这就要求大学按照创新的交互作用模式而不是线性模式来运作（王向华，2012）。[1] 未来，我国高校可从建立多元协同的要素运行体系、优化创业教育模式的要素内容、营造多样友好的创业生态环境等方面优化创业教育（张雅婷等，2019）。[2]

总体来看，相关前期研究表明创业教育的高质量发展有赖于高校组织转型与变革；多元主体互动是创业教育体系有效运行的重要因素。然而，关于如何建构科学且符合本土特征的创业教育模式，如何优化创业教育体系从而全方位推进创业教育等方面未提出具有可操作性的意见。与此同时，在建立基于多主体合作的创业教育组织体系及新型模式下创业教育组织效率提升的机制等方面缺乏研究。

1.3.3 关于大学生创业心理的研究

大学生创业心理研究是推动创业教育改革的内在动力，引起国内外学者的广泛关注。近20年来，大学生创业心理研究领域重点对创业认知、创业意向、创业效能、前瞻性人格、风险倾向及创造力等要素展开了研究。探索大学生创业心理，掌握大学生创业心理与行为发展的特点与规律是有效开展创业教育的前提。

第一，关于创业认知的研究。认知研究缘起于心理学，Neisser（1966）提出感觉输入（sensory in-put）及其加工和运用的过程即个体认知形成的过程；[3] 心理学家阿尔伯特·班杜拉（Albert Bandura）认为个体认知、个体行为与环境三者相互影响、相互作用（Bandura，1999）。[4] 创业认知是源于知识习得的思维构成部分，既是知识结构也是思维方式（Shepherd，2015）。[5] 创业认知研究重点关注了创业者如何借助感觉输入过程，采取相对简化的方式处理收集分析信息、识别机会（Byrne 和 Shepherd，2015），其本质是解答创业者如何思维的问题。[6] 随着研究的进一步深入，创业认知的研究倾向于借用心理学、认知和行为科学的理论挖掘创业者在创业过程中的活动及角色，聚焦于探索"情境如何影响创业者认知和决策过程特征进而导致行为结果差异"，研究志趣在于探索决定行为表象的

［1］王向华. 基于三螺旋理论的区域智力资本协同创新机制研究［D］. 天津：天津大学，2012.

［2］张雅婷，姚小玲. 高校创业教育模式的发展现状与路径优化［J］. 思想理论教育，2019，481（4）：107-111.

［3］NEISSER U. Cognition and thought: an information processing approach［J］. The American Journal of Psychology，1966，79（2），349-351.

［4］BANDURA A. Social cognitive theory: an agentic perspective［J］. Asian Journal of Social Psychology，1999，2（1）：21-41.

［5］SHEPHERD D A. Party On! A call for entrepreneurship research that is more interactive, activity based, cognitively hot, compassionate, and prosocial［J］. Journal of Business Venturing，2015，30（4）：489-507.

［6］BYRNE O，SHEPHERD D. Different strokes for different folks: entrepreneurial narratives of emotion, cognition, and making sense of business failure［J］. Entrepreneurship Theory and Practice，2015，39（2）：375-405.

内在机制问题（He 等，2018）。[1] "情境"是创业行为发生的初始动力，创业认知是情境与创业行为及绩效的中间过程，创业认知研究的实质就是在行为情境化条件下挖掘创业者的知识结构及思维过程（Scott，2016）。[2]

第二，关于创业意向的研究。个体创业意向是引导其追求创业目标，并投入精力和资源的一种心理状态，也是有意识地采取创业行动的自我承诺（Bird 和 Brush，2002）。[3] 创业意向是催生创业行为、评价高校创业教育效果的显性、唯一、最优预测变量。创业意向的形成处于创业过程的前期阶段，是决定创业者是否进行创业活动的关键因素（张玉利、杨俊等，2009）。[4] 创业意向是创业行为产生的前置变量，在创业教育与创业行动之间发挥中介效应；主要用于判断大学生采取创业行为的可能性，同时评价高校创业教育的效果，是近年来创业教育研究的热点问题。大学生属于社会高知群体，拥有较高的人力资本和知识储备，应采取高层次创业行为。据此，"机会型创业意向"成为联系高校创业教育和机会型创业行为的重要桥梁。全球创业观察（GEM）2001 年首次提出机会型创业是为了追求一个商业机会而从事创业的活动。《全球创业观察（GEM）2017/2018 中国报告》指出，中国创业活动中机会型动机占到总体的 60% 以上，并且还在继续提高。机会型创业的就业带动效果和经济增长效应较为显著（李贤柏，2016；高健、宋欣，2015）。[5]

近年来，国内外学者围绕创业意向开展了广泛探讨，确定了创业教育与创业意向的正相关关系，发现了创业教育内容、组织方式及学生所学专业等均会对大学生创业意向产生影响，人格特质、自我效能及环境因素均在影响关系中发挥作用。总体来看，提升大学生机会型创业意向已经成为高校创业教育发展的重要问题，具有突出的研究价值和迫切性。

第三，关于创业自我效能的研究。"自我效能"由心理学家班杜拉首次提出，具体指个体对自身完成特定领域目标能力的判断（Bandura，1986），[6] 是个体对成功履行创业角色和创业任务的自信程度（McGee、Peterson、Mueller 和 Sequeira，2009）。[7] 创业自我效

[1] HE V F, SIRÉN C, SINGH S, et al. Keep calm and carry on: emotion regulation in entrepreneurs' learning from failure [J]. Entrepreneurship Theory & Practice, 2018, 42（4）: 605–630.

[2] SCOTT J M, PENALUNA A, THOMPSON J L. A critical perspective on learning outcomes and the effectiveness of experiential approaches in entrepreneurship education [J]. Education Training, 2016, 58（1）, 82–93.

[3] BIRD B, BRUSH C. A gendered perspective on organizational creation [J]. Entrepreneurship Theory & Practice, 2002, 26（3）: 41–65.

[4] 杨俊，张玉利，杨晓非，等. 关系强度、关系资源与新企业绩效——基于行为视角的实证研究 [J]. 南开管理评论，2009, 12（4）: 44–54.

[5] 高健，宋欣. 高校大学生创新创业共生服务机制建设探究 [J]. 教育与职业，2015（24）: 39–41.

[6] BANDURA A. Social foundations of thought and action: A social cognitive theory [M]. Englewood Cliffs, New Jersey: Prentice-Hall, 1986.

[7] MCGEE J E, PETERSON M, MUELLER S L, et al. Entrepreneurial self-efficacy: refining the measure [J]. Entrepreneurship theory and Practice, 2009, 33（4）: 965–988.

能感（entrepreneurial self-efficacy）指个体对于完成创业角色并获得成功的信心及信念强度（Chen 和 Greene 等，1998）。[1]实证研究表明，创业自我效能感是影响大学生创业决策的重要前导变量（Zhao、Seibert 和 Hills，2005），[2]同时也是通过创业教育提升创业参与率、创业意愿及预测创业绩效的中介变量（李厚锐等，2018）。[3]已有研究显示，创业自我效能感对创业结果预期及创业行为倾向具有正向促进作用（刘新民等，2020）。[4]创业自我效能感对大学生的创业学习行为及效果产生关键性影响，较强创业自我效能感往往产生正向作用（DeNoble、Jung 和 Ehrlich，1999）。[5]进一步研究表明，创业自我效能感对学生的创业行为、创业目标层次、创业坚持（entrepreneurial persistence）、创业绩效，其至是创业环境均产生积极影响，更为重要的是，创业自我效能感能够解答个体对机会识别的差异（Cardon 等，2013）并影响创业成败。[6]创业自我效能感对于创业绩效的正向作用得到了广泛的验证。例如，中国情境下，创业自我效能感通过风险容忍效能感和机会识别效能感两个子维度，对个体创业绩效产生影响（吴晓波等，2014）。[7]创业自我效能感高的创业者，能采取多种举措促进创业绩效的提升且效果显著，创业自我效能感低的创业者，虽然采取若干措施，但达到的效果并不明显（王雨濛等，2022）。[8]

第四，关于前瞻性人格的研究。前瞻性人格（proactive personality）是独立于"大五人格"（big five personality traits）的独特个人特质，指个体不受情境阻力的制约，主动采取行动以改变其外部环境的倾向性（Bateman 和 Crant，1993），[9]是决定组织成功与否及个体主动性和前瞻行为水平的关键因素（Presbitero，2015）。[10]国外学者对于前瞻性人格及其作用机制与影响效果展开了广泛研究。个人特质当中，对工作绩效产生积极影响的部分成为

［1］CHEN C C，GREENE P G，CRICK A. Does entrepreneurial self-efficacy distinguish entrepreneurs from managers［J］. Journal of Business Venturing，1998，13（4）：295-316.

［2］ZHAO H，SEIBERT S E，HILLS G E. The mediating role of self-efficacy in the development of entrepreneurial intentions［J］. Journal of Applied Psychology，2005，90（6）：1265-1272.

［3］李厚锐，朱健，李旭. 创业学习对大学生创业意愿的影响研究——基于创业自我效能的中介作用［J］. 现代管理科学，2018，300（3）：97-99.

［4］刘新民，张亚男，范柳. 创业认知、创业教育对创业行为倾向的影响——基于 CSM 的实证研究［J］. 软科学，2020，34（9）：128-133.

［5］DE NOBLE A，JUNG D，EHRLICH S. Initiation of new ventures：The role of entrepreneurial self-efficacy［R］. Paper presented at the Babson Research Conference. Bostomn MA：Babson College，1999.

［6］CARDON M S，GREGOIRE D A，STEVENS C E，et al. Measuring entrepreneurial passion：Conceptual foundations and scale validation［J］. Journal of business venturing，2013，28（3）：373-396.

［7］吴晓波，张超群，王莹. 社会网络、创业效能感与创业意向的关系研究［J］. 科研管理，2014（2）：104-110.

［8］王雨濛，衣晓祺，孔祥智. 自我效能感、资源拼凑与农民创业绩效分析［J］. 华中农业大学学报（社会科学版），2022，157（1）：83-93.

［9］BATEMAN T S，CRANT J M. The proactive component oforganizational behavior：A measure and correlates［J］. Journal of Organizational Behavior，1993，14（2）：103-118.

［10］PRESBITERO A. Proactivity in career development of employees［J］. Career Development International，2015，20（5）：525-538.

前瞻性人格构成要素（Seibert 等，1999）。[1]前瞻性人格与个体主动性、自信、成就需求紧密相关（Claes、Beheydt 和 Lemmens，2005）。[2]前瞻性人格的核心特质是环境适应性，具体表现为积极寻求机会、把握机会并采取主动性行为（Fuller 和 Marler，2009）。[3]前瞻性人格有助于个体迎接挑战、积极适应角色并主动影响环境，促进个体对环境的选择、领导力塑造和创造力生成，并对职业决定自我效能、工作寻求自我效能产生正向作用。[4]视线转向国内，目前国内关于前瞻性人格的研究则尚于起步阶段。郭洪等（2009）通过实证研究提出，前瞻性人格有利于大学生创业能力提升和创业知识获取，提出高校应甄别出具有前瞻性人格特质的学生进行专门的创业指导和教育。[5]前瞻性人格是人格理论的组成部分，具有重要的理论意义，但是，前瞻性人格的相关研究基本都是在西方文化背景下进行的，有必要积极开展跨文化研究（叶莲花、凌文辁，2007；刘少英等，2009）。[6-7]王本贤等（2014）提出了前瞻性人格的多维理论构想，并通过探索性因素分析获取了大学生前瞻性人格的四维因素，包括主动性、计划性、坚韧性和变革性。[8]前瞻性人格通过追求成功动机和避免失败动机作用于创业意向，是创业的内在动机，其培养与塑造应成为创业教育改进的切入点（王本贤、朱虹，2015）。[9]岩瑞婷等（2019）通过实证研究表明，学生的前瞻性人格对个体创业意向及行为产生显著影响。[10]同时需要进一步拓展前瞻性人格内涵的研究范围，探求大学生个体心理特质对其前瞻性人格的影响，进而揭示前瞻性人格对大学生个体行为的预测作用和所涉及后果变量的影响，促进大学生前瞻性人格的发展（吴宏刚，2021）。[11]

此外，学者们分析了创造力（creativity）和风险承担倾向（risk-taking propensity）作为创业心理的重要组成部分，对创业者应对创业过程中的挑战和困难具有积极作用。创业

［1］SEIBERT S E，CRANT J M，KRAIMER M L. Proactive Personality and Career Success［J］. Journal of Applied Psychology，1999，84（3）：416-427.

［2］CLAES R，BEHEYDT C，LEMMENS B. Unidimensionality of abbreviated proactive personality scales across cultures［J］. Applied Psychology，2005，54（4）. 476-489.

［3］FULLER B，MARLER L E. Change driven by nature：A meta-analytic review of the proactive personality literature［J］. 2009，75（3）：329-345.

［4］HOU C，WU L，LIU Z. Effect of proactive personality and decision-making self-efficacy on career adaptability among Chinese graduates［J］. Social Behavior and Personality，2014，42（6）：903-912.

［5］郭洪，毛雨，白璇，等.大学创业教育对学生创业意愿的影响研究［J］.软科学，2009，23（9）：69-74.

［6］叶莲花，凌文辁.工业与组织心理学中的前瞻性人格［J］.心理科学进展，2007，97（3）：498-504.

［7］刘少英，江勇.前瞻性人格研究综述［J］.江西金融职工大学学报，2009，22（增刊2）：101-105.

［8］王本贤，吴宏刚.大学生前瞻性人格结构探索与量表修订［J］.黑龙江高教研究，2014，241（5）：106-109.

［9］王本贤，朱虹.前瞻性人格与创业意向的关系：成就动机的中介效应［J］.中国高等教育，2015（19）：42-44.

［10］岩瑞婷，孙兆宇，胡修齐，等.前瞻性人格与创业意向的关系：失败恐惧感的中介作用［J］.华北理工大学学报（医学版），2019，21（1）：66-70.

［11］吴宏刚.大学生前瞻性人格维度结构探索分析［J］.大众标准化，2021，355（20）：95-97.

心理是在任何领域中能更大可能地产生出新颖的和有用的想法（Amabile，1983）[1]，创造力是进行创业活动的基本要素（Smith 等，2016）。[2]实证研究表明，创造力对创业意愿有显著的正向影响（梁春晓等，2021）。[3]风险承担倾向是一种心理特征，指个体在某种决策背景下采取或避免风险的趋势（Mullins 和 Forlani，2005），[4]不仅影响个体的创业过程（Podoynitsyna 和 Song，2017），[5]也是反映个体创业意向的要素（钱永红，2007），[6]高风险承担倾向正向作用于创业激情（Cardon 和 Kirk，2015），[7]促进个体在创业过程中表现出勇于接受挑战及对技能发展和职业发展的渴望（Sitkin 和 Weingart，1995）。[8]

1.3.4　关于环境对创业人才成长影响的研究

环境因素能够对个体创业意向产生影响（Boyd 和 Vozikis，1994），[9]环境因素和人格特质共同作用于创业自我效能感，进而能有效预测个体的创业意向和创业行为选择。宏观层面，政治、经济、社会文化等因素对创业人才培养及其成长过程会产生深远影响。我国学者主要依据社会网络理论（social network theory）解释环境因素对创业意向的影响。已有研究表明，创业环境正向预测创业意向，大学生所处创业环境越有利，创业意向越强烈（吴立爽，2019）。[10]创业自我效能感是创业环境对创业意愿影响的中介变量（赵秀丽等，2020）。[11]刘立华等（2023）提出创业效能感是社会网络对创业意向影响的中介变量，其中介作用通过影响创业个体的机会识别效能感和风险容忍效能感而实现。[12]潘炳超等（2022）通过实证研究证明个人创业经验、家庭创业经验及不同形式的创业教育与大学生

［1］AMABILE T M. The social psychology of creativity：A componential conceptualization［J］. Journal of Personality and Social Psychology，1983，45（2）：357–376.

［2］SMITH R M，SARDESHMUKH S R，COMBS G M. Understanding gender，creativity，and entrepreneurial intentions［J］. Education Training，2016，58（3）：263–282.

［3］梁春晓，沈红 . 创造力对创业意愿的影响研究——城乡大学生的比较［J］. 科技管理研究，2021，41（9）：77–83.

［4］MULLINS J W，FORLANI D. Missing the boat or sinking the boat：a study of new venture decision making［J］. journal of business venturing，2005，20（1）：47–69.

［5］SITKIN S B，WEINGART L R. Determinants of Risky Decision–Making Behavior：A Test of the Mediating Role of Risk Perceptions and Propensity［J］. Academy of Management Journal，1995，38（6）：1573–1592.

［6］钱永红 . 创业意向影响因素研究［J］. 浙江大学学报（人文社会科学版），2007（4）：144–152.

［7］CARDON M S，KIRK C P. Entrepreneurial Passion as Mediator of the Self–Efficacy to Persistence Relationship［J］. Entrepreneurship Theory & Practice，2015，39（5）：1027–1050.

［8］同［5］.

［9］BOYD N G，VOZIKIS G S. The influence of self–efficacy on the development of entrepreneurial intentions and actions［J］. Entrepreneurship Theory and Practice，1994，18（1）：63–77.

［10］吴立爽 . 创业环境对大学生创业意愿的影响研究——以在杭高校 2114 名大学生为例［J］. 高等工程教育研究，2019，174（1）：184–189.

［11］赵秀丽，马早明 . 创业环境与创业意向的关系：一个有调节的中介模型［J］. 高教探索，2020，211（11）：106–112.

［12］刘立华，王炳成，张士强 . 离职创业会传染吗？同事表层相似性对创业意愿的影响——基于家庭支持的调节中介模型［J］. 管理评论，2023，35（4）：118–127.

创业意愿呈正向关系。[1]

与此同时，从微观角度看，时间限制、任务难度、来自他人的社会压力等源自外界的微观因素也会影响个体的创业态度及创业学习过程（Karimi 等，2016）。[2] Greve 和 Salaff（2003）进一步分析认为，利用自己的强关系提供的机会和筹资便利可以克服创业障碍。[3] Sequeira（2007）在他提出的创业初始行为（nascent behavior）形成模型中也发现，个体的强关系支持及其精神支持有利于增强个体的创业意向。[4] 环境条件推动创业增长的机制应作为研究重点，有效运作个人、组织、环境及其创建过程，对创业成功起关键作用。

创业教育组织体系是创业人才成长依赖的外部环境。创业教育组织在遵循高校创业教育系统构建总体原则的基础上，通过人员配备、建立职能机构，建章立制，为高校提供严格、科学的管理制度，进而保证高校创业教育各个体系有序、规范运行（张天华，2014）。[5] 依据组织形式不同，当前我国高校创新创业教育组织机构的运行可以分为"独立模式""依托模式""协作模式"三种类型（成希等，2017）。[6] 进一步来说，创业知识在组织内外部的流动影响创业人才成长。例如，毕业生是否积极主动并卓有成效地投身创业行动，社会导师参与的创业项目数量，用于创业学习和项目的研究和实践基金额度等，都是在强调知识在教育组织内外部的充分流动，通过教育多方的不同作用，促进创业成果的产生（李华晶、张玉利，2015）。[7] 总之，目前对于创业人才成长的内在机制尚缺乏一致的观点。在创业教育与创业人才培养的积极联结过程中，无论是受教育者自身的顺应力、不确定回避性、自我效能水平等人格特质以及性别、教育背景人口统计学指标，还是外部环境因素，都会因为其差异性影响创业教育对创业意向的积极作用程度。

1.3.5 关于高校创业政策的研究

创业政策是促进创业型经济发展的重要基础和制度保障。20 世纪 90 年代，大学生创业开始受到我国政府的关注，国家鼓励高校开展创新创业教育的政策陆续出台。特别是

［1］潘炳超，陆根书.大学毕业生创业意向的影响因素及其作用机制研究［J］.西安交通大学学报（社会科学版），2022，42（6）：133-141.

［2］KARIMI S，BIEMANS H J A，LANS T，et al. The impact of entrepreneurship education：a study of Iranian students' entrepreneurial intentions and opportunity identification［J］. Journal of Small Business Management，2016，54（1）：187-209.

［3］Greve A，Salaff J. Social networks and entrepreneurship［J］. Entrepreneurship Theory and Practice，2003，28（1）：1-22.

［4］SEQUEIRA J. The influence of social ties and self-efficacy in forming entrepreneurial intentions and motivating nascent behaviour［J］. Journal of Developmental Entrepreneurship，2007，12（2）：275-293.

［5］张天华.论高校创业教育的系统构建［J］.国家教育行政学院报，2014（5）：25-30.

［6］成希，张放平.高校创新创业教育组织模式的现状分析与发展策略——基于40所高校创新创业教育组织模式的调研［J］.中国高校科技，2017，349（9）：80-83.

［7］李华晶，张玉利，TANG J.从圣路易斯大学看创业教育与知识转化的契合［J］.管理现代化，2015，35（3）：120-122.

2013 年以来，在国际经济新秩序重建和国内经济发展新常态的综合影响下，国家和地方进一步调整和优化，出台了进一步做好新形势下创业工作的政策，并顺势提出了新的政策指导。

第一，关于创业政策理论架构的研究。基于创业者对自身职业的选择、创业机会的选择、创业资源的可用性及文化等角度，创业政策可以被划分为五大类，创业需求、创业供给、创业的风险奖励机制、资源和知识的可用性以及社会的创业价值（Verheul 等，2002）。[1] 经济合作发展组织（Organization of Economic Corporation and Development，OECD）将创业政策分为财务政策、税收制度框架、咨询服务和孵化器等几类。[2] 创业机会协会（Association for Enterprise Opportunity，AEO）基于创业政策应发挥的功能，认为创业政策应当包括建立创业社团、创造竞争优势、开展创业教育、提供金融支持、进行网络建设和有形基础设施建设 6 项政策内容。[3] 国内外扶持大学生创业的政策基本可以归为三类：一是资金政策，如融资政策、税收政策；二是技术政策，也就是保护知识创新的产权维护政策（李雪灵等，2010）；三是服务政策，即各种促进创业的服务平台运行规制。[4] 通过对我国大学生创业政策的梳理，学者将其大致归为创业教育政策、创业金融政策、创业培训政策和创业服务政策四类（董元梅，2010）。[5] 第二，关于大学生创业政策存在问题的研究。目前，我国创业政策总体上对扩大就业覆盖、增强市场活力、推动社会进步等具有重要作用，但大学生创业政策仍然存在一些亟待解决的问题和困难。我国大学生创业政策存在着政策制定主体权责不清和权威性不够、内容偏重失衡和缺乏针对性、政策执行机制不健全和落实不到位等问题（刘军，2015）。[6] 袁燕军等（2016）通过对北京大学生创业政策的系统梳理和归纳，着重深入剖析了目前大学生创业政策存在政策优惠有待落实、融资环境有待完善、配套服务有待深化及风险机制有待健全等问题。[7] 刘刚等（2016）深入剖析了中国情境下的大学生创业政策存在梗阻现象、大学生创业地方规范相对不足、大学生创业政策重点不明确、大学生创业政策落实不均衡等现实问题。[8] 丁莉（2022）通过对各地大学生创业政策的收集整理及对相关人员的调研，归纳出当前各地在大学生创业政策方

[1] VERHEUL I, WENNEKERS S, AUDRESTSCH D, et al. An eclectic theory of entrepreneurship: policies, institutions and culture [M] //AUDRETSCH D, THURIK R, VERHEUL I, et al. Entrepreneurship: Determinants and policy in a European-US comparison. Economics of Science, Technology and Innovation, Boston: Springer, 2002, 27: 11-81.

[2] OECD. Entrepreneurship and Local Economic Development: Program and Policy Recommendations.2003.

[3] DABSON K A. Key Issue Areas for Rural Entrepreneurship Policy, Association for Enterprise Opportunity. Rural Committee White Paper, 2003.

[4] 李雪灵, 王礼燕, 方林美. 大学生科技创业支持政策感知与对策建议——以长春市为例 [J]. 技术经济, 2010, 29 (11): 41-46.

[5] 董元梅. 大学生创业政策研究 [D]. 合肥: 安徽大学, 2010.

[6] 刘军. 我国大学生创业政策: 演进逻辑及其趋向 [J]. 山东大学学报 (哲学社会科学版), 2015, 210 (3): 46-53.

[7] 袁燕军, 赵利军. 北京大学生创业政策环境优化研究 [J]. 科研管理, 2016, 37 (增刊 1): 463-467.

[8] 刘刚, 张再生, 吴绍玉. 中国情境下的大学生创业政策: 反思与对策 [J]. 中国行政管理, 2016, 372 (6): 120-123.

面存在大学生创业资金扶持政策不完善、大学生创业孵化不健全、大学生创业服务不到位等问题。[1]

第三，关于创业政策对大学生创业意愿影响的研究。Lim（2010）的研究表明，包括法律、金融、教育等在内的政策制度环境对创业者的创业意愿认知产生影响。[2]沈雁华等（2014）认为国家及各级政府出台了一系列涉及融资、税收、创业培训、创业服务优惠的政策，在一定程度上鼓舞了大学生的创业热情，增强了大学生的创业意愿。[3]魏世创等人（2017）在大学生创业意向影响因素调查研究中发现，由政府出台的大学生创业扶持政策对大学生的创业意向有一定的影响，其中创业融资政策影响最为显著。[4]林凯雯（2016）在其研究中证实了大学生创业政策对创业意愿有显著影响，政策从资金、教育、技术等不同方面增强了大学生的创业可行性。[5]黄安胜等（2022）研究发现，政府创业激励政策增强了创业意愿。[6]何淑贞等（2022）通过实证研究证明，创业政策作为先导性要素，对于学生创业意愿有着重要的影响。[7]

1.4 研究思路与研究方法

1.4.1 研究思路

如何全面提高创新人才自主培养质量，着力造就拔尖创新人才，是新时期我国创业教育面临的重大课题。"大众创业、万众创新"背景下，中国拥有全世界最庞大的大学生群体，是高层次创业、学术创业的重要来源。

本书围绕创业教育的理论和实践问题，重点关注大学生积极创业心理发展这条主线，探索了创业教育发展的理论及实践问题；重点分析了与班杜拉社会认知理论相关的核心创业心理要素——创业意向、创业自我效能、创业警觉性、风险承担倾向和认知灵活性等的发展过程。研究首先探索了高校创业人才培养的理论问题，分析了计划行为、社会认知、三螺旋等理论对创业心理发展研究的应用边界。其次，为探索我国高校创业教育发展的实然状态，回顾并分析了高校创业教育发展的主要阶段，并提出目前我国高校创业教育的主

[1] 丁莉. 大学生创业政策的痛点与破局之策 [J]. 中国商界，2022，357（8）：86–88.

[2] LIM K. Institutional environment and entrepreneurial cognitions: A comparative business systems perspective [J]. Entrepreneurship Theory and Practice, 2010, 34（3）: 491–516.

[3] 沈雁华，金兴玉. 增强大学生创业意愿和能力的教育体系探索 [J]. 黑龙江教育学院学报，2014，33（7）：22–23.

[4] 魏世创，吴江，孙静，等. 大学生创业意向影响因素调查研究——基于J大学423名学生的调查数据分析 [J]. 中国高新区，2017（17）：46–47.

[5] 林凯雯. 大学生创业政策、创业机会原型对创业意愿的影响研究 [D]. 杭州：浙江理工大学，2016.

[6] 黄安胜，刘亚. 创业政策是否激励大众创业意愿与行为——基于福建省大学生创业调查数据的分析 [J]. 福建论坛（人文社会科学版），2022，367（12）：128–141.

[7] 何淑贞，龚英翔. 创业政策影响大学生创业意愿的机制研究：一个有调节的中介模型 [J]. 高教探索，2022，226（2）：113–121.

要举措和发展的瓶颈问题。在此基础上，开展大学生创业心理发展的实证研究，建立影响关系模型并验证；比较研究部分重点分析了英国创业教育政策变迁，英国高校创业教育组织建设途径及创业教育与专业教育融合的策略等；最后提出我国高校创业教育发展的优化路径及策略。

1.4.2 研究方法

1. 文献研究法

文献研究法主要是指搜集、鉴别、整理文献，并通过对文献的研究形成对事实的科学认知的方法。研究过程主要采用文献分析法，系统搜集、鉴别、整理文献，并通过对文献的研究形成对创业教育、大学生创业心理发展的科学认识。本研究将依据文献研究的一般规律展开，力求科学、有效、少走弯路地进行我国高校创业教育的研究工作。搜集、分析、整理现有文献资料，参照国外创业教育以及大学生创业与就业的研究现状、存在的问题，完成研究假设和研究设计，确定研究思路。资料主要包括政策报告、NCEE 等创业教育门户网站、高校创业教育网站、ERIC 和 Springer Link 等外文数据库、国内外会议论文、报纸等。本研究期望通过系统的文献追踪、梳理、提炼与分析，得出符合创业教育发展规律的基本结论。

2. 调查研究法

调查研究法是通过问卷、访谈等方法，有目的、系统性地获取研究对象相关素材的一种研究方法。通常，社会科学研究中，在描述性、解释性和探索性的研究中都可以运用调查研究的方法，是人们深入理解和认识研究对象，形成科学研究结论的重要手段。本研究对于大学生创业心理发展的调查研究，调查对象涵盖不同区域的全日制在校生，涉及西安、武汉、上海等具有西、中、东部代表性的高校大学生。通过问卷调查研究，了解调查研究样本的性别、年龄、年级、专业领域、生源地、父母及亲属创业经历情况、接受创业课程及培训情况、家人对创业的态度情况等，基于此准确把握影响大学生创业心理发展的要素情况。

3. 结构建模法

结构建模法是多元数据分析工具，通过结构方程模型同时处理潜变量及其指标，进而分析变量之间的关系。结构方程模型常用于验证性因子分析、高阶因子分析、路径及因果分析、多时段设计、单形模型及多组比较等，目前已经被广泛应用到心理学、社会学、管理学、行为科学等研究领域，成为行为及社会科学领域中进行多元统计分析的一种重要计量研究技术。本研究主要依据班杜拉的社会认知理论，对高校创业教育、大学生创业心理发展等展开结构建模分析。结构方程模型常用的分析软件有 LISREL、AMOS、EQS、MPlus，本研究主要采用 AMOS 统计分析软件进行可视化模块分析和模型输出。

4. 比较研究法

比较研究法是通过将不同客观事物加以比较，达到认识事物本质规律并作出正确评价的方法，具有极高价值且在教育科学研究中广泛运用。比较研究法可分为类别比较，包括同类和异类相比；规模比较，如宏观比较和微观比较；时空比较，有纵向比较与横向比较。首先，本书将通过比较研究法挖掘主要发达国家创业教育在管理及运行中的要素构成，探索各要素产生影响、发挥功能的原理、过程及方式。其次，系统梳理了英国高校创业教育政策的 30 年变迁，找出了其创业教育政策变迁的特征与一般性规律；最后，整体刻画了剑桥大学创业教育组织建设以及伦敦大学学院专创融合的实践。基于以上比较研究，提出了国外高校创业教育发展对我国的经验借鉴。

2

高校创业人才培养的理论分析

创业人才培养的理论探索是开展创业研究与实践的重要基础。本章依次探讨了人格特质理论、计划行为理论、社会认知理论、教育生态系统理论和三螺旋理论的基本内涵，分析其在创业研究中的应用及对创业人才培养的启示，力图围绕创业型人才培养形成较完整的理论体系。

2.1　人格特质理论及其对创业人才培养的启示

人格特质是个体在一段时间内相对稳定的个性特质，受遗传和环境因素的影响。虽然人格特质是先天属性，但也可以通过培养和发展来进行改变和塑造。

2.1.1　人格特质理论的基本内涵

人格特质理论（theory of personality trait）起源于 20 世纪 40 年代的美国，该理论认为特质是决定个体行为的基本特性，是人格的有效组成元素。[1] 人格特质是一种能使人的行为倾向表现出持久性、稳定性、一致性特点的心理结构，它反映了个体行为的一致性与规律性。[2] 该理论的主要代表人物是美国心理学家戈登·奥尔波特（Gordon Allport）和雷蒙德·卡特尔（Raymond Cattell）。

奥尔波特于 1937 年首次提出人格特质理论，他将人格特质分为共同特质（common traits）和个人特质（personal traits）。共同特质是指在同一社会文化形态下，多数人或群体所共有的特质；个人特质是指个体所独有的属性。个人特质按其在现实中的作用又可分为三种：首要特质，指一个人最典型及最具有概括性的特质；中心特质，特指构成个体独特性的几个重要特质，在每个人身上存在 5 ~ 10 个，这些特质共同决定着个体的一类行为，能够代表一个人的主要行为倾向；次要特质，指只有在特殊场合下才会表现出来的个体特

[1] 王玲桂，马迪克，陈华. 人格特质对行人行为影响的理论解释综述［J］. 西南交通大学学报（社会科学版），2021，22（4）：41-51.

[2] 刘惠，胡振江. 人格特质理论述评［J］. 牡丹江师范学院学报（哲学社会科学版），2005（2）：89-90.

质中不太重要的特质，这些特质只有特殊人群才会关注到，其他人则很难察觉。[1]

在奥尔波特人格特质理论的基础上，卡特尔受元素周期表启发，利用因素分析法对特质进行筛选和分类，提出了一个包含四层特质的理论模型。第一层与奥尔波特的分类相同，为个别特质和共同特质（或称团体特质）。第二层为表面特质和根源特质。表面特质是指从外部行为可以直接观察到的特质；根源特质是指以相同原因为基础的那些相互联系的特质，它是制约表面特质的基础，是人格的内在因素。其中，根源特质又可分为体质特质和环境特质两类，即为卡特尔人格特质理论的第三层。体质特质是由先天的生物因素决定的，而环境特质是由后天的环境因素决定。第四层为同时受遗传和环境影响的具体特质，包括动力特质、能力特质和气质特质。动力特质是指具有动力特征的特质，它使人趋向某一目标，包括生理驱力、态度和情操；能力特质是表现在知觉和运动方面的差异特质，包括流体智力和晶体智力；气质特质是决定一个人的情绪反应的速度和强度的特质。

塔佩斯（Tupes）和克里斯塔（Christal）等人用词汇学方法对卡特尔的根源特质变量进行了再分析，发现了5个相对稳定的因素。之后，许多学者对其进一步对其验证，形成了著名的大五人格理论。大五人格具体包括：宜人性（agreeableness），指人是否随和、热心和善于与人沟通；神经质（neuroticism），是指个体情绪的稳定程度，即个人是否经常表现出焦虑、敌对、压抑、自我意识、冲动及脆弱等负向情绪特质；尽责性（conscientiousness），是指个体对工作是否具有较高的成就导向和负责态度；外向性（extraversion），是指个体在社会交往方面是否主动、外向及善于表现自己；开放性（openness），是指个人兴趣广泛，富于创造力和想象力，以及对新事物、新事实的好奇程度。[2]随着年龄的增长，人们往往在开放性、外向性及神经质方面的分数明显降低。宜人性和责任心方面的分数会随着年龄的增长而增长。

2.1.2 人格特质理论在创业研究中的应用

人格特质是个体个性的基础，它决定了个体的行为方式、情绪状态和认知风格，有助于对个体的行为做出预测，并对人们的行为做出解释。国内外有不少学者围绕创业活动的独特性对创业者人格特征进行研究。Morrison 和 Peterson 认为，创业者是同时拥有成就动机、内源控制、风险偏好、问题解决能力及操纵欲望的人。个人目标、天性禀赋、理想愿望或者兴趣爱好等均构成了创业者个人特质的组成部分。[3]王洪才经过审慎的哲学思辨发现，创新创业人才普遍具有创造性人格特质，而创造性人格具有7种内在一贯的属性，即

[1] 张璐.奥尔波特人格特质理论在 MOOCs 课堂中的应用［J］.中国成人教育，2018，440（7）：79–81.

[2] 唐贵瑶，吴湘繁，吴维库，等.管理者大五人格与心理契约违背对辱虐管理的影响：基于特质激发理论的实证分析［J］.心理科学，2016，39（2）：454–460.

[3] RAUCH A, HULSINK W. Putting entrepreneurship education where the intention to act lies: an investigation into the impact of entrepreneurship education on entrepreneurial behavior［J］. Academy of Management Learning & Education, 2015, 14（2）: 187–204.

主体性、批判性、决断性、合作性、反思性、逻辑性与实践性。[1]

人格特质对创业意向的影响已被广泛研究。李静薇认为个人特质对个体创业意向及行为产生影响，这些积极的特质要素包括成就需要、控制力、不确定性容忍度、风险承担倾向、创新导向、经验开放性、责任认真性、即时决策倾向和自主性需求等。[2]陈丹和王文科进一步发现，个人特质中的个人成就需要对创业意向的影响最大，其次是风险偏好，内部控制则不会对创业意向产生影响。[3]通过比较分析大学生的人格特质，王少妆和綦林发现，有创业意愿的学生更具有创新性。[4]

此外，学者们对人格特质与创新的关系也开展了实证研究，且主要基于大五人格理论。王圣慧和易明对215名高新技术企业员工的数据进行分析，探讨大五人格组合对创意产生、创意传播和创意实施三阶段的影响。结果显示：单一人格特质并不构成引致员工创新行为的必要条件，但宜人性在引致创新行为中发挥着较为普适的作用；存在多条引致员工创新的等效组态，且外向性缺席与宜人性通过等效替代的方式影响员工的创新行为。[5]阮迪则从团队人格特质组合出发，以128名参与某项创新与创业类课程的学员及其所构成的33个创新团队作为被试，探讨团队人格特质组合与团队创造力的关系。研究发现，开放性、尽责性、外向性及宜人性人格特质组合对团队创造力具有正向影响。[6]丁小洲等人基于创业者人格特质理论探讨了创业者尽责性和宜人性对创业企业商业模式创新的影响。研究表明：创业者尽责性和宜人性均对创业企业商业模式创新具有促进作用，其中创业者尽责性对商业模式创新的促进作用更为显著。[7]

尽管前期研究得到了有价值的结论，但创业特质论者存在将创业者个人特质及天赋作为创业成败决定因素的风险，使得特质论对于创业过程缺乏较强的解释力，[8-9]且目前提出的用于预测创业意向和创业行为的个人特质变量并没有取得预期效果。[10]而且，个体特质会随着时间和情境变化而发生改变，其解释和预测创业意愿存在缺陷。因此，需要借鉴社会心理与认知领域的成熟理论，进一步深化对创业意向和创新创业行为的研究。

［1］王洪才.论创新创业人才的人格特质、核心素质与关键能力［J］.江苏高教，2020（12）：44-51.

［2］李静薇.创业教育对大学生创业意向的作用机制研究［D］.天津：南开大学，2013.

［3］陈丹，王文科.大学生创业意向影响因素研究［J］.山东大学学报（哲学社会科学版），2012（6）：113-119.

［4］王少妆，綦林.基于创业意愿的大学生人格特质比较研究——以华南农业大学本科生为研究对象［J］.经济研究导刊，2021（3）：136-139.

［5］王圣慧，易明.复杂的人性：大五人格对员工创新行为影响的定性比较分析［J］.研究与发展管理，2022，34（3）：134-146.

［6］阮迪.团队人格特质组合对团队创造力的影响研究［D］.福州：福州大学，2021.

［7］丁小洲，郭锘，曾经纬.创业者人格特质对创业企业商业模式创新的影响研究［J］.管理学报，2023，20（2）：240-248.

［8］CARDON M S，KIRK C P. Entrepreneurial passion as mediator of the self-efficacy to persistence relationship［J］. Entrepreneurship Theory & Practice，2015，39（5）：1027-1050.

［9］杨俊.创业团队的最佳结构模式［J］.中外管理，2013（11）：104-105.

［10］杨俊，田莉，张玉利，等.创新还是模仿：创业团队经验异质性与冲突特征的角色［J］.管理世界，2010（3）：84-96.

2.1.3 人格特质理论对创业人才培养的启示

人格特质是在先天特性的基础上，通过后天内外部环境的相互作用所形成的相对稳定的行为模式。已有研究证实，开放性、尽责性、外向性、宜人性等人格特质对创业意向、创新行为、创造力培养等都具有正向影响。基于人格特质理论研究获得的上述结论，对创业人才培养具有以下两点启示。一方面，基于人格特质的相对稳定性，高校在创业人才培养中要善于因材施教，发现和引导更利于创新创业的人格特质。对于那些拥有开放性、尽责性、宜人性等促进创新创业特质的大学生，高校教师应多加关注、耐心指导，以便大学生更好地发挥自身的人格特质优势。为更适合创造性活动的个体提供科学的培养和支撑，是高校创业人才培养的关键。另一方面，尽管人格特质相对稳定，但研究表明，适当的培训和教育可以在某种程度上影响个体的人格特质。因此，高校应为大学生提供积极的心理训练、自我反思、学习和经验积累的机会，营造鼓励冒险、宽容失败的创新创业氛围。此外，有条件的高校还可以开展大学生创业心理引导和干预，比如认知行为疗法和正向心理学，帮助大学生提高自信心、开放性、韧性等优秀人格特质。

2.2 计划行为理论及其对创业人才培养的启示

由于个体特质会随着时间和情境变化而发生改变，人格特质理论在解释和预测创业意愿和创业行为中存在缺陷。企业家并不是天生的，外在环境、个体行为能力等都是创业实施的关键因素。计划行为理论弥补了人格特质理论在创业研究中的不足，将创业研究引入了社会心理学的发展道路。

2.2.1 计划行为理论的本质与内涵

计划行为理论的理论源头可以追溯到 1963 年 Fishbein 提出的多属性态度理论（theory of multiattribute attitude，TMA）。该理论认为行为态度决定行为意向，预期的行为结果及结果评估又决定行为态度。[1] 1975 年，Fishbein 和 Ajzen 发展了多属性态度理论，提出理性行为理论（theory of reasoned action，TRA）。理性行为理论认为，行为态度（behavioral attitude）和主观规范（subjective norm）影响行为意向（behavioral intention），行为意向直接影响实际行为。[2] 但在实际应用过程中发现，理性行为理论在非个体意志完全控制行为的情况下预测力偏弱，大多数的行为还会依赖于行为制约的客观因素及个体的行为能力。1985 年，Ajzen 在理性行为理论的基础上增加了感知行为控制（perceived behavioral

［1］ FISHBEIN M. An investigation of the relationships between beliefs about an object and the attitude toward that object ［J］. Human Relations，1963，16（3）：233-240.

［2］ FISHBEIN M，AJZEN I. Belief，attitude，intention，and behavior：An introduction to theory and research ［M］. Reading，MA：Addison-Wesley，1975.

control）这一变量，初步提出计划行为理论。[1] 1991 年《计划行为理论》一文的发表，标志着计划行为理论（theory of planned action，TPB）的正式提出，此后计划行为理论得以广泛应用。[2]

　　计划行为理论有 5 个核心要素，分别是行为（behavior）、行为意向（behavior intention）、行为态度、主观规范和感知行为控制。行为是指行为主体实施的具体行为；行为意向是指个体对于实施某项行为的主观概率的判断，反映的是个体对于实施某项行为的意愿程度，越强的行为意向代表某项行为实施的概率越大。该理论认为，人的行为处在某种认知的支配下，经过深思熟虑计划而产生结果，并且所有可能影响这种行为结果的因素都是经过行为意向来影响实际行为的，行为意向是影响行为最直接的因素。[3] 从本质上看，计划行为理论是一个心理学模型，行为意向越强烈，越有可能采取实际行为。[4] 此外，由于个体的一部分行为不是完全出于自愿发生的，所以会受到行为态度、主观规范和感知行为控制三个要素的影响，这就构成了行为意向的前因要素。[5] 行为态度指的是个体对某种行为的肯定或否定的主观评价，态度越积极，产生某项行为的意向就越大；主观规范指的是进行某项行为时受到来自外界个体或团体压力的影响，若社会个体或团体越支持，个体产生某项行为的意向就越大；感知行为控制指的是个体在认知上所感受到的实施某项行为所掌控的机会资源或遇到的阻碍，若自己认为进行某项行为所掌握的资源越多或遇到的阻碍越少，那么个体进行某项行为的意向越大。[6] 计划行为理论的结构模型如图 2-1 所示。

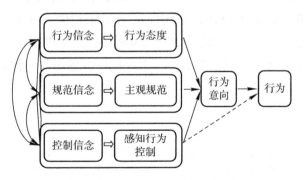

图 2-1　计划行为理论结构模型

［1］AJZEN I. From intentions to actions：A theory of planned behavior// KUHL J, BECKMAN J. Action control：From cognition to behavior. Heidelberg，Germany：Springer，1985：11-39.

［2］AJZEN I. The theory of planned behavior. Organizational behavior and human decision processes［J］. 1991，50（2）：179-2117.

［3］AJZEN I. The theory of planned behavior［J］. Research in Nursing & Health，1991，14（2）：137-44.

［4］同［3］.

［5］PIPEROPOULOS P，DIMOV D. Burst bubbles or build steam? entrepreneurship education，entrepreneurial self-efficacy，and entrepreneurial intentions［J］. Journal of Small Business Management，2015.

［6］AJZEN I. Attitudes，personality，and behavior［M］. Homewood：Dersey Press，1988.

计划行为理论从信息加工的角度，以期望价值理论为出发点，解释个体行为的一般决策过程。[1] 在国外，计划行为理论广受社会行为研究者们的青睐，它已被成功地应用于多个行为领域，并且绝大多数研究证实它能显著提高研究对行为的解释力与预测力。国内学者在分析消费者行为、[2] 预测大学生创业倾向、[3] 预测和解释网络使用行为[4] 等领域中也大量运用计划行为理论。

2.2.2 计划行为理论在创业研究中的应用

计划行为理论是社会心理学中著名的态度行为关系理论，该理论不仅能够帮助我们理解人如何改变自己的行为模式，更重要的是，它还能够应用于解释和预测多种行为结果。对于大学生创业心理和行为的研究，计划行为理论提供了间接的、操作性强的分析方法，该理论的突出贡献是提出感知行为控制这一前因变量，用于表明个体对履行特定行为难易程度的基本判断。[5] 计划行为理论表明，教育能通过对个体信念的调整而改变创业意向的前因变量，进而影响创业意向和创业行为。[6] 学术界基于计划行为理论对大学生的创业意向开展了大量研究，着重分析了创业教育对 TPB 理论模型中创业意向的三个前因变量，即创业态度、主观规范、感知行为控制的作用，进而分析创业教育对创业意向的作用关系。

基于计划行为理论，国外学者开展创业教育与创业意向的关系研究较早。McMullan 和 Gillin 发现，即使起初没有创业意向的学生，通过创业教育也可以促进创业态度的转变，进而改变创业想法。[7] Souitaris 等人验证了接受创业教育的学生在创业态度水平上有显著提升，进而有利于形成创业意向。[8] Otache 等人采用单组前测 – 后测实验研究设计，对来自尼日利亚中北部 5 所理工学院的 250 名国家文凭学生进行了自我报告的问卷调查。结果显示，创业教育与大学生的创业态度、主观规范、感知行为控制和创业意向均显著

[1] 段文婷，江光荣. 计划行为理论述评 [J]. 心理科学进展，2008（2）：315–320.

[2] 张辉，白长虹，李储凤. 消费者网络购物意向分析——理性行为理论与计划行为理论的比较 [J]. 软科学，2011，25（9）：130–135.

[3] 胡永青. 基于计划行为理论的大学生创业倾向影响因素研究 [J]. 教育发展研究，2014，34（9）：77–82.

[4] 彭柯，朱庆华，王雪芬. 微博用户共享行为影响因素研究 [J]. 图书情报知识，2013（2）：81–87.

[5] THORADENIYA P, LEE J, TAN R, et al. Sustainability reporting and the theory of planned behaviour [J]. Accounting, Auditing & Accountability Journal，2015，28（7）：1099–1137.

[6] HEUER A, KOLVEREID L. Education in entrepreneurship and the theory of planned behaviour [J]. European Journal of Training and Development，2014，38（6）：506–523.

[7] MCMULLAN W E, GILLIN L M. Developing technological start–up entrepreneurs: a case study of a graduate entrepreneurship programme at Swinburne University [J]. Technovation，1998，18（4）：275–286.

[8] SOUITARIS V, ZERBINATI S, AL–LAHAM A. Do entrepreneurship programmes raise entrepreneurial intention of science and engineering students? The effect of learning, inspiration and resources [J]. Journal of Business Venturing，2007，22（4）：566–591.

正相关。[1]Aga 和 Singh 进行了一项横断面调查，样本量为 335 名 2018 年的普通本科毕业生，他们在埃塞俄比亚的四所大学（公立和私立）参加过创业课程。结果表明，创业教育对创业意向及其前因有积极而显著的影响，创业意向的所有前因（创业态度、主观规范和感知行为控制）在创业教育和创业意向之间起部分中介作用。[2]Meqbel 针对费萨尔国王大学（KFU）高年级学生的问卷调查表明，大学教育支持对创业意愿有显著的正向直接影响。同时，大学教育支持还通过创业态度、主观规范和感知行为控制，对创业意愿产生显著正向影响。[3]

　　中国情境下，国内学者以计划行为理论为基础，围绕创业教育与创业意向及其影响因素的关系也开展了大量实证研究。刘加凤对常州大学城 6 所学校的调查发现，创业教育对创业意愿存在显著的正向影响，行为态度受到主观规范和创业教育的双重影响，但创业教育对感知行为控制不存在显著的正向影响。[4]黄俊和季燎原对在校大学生进行前测和后测实证分析，发现高校创业教育活动在培育大学生积极的创业信念和态度方面收效甚微。[5]历经创业教育近年来的发展后，郑聪霞和陶张静娴基于计划行为理论建立了创业教育效果评价模型。研究发现，创业相关的主观规范、行为态度、感知行为控制与创业意愿显著正相关，其中感知行为控制与创业意愿的关系最为密切。[6]李嘉等人基于计划行为理论，针对高校公益教育对学生公益行为的影响进行了实证分析。结果表明，公益教育通过对主观规范、行为态度和感知行为控制的直接正向影响，进而间接正向影响个体公益行为意向。[7]王季等人还以计划行为理论为支撑，构建了意愿形成和行为转化的两阶段学术创业行为整合模型。研究发现，在学术创业意愿形成阶段，学术创业意愿受态度、主观规范和感知行为控制的影响；在学术创业行为转化阶段，从学术创业意愿转化为实际创业行为需要情境因素和个人特质因素激活和调节。[8]乡村振兴战略背景下，大学生返乡创业成为中

［1］OTACHE I, UMAR K, AUDU Y, et al. The effects of entrepreneurship education on students' entrepreneurial intentions: a longitudinal approach［J］. Education & Training, 2021, 63（7-8）: 967-991.

［2］AGA M K, SINGH A. The Role of Entrepreneurship Education on Student Entrepreneurial Intentions: Mediating Effect of Attitude, Subjective Norms, and Perceived Behavioral Control［J］. Journal of Business & Management, 2022, 28（1）, 31-65.

［3］MEQBEL M A, IBRAHIM A E, MANSOUR A A, et al. Influences of University Education Support on Entrepreneurship Orientation and Entrepreneurship Intention: Application of Theory of Planned Behavior［J］. Sustainability, 2022, 14: 13097.

［4］刘加凤. 基于计划行为理论的创业教育对大学生创业意愿影响分析［J］. 高教探索, 2017（5）: 117-122.

［5］黄俊, 季燎原. 创业教育对大学生创业信念和态度的影响分析［J］. 创新与创业教育, 2018, 9（1）: 76-79.

［6］郑聪霞, 陶张静娴. 基于 TPB 理论的大学生创业教育效果评价研究［J］. 创新创业理论研究与实践, 2023, 6（4）: 9-14.

［7］李嘉, 房俊东, 陈明. 高校公益教育对大学生公益行为意向影响研究——基于计划行为理论的实证分析［J］. 高教探索, 2019（4）: 124-128.

［8］王季, 耿健男, 肖宇佳. 从意愿到行为: 基于计划行为理论的学术创业行为整合模型［J］. 外国经济与管理, 2020, 42（7）: 64-81.

国创业研究的热点话题。然而，返乡创业意愿较强的大学生占比较低。[1]伽红凯等人在对农业高职院校大学生涉农创业意向影响因素分析中发现，行为态度、主观规范和感知行为控制均与大学生涉农创业意向显著正向相关。[2]综上，高校应依据计划行为理论的指导，强化创业教育和大学生创新创业能力的培养。

此外，基于计划行为理论，研究者们还将创业认知（entrepreneurial cognition）、创业自我效能感、风险承担、创业警觉性（entrepreneurial alertness）和创新能力等引入创业教育研究领域，取得了丰富的研究成果。Albert 等人对撒哈拉以南非洲学生的实证研究发现，当学生通过创业教育接触到创业知识和机会识别技能时，他们可以发展出较高的创业自我效能感和从事风险创造的意愿。[3]Anwar 等人则对印度三所大学的 663 名学生进行了调查研究，发现创业教育、机会认知不仅直接影响创业意向，而且通过创业自我效能感的中介效应间接影响创业意向。[4]中国学者以在韩国学习的国际学生为样本，对韩国国际学生创业行为的影响机制进行实证研究，再次检验了创业自我效能感在创业教育与创业意向中的中介作用。[5]此外，创业警觉性在创业教育影响大学生创业意向中的调节或中介作用也被广泛证实。[6]Lüthje 和 Franke 对麻省理工学院工程专业 512 名学生的调查发现，创业意向还受在创业相关环境中感知到的障碍和支持因素的直接影响。[7]

2.2.3 计划行为理论对创业人才培养的启示

基于计划行为理论的研究是创业教育研究"教育心理学化"过程，也是教育朝着科学化方向发展的重要过程。已有研究表明，创业教育不仅直接影响大学生创业意向，还会通过行为态度、主观规范和感知行为控制，以及创业自我效能感、风险承担、创业警觉性、创业支持等因素间接影响大学生创业意向。基于计划行为理论研究获得的上述结

［1］高梦洁，王景莹，陆秋萍. 基于计划行为理论的大学生返乡创业意愿及引导路径［J］. 教育评论，2021（6）：103-107.

［2］伽红凯，卢勇，施莹. 农业高职院校大学生涉农创业意向影响因素分析［J］. 中国农业教育，2017（6）：53-59，94.

［3］ALBERT P, ALEX A, AKOSUA K P D. Entrepreneurial education, self-efficacy and intentions in Sub-Saharan Africa［J］. African Journal of Economic & Management Studies, 2018, 9（4）：492-511.

［4］ANWAR I, THOUDAM P, SALEEM I. Role of entrepreneurial education in shaping entrepreneurial intention among university students: Testing the hypotheses using mediation and moderation approach［J］. The Journal of Education for Business, 2021, 97（1）：8-20.

［5］ZHANG J, LI B, ZHANG Y, et al. From Entrepreneurship Education, Government Support, and Global Competence to Entrepreneurial Behavior: The Serial Double Mediating Effect of the Self-Efficacy and Entrepreneurial Intention［J］. Frontiers in psychology, 2022, 13：838232.

［6］SANG D, LIN J. How does entrepreneurial education influence the entrepreneurial intention of college students: the moderating and mediating effects of entrepreneurial alertness［J］. International Journal of Emerging Technologies in Learning, 2019, 14（8）：139-154.

［7］LÜTHJE C, FRANKE N. the making of an entrepreneur: testing a model of entrepreneurial intent among engineering students at MIT［J］. R & D Management, 2010, 33（2）：135-147.

论，对创业人才培养具有非常重要的启示。一是重视自我效能感提升，培养大学生积极的创业心态。高校应帮助大学生提升对自身能够成功完成任务的信念，提高创业自我效能感。比如，通过提供正面的反馈和鼓励，分享成功的创业案例，提供培训和指导等。拥有较强自我效能感的大学生还能够更从容地应对创业过程中面临的各种不确定性和挑战，提高创业韧性。因此，创业人才的培养应该关注适应变化、坚持不懈和从失败中学习等良好的创业心态。二是强化创新思维训练，增强大学生的创业警觉性。培养创新思维可以帮助发现新的商机和解决问题，高校创业教育应采取启发式教学、情景式教学、团队学习等多样化手段，以问题导向型课堂设计，鼓励大学生参与集思广益的团队活动来培养创新思维。敏锐的观察力和信息获取能力也是提高创业警觉性的关键，高校应鼓励大学生积极主动地关注行业动态、市场趋势和竞争信息。三是提供资源支持，提高大学生的创业意向。提供资源支持可以帮助大学生在创业过程中解决问题、获取必要的信息和资源，当学生感知到环境中的充分支持时，就会更加放心地开展创业探索。因此，高校应当努力为大学生提供创业指导和培训、创业导师和专家的支持、创业竞赛和活动、创业孵化器和加速器、资金和投资支持以及创业网络和合作伙伴的机会等，助力大学生创业梦想的实现。

2.3 社会认知理论及其对创业人才培养的启示

计划行为理论从心理学出发，分析了行为意向作为个体行为最直接的预测因素，受行为态度、主观规范和感知行为控制的正向影响。社会认知理论则同时从认知和社会因素角度，强调在社会情境中思考和学习，进一步拓展了培养创业人才的视角。

2.3.1 社会认知理论的本质与内涵

社会认知理论（social cognitive theory）是加拿大心理学家班杜拉在社会学习理论的基础上提出的一种人际理论，旨在解释人类学习、思考、情感和行为的相互作用。该理论主要由三元交互理论（reciprocal determinism）、观察学习理论（observational learning theory）和自我效能理论（self-efficacy theory）三部分构成。

第一，三元交互理论。班杜拉指出："行为、人的因素、环境因素实际上是作为相互连接、相互作用的决定因素产生作用的"。班杜拉把交互（reciprocal）这一概念定义为"事物之间的相互作用"，包括个体因素、环境因素和个体行为三个要素。其中，个体因素指能够引起个体感知和行动的认知或其他内部特征，主要包括思维、认知、自我评价、生理反应能力等身心机能；环境因素指能通过个体认知而影响个体行为的外在环境；个体行为则是由个体的行动反应、语言反应和社会活动等可观测到的活动组成。三元交互理论认为，人类动因是在一个包含三元交互因果关系的相互依赖的因果结构中发挥作用的。在这种关于自我和社会的相互作用的观点中，个体的内在因素、行为和环境事件之间的相互影响和互动决定要素都起作用。[1]

第二，观察学习理论。班杜拉发现人们不仅通过直接经验学习，还可以通过观察获得间接经验引发学习，后者在社会行为的习得中更为常见，班杜拉称之为观察学习。班杜拉指出观察学习有 4 个基本过程：注意过程（attention）、保持过程（retention）、产出过程（reproduction）和动机过程（motivation）。注意过程是指人对外部环境的一些事物引起了兴趣；保持过程是个人将观察到的信息符号化，并将它们编码后储存在记忆中；产出过程是个人将储存的记忆符号选择、转化和表现为具体的操作和行为的外显过程；动机过程是个人通过记忆中的符号表征预计行动传出的结果，并在诱因的驱动下产出某种行为的愿望。班杜拉特别强调，行为的发生以内在意愿为前提，并且这种内在意愿在很大程度上决定了观察、保持和行为再生成过程。[2]

第三，自我效能理论。自我效能是指个体对自身完成特定领域目标能力的判断。[3] 班杜拉认为自我效能会对行动和周围环境的选择产生影响，人们会自然而然规避那些自认为超出自己能力的事情，而去做那些认为可以达成、能力所及的事情。通常，自我效能较强的个体，会更加努力地克服所遇到的难题。[4] 自我效能有 4 个主要来源，分别是成功经验（mastery experiences）、替代性经验（vicarious experiences）、言语的劝导（social persuasions）和生理的唤醒水平（somatic and emotional）。成功经验是个人在以往的经验中得到的认知；替代性经验是指看到与自己有特征相似的人从事某种活动并取得成功，从而相信自己如果有这样的机会也会成功；言语的劝导是指接受别人鼓励性的言语来加强自我效能；生理的唤醒水平是指个体面对某项任务的身体反应，通常，平静的反应使人自信，焦躁的反应使人对自己的能力产生怀疑。[5]

2.3.2 社会认知理论在创业研究中的应用

三元交互理论阐述了个体、环境与行为三者之间的关系，为创业研究提供了有力的理论支撑。蒋承等基于实证研究证实了影响大学生基层就业意愿的关键性因素是家庭和学校等环境变量，大学生对基层就业的了解程度显著影响其对基层就业的认可程度。[6] 刘兴隆和张树奎构建了基于三元交互理论的大学生双创教育体系，强调要充分发挥榜样的作用。[7] 刘章川研究发现，创业激情对创业学习具有显著正向影响，创业学习能够促进创业

［1］宁德鹏.创业教育对创业行为的影响机理研究［D］.长春：吉林大学，2017.

［2］高嘉勇，姚颖，韦子一.社会认知理论对高等教育的启示［J］.天津市教科院学报，2007，103（5）：23-25.

［3］BANDURA A. Social foundations of thought and action：A social cognitive theory［M］. Englewood Cliffs, New Jersey：Prentice-Hall，1986.

［4］BANDURA A. Social Learning theory［M］. Englewood Cliffs, New Jersey：Prentic-Hall，1977.

［5］同［2］.

［6］蒋承，李笑秋.政策感知与大学生基层就业——基于"三元交互理论"的视角［J］.北京大学教育评论，2015，13（2）：47-56，188-189.

［7］刘兴隆，张树奎.基于社会认知理论的大学生创新创业教育研究［J］.现代商贸工业，2017（25）：148-149.

能力的提升。[1]胡瑞和赵紫睿基于三元交互理论，证实了创新支持感知和认知灵活性对大学生创新行为具有促进作用。[2]

观察学习在促进商业模式创新、提升创业意向、识别创业机会等创新创业研究领域也体现了积极作用。范雅楠等人通过纵向单案例研究，发现相较于经验学习，观察学习对农业创业企业商业模式创新的驱动更为有力。[3]对于大学生创业学习而言，观察学习机制是指大学生主要通过观察榜样人物的创业行为和行为结果来进行创业学习从而影响其创业意愿，这个过程包括了大学生对创业榜样的选择性注意、经验的转化和记忆、模拟行为再现和创业动机激活等阶段。[4]此外，创业者失败后再创业，通过观察学习和亲历学习的有机结合，能够识别创业机会并形成更加完善的商业模式。其中，观察学习发挥去抑制效应、反应促进效应、环境加强效应及示范效应4种效应。[5]

创业自我效能也是影响创业意向和创业行为的重要因素。创业自我效能对创业意向具有显著正向影响。[6]Christensen等的研究发现，设计专业和商科专业学生具有不同类型的创业自我效能，两类创业自我效能均正向预测创业意向。[7]创业自我效能还对大学生的创业学习行为及效果产生关键性影响。[8]Cardon等认为创业自我效能对学生的创业行为、创业目标层次、创业坚持、创业绩效，甚至是创业环境产生积极影响。更为重要的是，创业自我效能能够解答个体在机会识别中的差异，并影响创业成败。[9]Thanh等以1 612名硕士生为被试，证实了创业自我效能在文化价值观与创业行为关系中的中介作用。[10]

2.3.3 社会认知理论对创业人才培养的启示

创业人才要重点培养其开创性精神和创新素养，结合班杜拉的社会认知理论，对创业

[1] 刘章川.创业激情对创业能力的影响研究[D].济南：山东大学，2019.

[2] 胡瑞，赵紫睿.基于三元交互理论的大学生创新行为影响机制研究[J].科技管理研究，2023，43（1）：110-116.

[3] 范雅楠，张子山，云乐鑫，等.农业创业企业商业模式创新路径研究[J].青岛农业大学学报（社会科学版），2021，33（3）：32-36.

[4] 梁春晓.创业学习及其对大学生创业意愿的影响研究[D].武汉：华中科技大学，2022.

[5] 陈寒松，贾竣云，王成铖，等.创业失败何以东山再起？——观察学习视角的农业创业多案例研究[J].管理评论，2020，32（5）：305-320.

[6] DHEER R J S, CASTROGIOVANNI G J. Cognitive adaptability's impact on entrepreneurial intent: The mediating roles of entrepreneurial passion and efficacy[J]. Journal of Business Research, 2023, 160.

[7] CHRISTENSEN B T, ARENDT K M, MCELHERON P, et al. The design entrepreneur: How adaptive cognition and formal design training create entrepreneurial self-efficacy and entrepreneurial intention[J]. Design Studies, 2023, 86.

[8] DE NOBLE A, JUNG D, EHRLICH S. Initiation of new ventures: The role of entrepreneurial Self-efficacy[R]. Paper presented at the Babson Research Conference. Bostomn MA: Babson College, 1999.

[9] CARDON M S, GREGOIRE D A, STEVENS C E, et al. Measuring entrepreneurial passion: Conceptual foundations and scale validation[J]. Journal of business venturing, 2013, 28（3）：373-396.

[10] LE T T, DOAN X H, DUONG C D. A serial mediation model of the relation between cultural values, entrepreneurial self-efficacy, intentions and behaviors: Does entrepreneurial education matter? A multi-group analysis[J]. Journal of Open Innovation: Technology, Market, and Complexity, 2023, 9（2）.

人才的培养可以有效发挥情境因素、观察学习和自我效能的作用，以提升创业人才培养质量。社会认知理论对促进创业人才培养具有重要启示：第一，加大高校创业支持力度。三元交互理论强调了环境因素的重要作用，高校要重视创新创业环境建设，特别是提供让大学生能够感知到的创业支持。比如，创新创业平台建设、资金支持、项目指导、学分转换、成果奖励等。第二，注重引导大学生观察学习。榜样的示范作用在创新人才的培养中非常重要，通过观察他人的经验可以影响个体的认知和行为。高校应加强对创业成功学子的宣传，通过创业宣讲活动、进企业参观、榜样进课堂等方式，让学生更好地学习身边的创业成功经验。同时，高校创业活动还应重视专业指导，即学生跟随指导教师团队开展创业活动，通过对教师或师兄师姐的观察学习，可更直观地获得经验和技能。第三，着力提升大学生自我效能。高校创业教育应指导大学生设定具体、可行的目标，并在目标实现过程中给予大学生准确、及时和积极的反馈，逐步引导大学生调整目标难度、正视挑战、肯定成就等。在此过程中，大学生可以从一次次阶段性的成功和积极的反馈中不断增强对自己能力的信心，从而激发积极的自我评价。此外，在为大学生提供持续的支持和鼓励之外，更重要的是培养大学生自我反思的良好习惯。

2.4 教育生态理论及其对创业人才培养的启示

社会认知理论从认知心理学和社会学视角，强调在社会情境中思考和学习，为创业人才培养提供了非常重要的启示。教育生态理论则联合生态学与教育学视角，旨在根据生态学的机理研究教育领域出现的现象和问题，并借助生态学的方法探究教育规律。因此，教育生态理论又为创业人才培养开辟了一个新的视角。

2.4.1 教育生态理论的基本内涵

教育生态理论（ecological theory of education）旨在探索个体与环境之间的相互作用，并阐明环境对个体学习和发展的影响。20 世纪 30 年代起，由于既有教育理论的解释困境和生态理论的强势扩张，美国教育社会学家华勒（W. Waller）等人开始将生态理论引入教育领域，提出了"课堂生态"的概念，生态学与教育学得到初步的融合发展。1966 年，英国学者阿什比（E. Ashby）提出了"高等教育生态学"的概念，开始运用生态学的原理和方法研究高等教育。1976 年，美国学者克雷明（L. A. Cremin）正式提出了"教育生态学"的概念。英国学者埃格尔斯顿（J. Eggleston）出版了著作《学校生态学》（*The Ecology of the School*），标志着教育生态理论的系统形成。[1] 教育生态理论在教育领域的影响越来越大，日渐引起国内学者的广泛关注。1975 年，台湾学者方炳林在其出版的《生态环境与教育》一书中，提出生态环境与教育的研究就是"教育生态的研究"。所谓"教育生态的研究"就是"从生态环境中选择与教育有密切关系的因素，以了解其与教育的作用与关

---

[1] 范国睿，王加强. 当代西方教育生态问题研究新进展［J］. 全球教育展望，2007（9）：39–45.

系"。他以社会生态、文化生态、家庭生态和学校生态为主，分别研究了各种环境因素与教育的关系。[1]

　　教育生态理论主张运用生态学的原理，以整体联动思维和系统平衡思维，从教育生态环境、教育个体生态、教育群体生态和教育生态系统的相互影响和制约机理入手分析解决教育问题，[2] 认为教育系统内的诸要素不仅在内部相互联系、相互作用中形成一定的结构，而且教育系统内外也进行着能量、物质和信息的交换，具有多维镶嵌性。[3] 教育生态的结构可以分为宏观系统和微观系统两个层面。宏观系统是指教育系统整体构成及其与外部环境之间的关系形式，主要包括整个教育生态的自然构成、文化传统、类型结构、管理方式、地区差异等，从而确定教育发展的战略选择和战略实施。微观系统是指教育系统内部各要素之间的联系形式，具体包括组织框架、人员构成、课程设置、教学设计、资金来源等，以集中探讨学校内部组织构成、教育教学及其效果，着重解决学校内部的管理问题。

　　教育生态系统具有整体性、系统性和开放性三个显著特点。首先，教育生态系统是一个有机组成的共同体，各组成要素是它不可分割的一部分，并且从属于这个共同体，总体功能大于部分功能之和，整体具有部分无法具有的功能。教育生态学的重要目标就是要从全局统筹考虑，科学合理地协调各个部分之间的关系，实现整体功能最大的目标。其次，教育生态学强调教育与环境之间的相互依存、相互适应关系，把教育当作人类社会自我发展的子系统，按照结构形式可分成宏观系统和微观系统，整个国家或地区教育可以构成宏观系统，每个学校可以看成微观系统。最后，教育生态理论认为教育系统内的诸要素不仅在内部相互联系、相互作用中形成一定的结构，而且教育系统内外也进行着能量、物质和信息的交换。[4] 教育生态系统如同工厂，未经教育或未经某种水平教育的学生如同生产原料，通过系统的"加工"，"原料"变成成品，再输出到社会，成为社会所需要的专业人才，这就是输入—加工—输出的交换过程。[5]

2.4.2　教育生态理论在创业研究中的应用

　　教育生态理论是教育理论和生态理论在研究过程中的融合和延伸。教育生态理论强调教育系统的诸多要素均不是独立运行的，而是一个整体，形成合力联动作用。进入 21 世纪以来，人们的生态意识越来越强烈，对优质生态教育的需求也日益增长。与此同时，教育生态理论的研究日趋兴盛，学者们围绕教育生态理论进行了广泛的探讨并取得了丰富的研究成果。

　　关于教育生态学的研究对象，主要有两种观点：一种观点是关系论，认为教育生态学的研究对象是教育与生态环境的关系；另一种观点是系统论，认为教育生态学的研究对象

［1］方炳林.生态环境与教育［M］.台北：维新书局，1975.

［2］吴鼎福，诸文蔚.教育生态学［M］.南京：江苏教育出版社，2000：1–3.

［3］凌玲，贺祖斌.教育生态学视野中的区域教育规划［J］.教育发展研究，2005，（5）：66.

［4］同［3］.

［5］谭逢君.教育生态理论视域下的大学生创新创业创造教育研究［J］.中国大学生就业，2019（20）：51–56.

是教育生态系统。在 Eggleston 的著作《学校生态学》发表前后，有关教育生态学的研究多与教育和环境的关系密切相关。Eggleston 在其著作《学校生态学》中开辟了教育生态学研究的新思路，他提出教育生态学也应该研究教育资源的分布及个体对教育资源分布的反应。随后，Goodlad 首次提出"文化生态系统"的概念，强调学校建设要从管理的角度入手，统筹各种生态因子，建立健康的生态系统，提高办学效益。[1]Luísa 等人认为创业教育生态系统应包括三个方面：创业课程、课外创业项目和辅助性基础设施。[2]Rosa 等人认为高校创业教育生态系统的四大支柱是：所有利益相关者，大学创业文化，基础设施和网络建设，科技成果转化办公室和创业中心。[3]

创业教育生态系统的构建是当前高校创业教育变革的重要方向。国内学者基于教育生态理论，对高校创业教育生态系统的构建展开了日益深入的研究。刘海滨认为，高校只有构建不同主体间自发耦合、协同互联、内生成长的创业教育生态系统，才能充分发挥创业教育对创新型人才培养的促进作用。[4]创新创业教育共同体是教育生态思维和生态方法在创新创业教育中的具体化应用和彰显。田贤鹏主张，构建创新创业教育共同体须基于共同体的结构特征和创新创业的内在属性进行生态系统的整体优化，具体可围绕需求导向的教学共同体、校内协同的文化共同体、校企合作的产研共同体、校地联动的发展共同体等不同层面展开。[5]同时，创业教育生态系统必须遵循自发演进的路径，不断调适自身的边界、功能与结构，构造闭环演进的高校创业教育生态系统，以实现知识生产—知识扩散—价值创造的完整价值链。[6]构建高校创业教育生态系统也是促进创业教育高质量发展的必由之路。马永霞和窦亚飞提出了以创新创业能力培养为导向的高校创业教育生态系统的构建策略，包括构建完善的创业教育政策体系，理顺高校的创业教育运行机制，增强高校创业教育师资队伍，夯实高校创业教育基础环节，强化学生创业教育个体参与。[7]臧玲玲和梅伟惠则进一步探讨了高校创业教育课程生态系统的建设思路，提出当前中国高校创业教育课程生态系统需要在微观层次提升课程质量，在中观层次实现各主体协同发展，在宏观层次营造支持性氛围。[8]

此外，国内学者还较为系统地介绍了国外创业教育生态系统建设的成功经验。作为享

[1] 邓小泉，杜成宪. 教育生态学研究二十年 [J]. 教育理论与实践，2009，29（13）：12-16.

[2] CARVALHO L，COSTA T，Dominguinhos P. Creating an entrepreneurship ecosystem in higher education [M]//Soomro S. New achievements in technology, educationand development. New York：In Tech，2010：2-19.

[3] CAIAZZA R，VOLPE T. Innovation and its diffusion：Process，actors and actions [J]. Technology Analysis & Strategic Management，2016，29（2）：181-189.

[4] 刘海滨. 高校创业教育生态系统构建策略研究 [J]. 中国高教研究，2018（2）：42-47.

[5] 田贤鹏. 教育生态理论视域下创新创业教育共同体构建 [J]. 教育发展研究，2016（7）：66-73.

[6] 黄兆信，王志强. 高校创业教育生态系统构建路径研究 [J]. 教育研究，2017，38（4）：37-42.

[7] 马永霞，窦亚飞. 以能力培养为导向的高校创业教育生态系统的关键要素与构建策略——基于 DEMATEL-ISM 方法的实证分析 [J]. 教育发展研究，2022，42（1）：68-76.

[8] 臧玲玲，梅伟惠. 高校创业教育课程生态系统的生成逻辑与建设路径 [J]. 华东师范大学学报（教育科学版），2019，37（1）：23-29，165.

有"世界理工大学之最"美誉的全球著名创新创业型大学,麻省理工学院创新创业教育生态系统深刻影响了美国以及全球各地高等教育机构的创新创业教育理念和实践。麻省理工学院创新创业教育的生态系统由六大相互支撑的开放体系组成,包括创新创业教育学位和课程体系、创新创业教育组织和管理体系、学生创新创业俱乐部体系、全球化创新创业教育体系、创新创业教育竞赛和奖项体系以及创新创业法律服务体系。[1]卓泽林等以英国伦敦大学国王学院为例,从理论联系实际的跨学科创业课程体系和师资力量、全面的创业教育支持机构、行业与企业三方面,对其创业教育生态系统进行了全面介绍。[2]同时,我国学者在借鉴国外成功经验的基础上,围绕生态教育理论形成了本土化的研究结论。例如,周勇和凤启龙以江苏省为例,对区域内构建创业教育生态系统进行了顶层设计,在对区域内创新创业文化进行调研的基础上,提出可采取理念转换、顶层设计、系统重构、分类指导等策略来实现创业教育生态系统的和谐可持续发展。[3]王立国以高职院校为探索体系建设的切入点,对全国第二批高职院校创新创业学院进行调查分析,提出通过修正创业教育价值取向、突出创新创业学院教学地位、强化师资队伍建设、协调创新创业教育资源等途径,构建更具生命力的高职院校创新创业教育生态体系,以促进创业教育的可持续性发展。[4]马永斌等人主要从创业教育课程生态系统的视角,在对清华大学创业教育课程体系进行介绍分析的基础上,提出要突破创新创业教育课程缺乏系统设计、课程内容与实践脱节等问题,主张构建一个高效的创业教育课程生态系统。[5]

2.4.3 教育生态理论对创业人才培养的启示

教育生态系统具有整体性、系统性、开放性等特点,从教育生态理论视角开展创业人才培养有助于提高人才培养的科学性。基于国际经验和我国创新创业教育生态系统构建的探索成果,教育生态理论对创业人才培养提供了更全面和系统的思路,主要体现为以下三个方面:一是高校要形成多元化的教育模式。教育生态理论强调学生需要多元化的学习环境和教育资源,这对培养创业人才非常重要。创业需要跨学科的知识和技能,以及不同领域的专业知识。因此,高校创业教育应加强跨学科融合,并鼓励学生在不同领域进行深入学习和交叉学习。二是为大学生提供更多的实习实践机会。教育生态理论认为实践是学习的重要环节,这对创业人才培养尤为重要。高校应为大学生创造更多的机会参与实践项目、创业实验和企业实习,从而将理论知识应用到实际情境中,培养创业的实际能力和经验。三是高校要加强与校外资源的深度互动。教育生态理论强调学校与产业界和社会的紧

[1] 许涛,严骊.国际高等教育领域创新创业教育的生态系统模型和要素研究——以美国麻省理工学院为例 [J].远程教育杂志,2017,35(4):15-29.

[2] 卓泽林,赵中建.高水平大学创新创业教育生态系统建设及启示 [J].教育发展研究,2016,36(3):64-71.

[3] 周勇,凤启龙.基于创新文化的高校创业教育生态系统建构——以江苏省为例 [J].高校教育管理,2013,7(3):119-124.

[4] 王立国.教育生态理论视角下高职院校创新创业教育体系研究 [J].职业技术教育,2020,41(5):49-53.

[5] 马永斌,柏喆.大学创新创业教育的实践模式研究与探索 [J].清华大学教育研究,2015,36(6):99-103.

密合作，培养与市场需求和社会发展相适应的人才。创业人才培养也需要与企业、创业者和相关组织建立合作关系，提供实际案例、导师指导和资源支持，让学生更好地了解创业实践和市场需求。

2.5　三螺旋理论及其对创业人才培养的启示

三螺旋理论是构建大学生创新创业能力培养协同机制的重要依据。高校、政府、企业协同培养创新创业型人才，有利于发挥各育人主体的资源优势，激活资源存量，放大资源效能，实现协同方利益最大化，进而为创业人才的培养提供新思路和新方法。

2.5.1　三螺旋理论的本质与内涵

"三螺旋"（triple helix）的概念最早出现在生物学领域，被用于研究晶体学或分子生物学中复杂的转型过程。20 世纪 90 年代初，美国社会学家亨利·埃茨科威兹和荷兰学者罗伊特·雷德斯多夫（Loet Leydesdorff）在总结"麻省理工学院—128 公路"和"斯坦福大学—硅谷"区域创新发展实践的基础上，将"三螺旋"概念引入社会学领域，正式提出了三螺旋理论。[1]三螺旋理论认为，在知识经济社会内部，政府、企业与大学是相互独立又相互联系、相互作用的三个核心社会机构，它们根据市场要求而联结起来，形成三种力量交叉影响的三螺旋关系。

三螺旋理论模型揭示了大学、企业、政府三种组织日益紧密的关系，是协同育人的理论基石。三螺旋理论强调政府、企业和学校三者在动力驱动下，螺旋主体的组织边界彼此渗透并交叉融合，政策链、产业链和教育链协同创新。政府利用政策链驱动校企合作，助推产业转型升级；学校利用教育链引导产业转型升级，引入产业优质资源培养应用型人才，满足产业转型升级对人才的需求；企业利用产业链加速产业转型升级，同时需要政策链和教育链支持。政、校、企三者相互交融、相互依赖，呈现"螺旋—协同—融合—上升"的态势。[2]与传统创新共同体理论相比，三螺旋理论突破了之前人们所关注的大学—产业、政府—大学、产业—政府等相对割裂的理论，系统性更强，对构建更加有效的创新生态系统提出了系统的理论指导。[3]

大学、企业和政府的动力运行路径包括横向资源整合和纵向分化演进。在横向上，资源整合意味着创新要素在大学、企业和政府之间循环，人员、信息、产品循环是三螺旋运行的主要动力源泉。资源循环是资源整合的必要过程，包括内部资源循环与整合和外部资

［1］傅田，赵柏森，许媚."三螺旋"理论下创新创业教育与专业教育融合的机理、模式及路径［J］.教育与职业，2021（4）：74-80.

［2］邓志新.三螺旋理论下现代产业学院协同创新：困境根源、逻辑机理与实践路径［J］.中国职业技术教育，2021（31）：45-52.

［3］金银亮，罗成一.应用型本科院校创新创业教育生态共同体的构建［J］.黑龙江高教研究，2023，41（7）：144-149.

源循环与整合，又叫"微观循环""宏观循环"或"内循环""外循环"。前者通过循环产生产品，后者通过循环产生合作政策、合作项目、合作机构或组织。在大学的内循环系统中，输入的是学生、信息流、资源流，通过高校教育教学过程产生的是人才、科研成果；在企业的内循环系统中，输入的是新技术、新材料、高水平工人，经过企业加工，产生的是走向市场的产品和服务；在政府的内循环系统中，输入的是信息、市场情况等，输出的是政策、法律和服务等。大学、企业和政府的联系界面越大，联系得越紧密，协同度就越高，质量和效益就越好。培养创新创业人才是大学、企业和政府共同的价值追求，也是三方的联结点。为了共同的价值目标，三方不断扩大彼此联系界面，功能也出现了交叉和重叠。[1] 在纵向上，三螺旋系统演进倾向于分化，两种环境相互作用、相互影响会产生一种稳定态，但第三种环境的出现会打破这种稳定态，对系统运行进行反馈，从而在时间维度上推动系统的分化和演进，而最终形成一种强稳定态。在三螺旋系统中，横向上的资源整合与循环同纵向上的分化演进相伴相随，使三螺旋育人系统成为一个更加复杂的事物，在质上和量上互变互升，推动协同育人系统呈螺旋上升态势。[2]

2.5.2 三螺旋理论在创业研究中的应用

三螺旋理论自提出以来在管理学领域产生了广泛且持续的影响。创新创业研究走出了过去的二维分析，越来越重视综合考虑大学、企业和政府的互动作用。国外学者更多的是利用该理论来研究创业型大学的建设，如 Acworth 解释了高校和产业合作的知识交互社区模型，[3] Lehrer 等阐述了政府与高校交互策略的影响。[4] 在大学 – 企业 – 政府的创新三螺旋之外，构筑大学 – 公众 – 政府的三螺旋能够消解实现利益的过程中可能会造成的社会问题，通过两个三螺旋之间的张力形成和谐的可持续发展。[5]

围绕三螺旋理论及其在创业教育中的应用，我国学者也开展了广泛的探索。高校创新创业教育的开展离不开政策的鼓励和支持，同时高校人才向社会输送也需要校企之间的紧密配合。[6] 基于三螺旋理论的创业人才培养，需要学校、企业、政府共同投入并建立良性

［1］蔡翔，王文平，李远远. 三螺旋创新理论的主要贡献、待解决问题及对中国的启示［J］. 技术经济与管理研究，2010（1）：28.

［2］陈桂香. 高校、政府、企业联动耦合的创新创业型人才培养机制形成分析——基于三螺旋理论视角［J］. 大学教育科学，2015（1）：42-47.

［3］ACWORTH E B. University–industry engagement：The information of knowledge Integration Community（KIC）model at the Cambridge–MIT institute［J］. Research Policy，2008，37（8）：1241-1254.

［4］LEHRER M，NELL P，GÄRBER L. A nation systems view of university entrepreneurialism：Inference from comparison of the German and US experience［J］. Research Policy，2009，38（2）：268-280.

［5］埃兹科维茨. 国家创新模式：大学、产业、政府"三螺旋"创新战略［M］. 周春彦，译. 北京：东方出版社，2014.

［6］周倩，胡志霞，石耀月. 三螺旋理论视角下高校创新创业教育政策的演进与反思［J］. 郑州大学学报（哲学社会科学版），2019，52（6）：54-60，126.

互动的发展关系，形成创新创业教育的合力。[1]黄利梅认为，高校创业教育中高校、政府和产业要打破组织边界，协同创新高校创业教育模式，包括目标协同、组织协同和过程协同。[2]协同创业教育机制运行的主要方法是，使用平台来衔接各创业要素，包括解决创业实践协同与创业文化协同问题的公共服务平台、解决技术协同问题的技术创新平台及解决政策落地和技术转移的产业培育平台。[3]张冬生等人认为，在创业教育中，我国高校参与三螺旋体系的两个基本要求是"对外开放性"和"独立担当"。[4]余潇潇等人以清华大学的创新创业改革为分析案例，针对研究型大学创业教育进行了三螺旋框架初步构建，提出可以以培养创新创业人才为共同的长期目标，建立平台汇聚引导三方资源，交叉发挥职能，逐步推动创新创业教育三螺旋体系的建设。[5]

创业型大学是大学—产业—政府三螺旋关系发展的推进器。强有力的领导核心、拓宽的发展型单位、多样化的资金来源、激活的学术中心、整合的创业文化等5个典型要素在欧洲创业型大学的组织转型过程中发挥了不同的促进作用。[6]我国学者也将三螺旋理论与创业型大学建设联系起来进行理论创新，探索符合我国国情的创业人才培养模式。一方面，基于三螺旋理论，创业型大学在国家和区域经济社会发展中的作用已被肯定。在知识经济和全球化时代，大学、企业、政府之间的关系发生改变，形成一种相互作用的创新性的三螺旋模式，并催生出一种新型的大学——创业型大学。在创业型大学进行重新塑造、组织变革、制度创新的过程中，创业精神和知识产业化得到鲜明体现，并推动社会经济的发展。[7]创业型大学是与社会有着密切联系的组织，在重视教学与科研的同时还应注重服务社会，推动地方和地区的发展。[8]陈静等人通过中美高校技术转移比较，从大学、政府和企业各主体的角度，发现建立创业型大学将能完善三螺旋的互动机制和促进三方之间技术转移平台的搭建和运作。[9]另一方面，如何在三螺旋理论指导下建设创业型大学，也成为学者们关注的重点。三螺旋理论下创业型大学的管理模式还需要不断创新，包括创业型大学的目标定位及价值重构、组织结构优化与制度创新和管理机制创新；同时更加注重与政府、企业的战略性合作与联动，促进异质资源在大学、政府、企业之间的跨组织整合与流动，形成良好的外部互动机制。[10]我国高校应通过构建动态化的网络组织和内外互动机

[1]黄斌.三螺旋理论下创新创业教育研究[J].中国高校科技，2019（11）：69-72.

[2]黄利梅.高校创业教育协同创新机制——基于三螺旋理论视角[J].技术经济与管理研究，2016（6）：25-29.

[3]徐占东."三螺旋"协同创业教育机制研究[J].学校党建与思想教育，2015（12）：40-42.

[4]张冬生，王子杰，齐秀强.开放与担当：大学生创业教育的三螺旋解读[J].湖北社会科学，2011（2）：192-194.

[5]余潇潇，刘源浩.基于三螺旋的研究型大学创新创业教育模式探索与实践[J].清华大学教育研究，2016，37（5）：111-115.

[6]张卫国.三螺旋理论下欧洲创业型大学的组织转型及其启示[J].外国教育研究，2010，37（3）：53-58.

[7]向春.创业型大学的理论与实践[J].高等工程教育研究，2008（4）：72-75.

[8]李雪芹，周怀营，蔡翔.基于"三螺旋"理论的"创业型"大学建设[J].技术经济与管理研究[J]，2010（4）：46-49.

[9]陈静，林晓言.基于三螺旋理论的我国技术转移新途径分析[J].技术经济，2008（7）：1-6，17.

[10]张秀萍，迟景明，胡晓丽.基于三螺旋理论的创业型大学管理模式创新[J].大学教育科学，2010（5）：43-47.

制，联通企业、政府和大学，巩固和加强高校在"三螺旋"结构中的重要作用。[1]

2.5.3 三螺旋理论对创业人才培养的启示

创新创业人才培养，高校并不是唯一实施主体，企业与政府同样发挥着重要的作用。三螺旋理论强调大学、企业和政府间的合作与相互作用，突出三方的协同创新，这为高校创新创业教育提供了新的视角。一是政府要牵头搭建创新创业平台，实现创新成果快速转化，积极推动"政+产+学+研"一体化发展。从扶持政策、工商税收、创业资金、技术产品、政府采购、财政补贴、创业教育、经营管理、心理疏导，直至创业文化等全过程支持大学生创新创业。[2]二是企业须将科研机构、高校人才、研究成果输出作为企业发展的原动力，积极参与高校创新教育、创业教育的课程设置、师资建设、实践锻炼等，在为高校、研究机构提供研究和人才开发所需的技术资源、生产资源的同时，从中获得或培养企业所需的创新人才，实现共赢。三是高校在制订人才培养计划时，要与社会和企业的需求相联系，并且充分发挥三个子系统，即科学研究、人才培养和产业创新中的协同互动作用，[3]推动协同创新绩效的提升。此外，科研院所也要借助企业的生产平台及资源，与高校科研团队进行良好的对接和协同，从而提高科研机构的科学技术研究水平。与此同时，在政府的支持下，兼顾技术研究和成果转化，助力学生创新创业，最终实现培养专业创新创业型人才的目的。[4]

[1] 何郁冰，丁佳敏.创业型大学如何构建创业教育生态系统[J].科学学研究，2015，33（7）：1043-1051.

[2] 杨道建，李洪波，陈文娟.高校大学生创业引导策略研究[J].江苏大学学报（社会科学版），2013，15（2）：63-67.

[3] 项杨雪，梅亮，陈劲.基于高校知识三角的产学研协同创新实证研究——自组织视角[J].管理工程学报，2014，28（3）：100-109.

[4] 张绍丽，郑晓齐.专业教育、创新教育与创业教育的分立与融合——基于"三螺旋"理论视角[J].黑龙江高教研究，2017（6）：100-104.

3 我国高校创业教育的发展历程与挑战

21 世纪初，创业教育不仅在全球范围迅速发展，也逐步成为我国高校教育体系的重要组成部分，我国政府出台了一系列鼓励创新创业的政策措施，为创业教育的持续发展提供了有力支撑。依据我国创业教育发展的阶段性特征，本章将我国创业教育发展历程划分为自主探索、试点推进和深化发展三个阶段。在阐述各阶段发展样态的基础上，探讨了我国高校创业教育的实施策略，剖析了目前创业教育面临的问题与挑战。

3.1　我国高校创业教育的发展历程

1991 年，我国作为成员加入了联合国教科文组织"创业教育"项目，并在基础教育阶段试点创业教育，但当时高等教育领域的创业教育尚未起步。2002 年是我国高校创业教育发展的重要节点，此前我国高校创业教育仍处在起步阶段，不同高校主要是根据学校历史渊源和自身实际情况自主开展创业人才培养。2002 年，教育部确定在国内 9 所高校开展创业教育试点工作，"政府驱动"逐渐成为中国创业教育发展的动力之源。总体来看，我国高校创业教育历程经历了三个发展阶段。

3.1.1　自主探索阶段

1989 年，联合国教科文组织在北京召开"面向 21 世纪教育国际研讨会"，正式提出了"创业教育"概念，且阐释了创业教育包括求职和创造新的岗位两个方面的内容。1998 年 12 月，教育部发布了《面向 21 世纪教育振兴行动计划》，1999 年共青团中央、中国科协、全国学联共同决定将"创业计划大赛"推向全国。同年由清华大学承办的第一届"挑战杯"中国大学生创业计划竞赛在北京顺利举办，正式拉开了国内创业教育的序幕。部分办学基础较好的高校开始大胆探索和积极尝试，并取得了一定成效，其中，清华大学以"创业竞赛"为载体的创业教育探索和武汉大学"三创"理念指导的创业教育探索具有一定的代表性。

第一，以"竞赛"为载体开展创业人才培养。20 世纪 90 年代末，清华大学以"创业竞赛"为载体开始了对"创业教育"的初次尝试。1998 年 5 月，清华大学在亚洲高校中第一个引入了美国的商业计划竞赛，形成了清华大学创业计划大赛。竞赛鼓励学生以团队或个人的名义报名参加，并要求参赛选手组成优势互补的竞赛小组，在4~5个月内提出一个符合市场发展规律，具有市场前景的技术产品或者服务创意，选手围绕该产品或创意，拟定一份能够获得风险投资家青睐的商业计划书。据统计，这次在国内具有开创性的竞赛不仅汇聚了清华大学本科生、研究生，还吸引了北京大学经济学院和光华管理学院共17名研究生和本科生参与，总报名人数约320人，参赛团队101支，预赛作品提交112份。[1]当时提出的"立式自动车库""骑车防撞系统""绿色空调"等构想极具创意和可投资性。此次尝试首次将创业计划大赛引入国内大学校园，为投资家、企业家和青年创业者之间架起了沟通学习的桥梁，引起了国家及各大高校的关注，为国内高校创业教育作出了先行示范。

此后，清华大学创业计划大赛每年举办一届，在竞赛开展期间，清华大学为学生提供相关讲座和培训活动，对普及创业知识、增强创业兴趣和信心起到了良好作用。1999年4月，清华大学第二届学生创业计划大赛诞生了清华首批学生创业团队，依托清华大学强大的理工科背景，结合计算机、电子、光学及材料学等多学科领域，孕育了"视乐美""易得方舟"等一批高科技公司。同年，清华大学作为第一个亚洲成员受邀并加入了全球商业计划竞赛联盟（Global Start-up Workshop）。

第二，实施"三创"教育改革，推动创业人才培养。2001年5月，武汉大学在全国率先提出了以"创造、创新、创业"教育为核心的"三创"教育。创造、创新、创业既相互区别又相互联系，创造是提出新观点、新理论，强调从无到有的过程；创新是在已有事物的基础上改革改良，是站在前人的肩膀上的发现和创造；创业是"开创基业，创办事业"，更强调个体发挥自身才能，利用现有资源，去开创新局面新事业。创造通过创新更加完善，创新通过创业扎根大地，武汉大学的"三创"教育理念一经提出就得到了师生员工的认同和支持。武汉大学对"三创"教育的自由探索主要从四个方面展开：[2]一是在课堂教学中渗透和实施创业教育，明确要求教师要结合课堂教学内容，培养学生创业意识和创业精神。二是增加实践教学环节，扩建实验室。2001年武汉大学启动了实践教学改革研究立项和大学生科学研究训练计划。三是实行"创新学分制"，对学生公开发表的作品、科研成果、发明创造、学术竞赛及社会实践等成果，给予相应的学分累计。四是积极开发"第二课堂"，经常举办创业相关的知识讲座、论坛、沙龙及培训活动。建设成立了"大学生创新实践中心""大学生创业指导中心"等相关创新创业机构。自2000起，每两年举办一届创业计划竞赛等。

3.1.2　试点推进阶段

2002年4月教育部将清华大学、中国人民大学、北京航空航天大学、黑龙江大学、

[1] 刘葳漪.创业投资走进大学——98首届清华创业计划大奖赛预赛侧记［J］.中国科技信息，1998（增刊1）：82-83.
[2] 刘艳芳，杨少清，胡甲刚."创业教育"在武大［J］.科技创业月刊，2003（11）：54.

上海交通大学、南京财经大学、武汉大学、西安交通大学、西北工业大学 9 所院校确定为开展创业教育的试点院校，标志着我国创新创业教育正式启动。此后，9 所创业教育试点院校结合本校办学特色与生源特点，提出了许多具有特色和时代性的创业教育理念，摸索出了各自的创业教育模式。另外，一些非试点院校也在地方政府的支持下积极进行教学改革，在教育教学中融入创业教育。试点推进阶段我国高校创业教育呈现出一些新的特点。

第一，重视创业教育教师培养。创业教育师资不足是创业教育起步阶段高校面临的普遍问题。为解决这一难题，2003 年 10 月，教育部举办了第一期创业教育骨干教师培训，承办单位是北京航空航天大学，来自全国 100 多所高校的 200 名教师参加了培训。[1] 培训班邀请了国内外高校教授及国内企业家作为培训师，从国内外创业教育概况、创业融资、创业计划书、创业企业战略和创业者素质等多方面阐述了创业教育理念。2005 年，共青团中央、中华全国青年联合会等联合引进国际劳工组织开发的创业培训项目——KAB（Know About Business），KAB 项目针对"KAB 项目讲师""KAB 项目培训师""KAB 项目高级培训师"开展分层次的统一培训。这是我国高校创业教育试点历程中又一项推动创业师资培训的重要措施。

第二，开设创业教育课程。2005 年上海交通大学将创业课程纳入全校选修课系统，并为创业课程设定学分，开设了"大学生创业""大学生就业与择业"等多门校级选修课程。清华大学将创业教育课程列入人才培养方案，是 9 所试点高校中开设通识类创业课程最多的学校。同时，2006 年清华大学出台了文化素质教育改革方案，将"创业管理""KAB 大学生创业基础""高技术公司创业与成长探析"等课程纳入文化素质教育课程，学生凭自愿选修。黑龙江大学则在 2003 年和 2004 年开设了国际劳工组织部创业项目 SYB（Start Your Business）系列创业培训课程。一些非试点高校也展开了积极尝试，厦门大学自 2003 年起为 MBA 学生开设了创业管理课程，2005 年在全校开设"大学生创业计划与实践"选修课。南开大学于 2008 年开设了"大学生 KAB 创业基础"公选课，学生能在课堂上学习如何找到一家好企业、如何组建公司、创业前的准备工作、制订商业计划书，掌握经营企业相关的基本知识与技能。创业教育的第二课堂主要以创业竞赛、创业讲座、创业社团等课外活动为载体，鼓励学生亲身投入各种社会实践活动中，以此促进学生养成创业精神。试点推进阶段，高校创业教育课程设置主要分为两种模式：一种是作为专业选修课，只在管理类等少数专业开设；另外一种是作为公共选修课，各个专业学生都可以选修，一般未列入必修课程中。

3.1.3 深化发展阶段

建设创新型国家，加快创新创业人才培养，是高等教育义不容辞的责任与义务，同时也是提高我国高等教育质量，推动我国高等教育改革的重要途径之一。2010 年是我国高校创业教育发展不断拓深的起始年。2010 年，教育部下发《关于大力推进高等学校创新

---

[1] 李伟铭，黎春燕，杜晓华. 我国高校创业教育十年：演进、问题与体系建设 [J]. 教育研究，2013（6）：42-51.

创业教育和大学生自主创业工作的意见》（以下简称"意见"），提出要大力推进高等学校创新创业教育工作，不断提高人才培养质量，"意见"的提出标志着我国创业教育进入政策领导下的深化发展阶段。教育部建立了高教司、科技司、学生司、就业指导中心 4 个司局的联动机制，形成了创新创业教育、创业基地建设、创业政策支持、创业服务"四位一体、整体推进"的格局。[1] 高等学校也先后成立创新创业学院，创新创业教育组织模式呈现出新的变革态势。2012 年 8 月，教育部印发《普通本科学校创业教育教学基本要求（试行）》，从顶层设计上规范了创业教育的教学目标、教学原则、教学内容与教学方法，明确规定将"创业基础"作为面向全体高校学生的高校必修课。

党的二十大报告强调，必须坚持科技是第一生产力、人才是第一资源、创新是第一动力，深入实施科教兴国战略、人才强国战略、创新驱动发展战略，开辟发展新领域新赛道，不断塑造发展新动能新优势。贯彻落实科教兴国战略，必须深入推进创新创业教育。2015 年 5 月，国务院印发《国务院办公厅关于深化高等学校创新创业教育改革的实施意见》，提出"三步走"目标：从 2015 年起全面深化高校创新创业教育改革；2017 年取得重要进展，形成科学先进、广泛认同、具有中国特色的创新创业教育理念，形成一批可复制可推广的制度成果，普及创新创业教育；2020 年建立健全课堂教学、自主学习、结合实践、指导帮扶、文化引领融为一体的高校创新创业教育体系，人才培养质量显著提升，学生的创新精神、创业意识和创新创业能力明显增强，投身创新创业实践的学生显著增加。2017 年 1 月和 7 月，教育部先后公布了首批和第二批深化创新创业教育改革示范高校名单，进一步要求示范高校探索可复制、可推广的创新创业教育经验，以发挥示范和引领作用。

伴随高校创业教育的深入发展，创新教育模式、改革教育体系成为发展的重要动力。在教育模式方面，高校依据自身发展目标和办学特点进行了大胆探索。例如，大连大学将创新创业教育贯穿于人才培养的全过程，探索出"三层次、四平台"创新创业教育模式。温州大学提出"岗位创业教育"新理念，探索了创业教育与专业教育融合的新途径。清华大学建立了"大学—政府—企业"的创新创业教育生态网模式，且在深圳清华大学研究院 i-space 平台成功运行，证实了该生态网模式能够有效解决创新创业发展的问题，可在全国范围内推广。复旦大学摸索构建了"六位一体"的创业型人才培养模式。[2-3] 江西经济管理干部学院于 2013 年全面修订人才培养方案，正式实行"1382 全价值链创业教育人才培养模式"。[4]

为深入推进创业教育革新，我国部分高校在人才培养方案和培养目标上作出了适应性调整。例如，2017 年复旦大学通过实施本科专业评估计划、交叉培养计划与本科荣誉计

［1］王占仁.中国创业教育的演进历程与发展趋势研究［J］.华东师范大学学报（教育科学版），2016，34（2）：30-38，113.

［2］姚凯，李思志，王姣姣.高校创业型人才培养模式研究——以复旦大学为例［J］.现代教育管理，2020（4）：40-46.

［3］马永斌，柏喆.大学创新创业教育的实践模式研究与探索［J］.清华大学教育研究，2015，36（6）：99-103.

［4］黄小平."全价值链"创业型人才培养模式实施路径与效果探讨［J］.职教论坛，2019（11）：172-176.

划等修订创新创业人才培养方案。同年，山东大学第三次修订创新创业教育人才培养方案，重点加强内涵建设，建立了课程体系与培养目标（知识、能力、素质）的对应关系矩阵。同时，部分高校着力打造出一批创新创业教育"金课"。截止到 2019 年 10 月，教育部共推出 52 门创新创业精品在线开放课程，各示范高校开设了 2800 多门线上线下创新创业教育课程。在教育教学实践平台方面，产教融合、校企合作等为创新创业教育提供了更广阔的实践平台与资金支持。

3.2　我国高校创业教育的推进策略

自 1998 年清华大学在国内率先开展创业教育，历经 20 余年的探索实践，国内创业人才培养方式呈现多样化的特点。纵观我国高校创业教育的发展历程，体现为"以政府政策为培养导向，以高校教育教学为实施载体，以社会企业为实训基地"的多层次、多元化协同育人方式。

3.2.1　各类创业政策的持续推动

创业政策是政府或其他主体部门为了推动创新创业实践活动而制定、出台的一系列政策、法律法规及意见等。当前，我国创业政策总体上是以促进就业为目标、以消除创业歧视为导向、以激励创业为抓手、以健全创业体制机制为基础，创业对扩大就业覆盖、增强市场活力、提高资源效率、推动社会进步、增加产品及服务供给、促进区域经济发展、改善民生和增进福利具有重要作用。[1] 创业政策按类型可以分为创业教育政策、创业金融政策、创业服务政策和创业培训政策，创业教育政策是政府推动我国高校创业人才培养的主要方式。创业教育政策对激发大学生创业、再创业意愿，提升大学生创业能力及孵化新企业具有重要的推动作用。

第一，国家层面的创业教育政策。国家创业教育政策是指由中央政府及其部委等制定颁布的推动创新创业实践活动的教育类政策。创新创业教育政策的合理制定，可以有效地培养创新创业人才，为实现创新驱动发展战略输送人才，从而进一步提升国家创新创业综合实力。[2]

我国大学生创业教育政策源于 1998 年 12 月 24 日教育部颁布的《面向 21 世纪教育振兴行动计划》，[3] 该计划首次提出要"加强对教师和学生的创业教育，采取措施鼓励他们自主创办高新技术企业。"表 3-1 列出了 1998—2020 年与创业教育相关的主要政策文件。可以发现，1999 年后，逐步在一些教育类政策文本里强调创业教育的重要性，但此阶段的创业教育政策还比较零散。2010 年，教育部《关于大力推进高等学校创新创业教育和大

---

[1] 郭德侠，楚江亭.我国大学生创业政策评析［J］.教育发展研究，2013，33（7）：65-69.

[2] 刘春湘，刘佳俊.创新创业教育政策演进与实施路径［J］.大学教育科学，2017（4）：94-100，126.

[3] 谭玉，李明雪，吴晓旺.大学生创新创业政策的变迁和支持研究——基于 59 篇大学生创新创业政策文本的分析［J］.现代教育技术，2019，29（5）：112-118.

学生自主创业工作的意见》中首次用"创新创业教育"替代"创业教育"，成为国内创业教育政策发布的分水岭，此后我国创新创业教育政策内容从最初的宏观指导逐步细化到师资培养、课程设置、竞赛活动、创新创业基地建设及创新创业文化引领等具体方面。

表 3-1 我国创新创业教育相关政策（1998—2020 年）

年份	相关文件	相关内容
1998	面向 21 世纪教育振兴行动计划	首次提出培养创新创业型人才
1999	中共中央 国务院关于深化教育改革全面推进素质教育的决定	高等教育要重视培养大学生的创新能力、实践能力和创业精神
2000	教育部关于贯彻落实《中共中央、国务院关于加强技术创新，发展高科技，实现产业化的决定》的若干意见	各级教育行政部门和各类高等学校应强化产学研结合，营造良好政策环境，深化高等学校内部管理体制改革和人事制度改革等，把高等学校科技成果转化和高技术产业化工作抓实抓好
2002	国务院关于大力推进职业教育改革与发展的决定	注重培养受教育者的专业技能、钻研精神、务实精神、创新精神和创业能力
2003	国务院办公厅关于做好 2003 年普通高等学校毕业生就业工作的通知	各级政府和高等学校要采取有效形式对高校毕业生进行就业形势教育，开展树立正确择业观和创业观教育，并贯穿于学校教育的全过程
2004	中共中央 国务院关于进一步加强和改进大学生思想政治教育的意见	要帮助大学生树立正确的就业观念，进一步建立健全大学生就业指导机构和就业信息服务系统，提供高效优质的就业创业服务
	关于深入实施"中国青年创业行动"促进青年就业工作的意见	要依托有条件的团校、青少年宫、青年就业培训中心等团属培训阵地，借助企事业单位培训机构和职业学校，建立青年创业培训基地
	劳动和社会保障部 教育部关于印发 2004 年高职院校毕业生职业资格培训工程的通知	为毕业生实现自谋职业和自主创业创造条件，全面开展创业培训
	关于在部分高等院校开展"创办你的企业"（SYB）培训课程试点的通知	进行 SYB 培训试点，培训一批 SYB 教师
2005	国务院关于大力发展职业教育的决定	加强职业指导和创业教育，建立和完善职业院校毕业生就业和创业服务体系
2006	十四部门关于切实做好 2006 年普通高等学校毕业生就业工作的通知	切实加大对高校毕业生自主创业和灵活就业的扶持力度
	教育部关于全面提高高等职业教育教学质量的若干意见	要针对高等职业院校学生的特点，培养学生的社会适应性……提高学生的实践能力、创造能力、就业能力和创业能力
	关于进一步做好 2006 年高校毕业生就业有关工作的通知	加强对大学生的创业培训和创业服务。要求各地要将大学生创业培训工作纳入当地创业培训工作总体规划，组织有积极性的高等学校开展大学生创业培训工作

年份	相关文件	相关内容
2007	劳动和社会保障部关于进一步加强创业培训推进创业促就业工作的通知	创业培训是提高劳动者创业能力的重要手段，是推进创业促就业工作的重要内容
2008	人力资源社会保障部等部门关于促进以创业推动就业工作的指导意见	加强普通高校和职业学校的创业课程设置和师资配备，开展创业培训和创业实训；加大培训力度、提高培训质量、建立孵化基地、健全服务组织、完善服务内容等
2009	国务院办公厅关于加强普通高等学校毕业生就业工作的通知	鼓励高校积极开展创业教育和实践活动。对高校毕业生从事个体经营符合条件的，免收行政事业性收费
2010	关于实施 2010 高校毕业生就业推进行动大力促进高校毕业生就业的通知	各高校要开设相关课程对大学生进行创业教育，加强创业教育师资队伍和教材建设，将大学生创业工作纳入各地创业带动就业工作总体规划，进行创业培训等
	关于实施大学生创业引领计划的通知	教育行政部门、高校要普及创业教育，把创业教育融入教学和人才培养全过程，并将创业教育纳入学分管理。以有创业意愿的大学生为重点，编制专项培训计划，优先安排培训资源，并抓好创业培训的组织实施
	关于成立 2010—2015 年教育部高等学校创业教育指导委员会的通知	决定成立教育部高等学校创业教育指导委员会
	教育部关于大力推进高等学校创新创业教育和大学生自主创业工作的意见	加强创新创业教育课程体系建设、加强创新创业师资队伍建设、广泛开展创新创业实践活动、建立质量检测跟踪体系、加强理论研究和经验交流
	国家中长期教育改革和发展规划纲要（2010—2020 年）	职业教育要面向人人、面向社会，着力培养学生的职业道德、职业技能和就业创业能力
2011	教育部关于做好 2011 年全国普通高等学校毕业生就业工作的通知	全面开展创新创业教育和创业实践活动，加快建成一大批高校学生创业实践和孵化基地，加强对毕业生自主创业的指导服务
2012	教育部 财政部关于印发高等学校创新能力提升计划实施方案的通知	加快高校机制体制改革，转变高校创新方式，集聚和培养一批拔尖创新人才，产出一批重大标志性成果，充分发挥高等教育作为科技第一生产力和人才第一资源重要结合点的独特作用，在国家创新发展中做出更大的贡献
	教育部办公厅关于印发《普通本科学校创业教育教学基本要求（试行）》的通知	高等学校要把创业教育教学纳入学校改革发展规划，纳入学校人才培养体系，纳入学校教育教学评估指标，建立健全领导体制和工作机制等
2013	国务院办公厅关于做好 2013 年全国普通高等学校毕业生就业工作的通知	要把创新创业教育融入专业教学和人才培养的全过程，加快建立和完善创新创业教育课程体系；注重创新创业教育的实践性特点，积极组织学生参加各类创新创业竞赛、模拟创业等实践活动；培养学生的创业意识、创新精神，提高创业能力

续表

年份	相关文件	相关内容
2014	国务院办公厅关于做好2014年全国普通高等学校毕业生就业创业工作的通知	实施大学生创业引领计划。各地要采取措施，确保符合条件的高校毕业生都能得到创业指导、创业培训、工商登记、融资服务、税收优惠、场地扶持等各项服务和政策优惠
	教育部等六部门关于印发《现代职业教育体系建设规划（2014—2020年）》的通知	培养数以亿计的工程师、高级技工和高素质职业人才，传承技术技能，促进就业创业等
2015	国务院关于进一步做好新形势下就业创业工作的意见	统筹推进高校毕业生等重点群体就业；加强就业创业服务和职业培训；利用各类创业培训资源，开发针对不同创业群体、创业活动不同阶段特点的创业培训项目，把创新创业课程纳入国民教育体系
	国务院关于大力推进大众创业万众创新若干政策措施的意见	要健全创业人才培养与流动机制。把创业精神培育和创业素质教育纳入国民教育体系，实现全社会创业教育和培训制度化、体系化
	国务院办公厅关于深化高等学校创新创业教育改革的实施意见	加强教师创新创业教育教学能力建设、改进学生创业指导服务、完善创新创业资金支持和政策保障体系
	科技部关于进一步推动科技型中小企业创新发展的若干意见	鼓励科研院所、高等学校科研人员和企业科技人员创办科技型中小企业，鼓励高等学校、科研院所等形成的科技成果向科技型中小企业转移转化
	国务院关于积极推进"互联网+"行动的指导意见	实施产学合作专业综合改革项目，鼓励校企、院企合作办学，推进"互联网+"专业技术人才培训等
	人力资源社会保障部关于进一步推进创业培训工作的指导意见	明确创业培训对象和内容、建立健全创业培训制度、加强创业培训课程开发、加强创业培训师资队伍建设、规范创业培训机构发展、创新创业培训模式、强化创业服务等
	教育部关于大力推进高等学校创新创业教育和大学生自主创业工作的意见	要求高校要加强创新创业教育课程体系建设、加强创新创业师资队伍建设、广泛开展创新创业实践活动、建立质量检测跟踪体系、加强理论研究和经验交流
	教育部关于深化职业教育教学改革全面提高人才培养质量的若干意见	以增强学生就业创业能力为核心，加强思想道德、人文素养教育和技术技能培养；校企协同育人
	关于高校共青团积极促进大学生创业工作的实施意见	各地各高校团委要开展创业意识培养、创业能力提升、创业实践锻炼等工作
2016	国家创新驱动发展战略纲要	建设和完善创新创业载体，发展创客经济，形成大众创业、万众创新的生动局面
	人力资源社会保障部　教育部关于实施高校毕业生就业创业促进计划的通知	实施能力提升、创业引领、校园精准服务、就业帮扶、权益保护五大行动

续表

年份	相关文件	相关内容
2017	国务院关于做好当前和今后一段时期就业创业工作的意见	促进以创业带动就业、抓好重点群体就业创业、强化教育培训和就业创业服务的若干政策
	新一代人工智能发展规划	建立适应智能经济和智能社会需要的终身学习和就业培训体系，支持高等院校、职业学校和社会化培训机构等开展人工智能技能培训
	国家科技企业孵化器"十三五"发展规划	以创业者的需求为导向，强化"创业导师＋创业辅导师"制度和职业化管理服务队伍建设
	关于深化教育体制机制改革的意见	坚持以就业为导向，着力培养学生的工匠精神、职业道德、职业技能和就业创业能力
	国务院关于强化实施创新驱动发展战略进一步推进大众创业万众创新深入发展的意见	进一步扩大科研院所自主权，激发科研院所和科技人员创新创业积极性、继续推进两岸青年创新创业基地建设等
2018	国务院关于推行终身职业技能培训制度的意见	完善终身职业技能培训政策和组织实施体系、大力推进创业创新培训、建立职业技能培训质量评估监管机制、加强职业技能培训基础平台建设等举措
	教育部办公厅关于做好2018年深化创新创业教育改革示范高校建设工作的通知	着力建设创新创业教育优质课程、着力提升教师创新创业教育能力、着力开展"青年红色筑梦之旅"活动
	教育部2018年教育信息化和网络安全工作要点	组建若干区域性、校际教育信息化创新实践共同体等
	国务院关于推动创新创业高质量发展　打造"双创"升级版的意见	鼓励和支持科研人员积极投身科技创业、强化大学生创新创业教育培训
2019	教育部办公厅关于做好深化创新创业教育改革示范高校2019年度建设工作的通知	建设创新创业教育优质在线开放课程、建设"专创融合"特色示范课程、开展师资培训活动、开展"青年红色筑梦之旅"活动
	国家级大学生创新创业训练计划管理办法	秉承"兴趣驱动、自主实践、重在过程"的原则，深化高校创新创业教育教学改革，加强大学生创新创业能力培养，全面提高人才培养质量
2020	关于开展双创示范基地创业就业"校企行"专项行动的通知	加强高校双创示范基地与企业示范基地的资源对接，鼓励建立校企示范基地结对共建机制、提出一批技术创新需求清单，面向高校双创示范基地及部分重点高校发布
	关于"双一流"建设高校促进学科融合加快人工智能领域研究生培养的若干意见	支持高校、科研院所、产业联盟和骨干企业、新型研发机构等合作建设面向重大研究方向或重点，引导学生以企业实际问题开展创新创业实践

第二，地方层面的创业教育政策。自20世纪90年代，我国部分省份及大中型城市就逐步推行大学生创业支持政策。例如，2008—2016年，浙江省共出台71项大学生创业政

策，涉及金融、场地、培训、商事、知识产权和其他六个方面内容。[1]为鼓励湖南大学生创新创业，促进湖南省科技进步与社会发展，2014年6月湖南省科技厅从大学生科技创业和大学生科技平台建设两个方面入手，制定了《2014年湖南省大学科技创业专项实施方案》，并调拨实施经费1 570万元。在高等院校集聚程度较高的大中城市，相关部门在国家政策指导下，结合当地经济教育情况、产业条件等制定市级高校创业教育扶持政策。表3-2列出了近年来上海市、长沙市、成都市三市的部分创业教育政策，反映出从中央到地方重视高校创业人才培养的格局已经基本形成。

表3-2 我国3座城市创业教育政策情况

地区	相关文件	相关内容
上海市	上海市优秀科技创新人才培育计划管理办法	设立上海市优秀科技创新人才培育计划，以项目形式资助入选者创新创业
	上海市深化高等学校创新创业教育改革实施方案	树立先进创新创业理念；修订人才培养计划；创新人才培养机制；强化创新创业实践；改革教学评价和管理制度等
	上海高等学校创新人才培养机制 推进一流本科建设试点方案	建立通识教育与专业教育融合机制；建立多元的学生学业评价模式；建立与学分制相适应的管理制度；建立学生跨校、跨学科、跨专业学习支持机制；实施更为灵活的学习制度等
长沙市	长沙市建设创新创业人才高地的若干措施	加强创业导师队伍建设，健全激励服务机制，广泛吸纳知名企业家、知名创投人、专家教授、资深创客等开展创业辅导，对优秀创业导师给予奖励等。鼓励市属高校院所科研人员离岗创业
成都市	成都市教育局关于大力推进市属高校和中职学校创新创业教育的实施意见	2015年起全面启动创新创业教育工作。2016年建成4个示范性众创空间，4所创新创业教育示范校。到2017年，基本普及创新创业教育
	成都创业天府行动计划（2015—2025年）	支持高校院所科技人才创新创业。落实成都市促进国内外高校院所在蓉协同创新的若干政策措施，支持四川大学、电子科技大学等高校开展科技成果处置权和收益分配权改革试点
	成都市深入实施创新驱动发展战略打造"双创"升级版的若干政策措施	打造校院企地创新共同体、利益共同体、发展共同体。鼓励高校院所联合国有平台公司和社会资本共同组建科技成果转化校地合作基金。支持在蓉高校院所联合所在产业功能区，利用校、院内及周边土地、楼宇等资源共建环高校院所知识经济圈

政府政策推动高校创业人才培养主要从设计顶层来规划、规范和鼓励高校开展创业人才培养，加速强化创新创业教育的战略规划，促进创新创业教育制度法治化已经成为国际创新创业教育发展的重要趋势。

---

[1]徐晓静.优化创业政策促进大众创业：浙江省创业政策分析[J].上海企业，2017（6）：28-31.

3.2.2 高等学校的多元化策略

第一，健全创业教育课程体系。课程是学科知识的载体，建设创业课程体系是高校实现创业人才培养的重要途径。一是开设创业理论课程普及基础知识。2015 年 12 月教育部印发《关于做好 2016 届全国普通高等学校毕业生就业创业工作的通知》，要求从 2016 年起所有高校都要设置创新创业教育课程，对全体学生开发开设创新创业教育必修课和选修课，纳入学分管理。高校逐步设置创业课程、修订人才培养方案，将全体大学生纳入创业教育体系范围。与此同时，在创业课程设置及讲授过程中，力求将创业教育融入专业教育。高校通过打通一级学科或专业类下相近学科专业的基础课程，开设跨学科专业的交叉课程，探索建立跨院系、跨学科、跨专业交叉培养创新创业人才的新机制。二是鼓励教师编写创业课程教材、创新创业案例等。例如复旦大学出版了第一本针对大学生群体的创业教材——《大学生创业导论》。[1] 三是开发"第二课堂"，嵌入创业隐性课程。"第二课堂"隐性课程主要指未列入教学计划和教学体系，没有明确规定，具有潜在性、广泛性、独特性育人效果，通过校园文化、环境、制度、榜样等形式表现，对学生品格培养、习惯养成、能力提升具有明显效用的课程。[2] 由创新创业校园文化建设、创新创业沙龙讲座、创新创业大学生社团等非正式创业课程形式组成的"第二课堂"很好地补充和扩展了创业课程体系建设。

第二，大力开展创业竞赛。创业竞赛是我国高校开展创业人才培养的重要方式，目的是培养具有创新精神和创业技能的人才，帮助学生更好地适应从"象牙塔"到创业实践的过渡。创业竞赛的实践效果得到了普遍验证，有学者对大学生创业主动性进行过研究，发现在参加过创业计划竞赛的学生中，97.52% 的学生对创业"很有兴趣"或"比较有兴趣"，而在未参加过创业计划竞赛的学生中，仅有 56.47% 对创业"很有兴趣"或"比较感兴趣"。选择"正在创业"的学生均参加过创业竞赛，在选择"已准备创业"的学生中参加过创业竞赛的比例高达 83.46%。81.82% 参加过创业计划竞赛的学生表示"有可能在五年内创业"，但仅有 14.26% 未参加过创业计划竞赛的学生认为自己"有可能在五年内创业"。[3] 这表明创业计划竞赛对增强大学生创业意愿、落实大学生创业实践有很大的作用。

目前，我国具有较大影响力的创业计划竞赛包括由教育部主办的"挑战杯"中国大学生创业计划竞赛和"互联网 +"大学生创新创业大赛；由团中央主办的"创青春"全国大学生创业大赛，以及全国大学生电子商务"创新、创意及创业"挑战赛、iCAN 大学生创新创业大赛等。高校通常会为参赛学生指派专业创业指导教师，并提供资金支持，同时组织选拔出优秀项目进入省级竞赛，经过省级角逐后进入全国竞赛。表 3-3 显示了我国目前

[1] 姚凯，李思志，王姣姣. 高校创业型人才培养模式研究——以复旦大学为例 [J]. 现代教育管理，2020（4）：40–46.

[2] 同 [1].

[3] 周勇，杨文燮. 大学生创业主动性的现状及对策研究 [J]. 中国青年研究，2014（10）：78–82.

开展的主要创新创业竞赛基本情况。

表 3-3 主要大学生创新创业竞赛基本情况

序号	大学生创新创业竞赛	主办方
1	"挑战杯"中国大学生创业计划竞赛	共青团中央、中国科协、教育部和全国学联
2	中国国际大学生创新大赛	教育部、中央统战部、中央网信办、国家发展改革委、工业和信息化部、人力资源社会保障部、农业农村部、中国科学院、中国工程院、国家知识产权局、国家乡村振兴局、共青团中央等
3	"创青春"全国大学生创业大赛	共青团中央、教育部、人力资源社会保障部、中国科协、全国学联
4	全国大学生电子商务"创新、创意及创业"挑战赛	教育部高等学校电子商务类专业教学指导委员会
5	iCAN 大学生创新创业大赛	国际 iCAN 联盟、全球华人微纳米分子系统学会和教育部创新方法教学指导分委员会

2019 年，第五届"互联网＋"大学生创新创业大赛在浙江大学举办，共有来自全球五大洲 124 个国家和地区 467 万名大学生、109 万个团队报名参赛。我国创业竞赛不仅服务中国高校大学生，也逐步扩大影响力，为世界青年学子提供创新创业舞台。高校层面，团委及学工部门也通过举办跨校创业竞赛等方式提升大学生创业能力。

第三，探索创业教学新方式。科学有效的创业教学方式是落实创业人才培养目标的重要手段。近年来，政府和高校高度重视利用新媒体、新技术扩展创业人才培养途径，打造了"创新创业教育慕课平台"。一是积极引入国外优质课程，如麻省理工学院、斯坦福大学的创业公开课；二是鼓励国内高校积极开发资源，合力打造国内创新创业网课；三是邀请国内外知名企业创始人，分享创业实践经验。一些高校还将实践活动融入慕课，根据课程要求模拟创业过程，教师将原本备课讲课的精力更多地投入指导学生线下实践中，教师还可以利用翻转课堂、线上交流等方式组织学生讨论、解答疑问。慕课给传统教育带来了教学方法、教育服务模式和教育体制等多方面的改变和挑战，同时也为教育教学活动带来了新范式。实施创新创业慕课教学，不仅有效对接了创新创业实践教育开展的需求，也暂时缓解了我国创业教师资源短缺的问题。另外，顺应"互联网＋、人工智能＋"的需要，一些高校还利用大数据手段开展创新创业教学，配备创新创业训练软件，给学生带来不一样的学习体验。此外，高校广泛倡导在课堂教学中开展启发式、讨论式和参与式教学，并扩大小班化教学覆盖面；积极创造条件成立实验室、创新工场、孵化基地，进行创业实践和商业项目开发等。近几年，校企联合建设的"实验室""创客空间""大学生创业孵化器"和"创新创业实训中心"等培养创业人才的实践平台，在创业人才培养方面收获了较好效果。

第四，大力培养创业师资。培养高水平的创新创业教师队伍是创新创业教学质量的根本保证。为培养高质量的创业人才，我国高校在加强教师创新创业能力建设方面有如下尝试：一方面，在校内培养一批既具有扎实创新创业理论知识，又有较强的专业实践能力的"双师型"教师。例如，复旦大学为加强创业教育教师队伍建设，将创业教育纳入教师教学能力培训必备内容，通过"创新创意创业"专项课程，培养和锻炼了一支具备较高教学能力的教师团队；邀请各行各业有丰富创业经验的人士开设讲座，帮助新进教师和中青年骨干教师通过理解和融合创业思维来提升教学能力。[1] 与此同时，部分高校完善科技成果处置和收益分配机制，鼓励教师带领学生创新创业。为培养创业师资队伍，我国高校普遍鼓励学院聘请专业教师、企业家、成功创业人士来校担任兼职教师或学生导师。

3.2.3 社会力量的支撑与协作

20 世纪 70 年代联邦德国斯图加特大学教授哈肯（Hermann Haken）率先提出协同概念，"协同"思想也逐步成为现代系统论中的一个重要观点。高校创新创业需要多元主体共同参与，协同育人。[2] 近年来，我国积极构建社会创业生态，扶持高校创业人才培养，努力推动高校创业人才与社会发展需求紧密结合。

一是产教融合、校企合作，协同培养创业人才。高校是人才培养的摇篮，承担着为社会、企事业单位输送人才的使命和任务。随着我国产业结构和技术结构的升级调整，社会行业和企业对人才的需求也不断发生变化。高校创业人才培养与企业发展之间有相互促进、互利共赢的关系，校企合作是创业人才培养方式的新途径，是社会参与高校创新创业人才培养的必然选择。企业成为高校创业教育的重要参与者，扩宽了高校创业教育的途径，搭建了市场需求与高校人才培养之间的桥梁。通过建设"双师型"师资队伍、共建共享生产性实训基地等方式协同培养人才，围绕企业专业需求与高校在关键技术、核心工艺等方面开展协同创新，加快高校科研成果向产业技术转化。同时，将市场实际需求作为科研选题来源反馈给高校，促进高校创新创业型人才迅速成长。

二是充分运用校友资源促进创业人才培养。校友力是校友与母校之间的一种互动，是加快双方发展或促进双方良性互动的一种力量。[3] 校友是传承学校文化与精神的重要载体，是铸就学校成就与声誉的重要源泉，是推动学校改革与发展的重要力量。近年来，我国高校十分重视对校友这一群体的关系维护，通过建设在线校友平台、举办线下校友会活动等形式集中校友信息，凝聚校友力量共促学校发展。高校将校友资源融入创业人才培养的全过程，强化校友在创业人才培养的思想引导、素质培养以及资金支持等方面的积极作用。

在思想引导层面，高校通过校庆、院庆等大型校园活动，以校友座谈会、分享会等形式搭建在校生与校友之间的交流沟通平台，就大学生身心成长、职业规划等方面进行辅导，帮助在校生，特别是毕业生了解就业创业形式，克服就业误区，树立正确的择业观、

［1］姚凯，李思志，王姣姣. 高校创业型人才培养模式研究——以复旦大学为例［J］. 现代教育管理，2020（4）：40–46.

［2］叶正飞. 基于产教融合的地方高校创新创业教育共同体构建研究［J］. 高等工程教育研究，2019（3）：150–155.

［3］王文龙，孙自愿，朱长风，等. 校友力助推新型研发机构建设的思考［J］. 中国高校科技，2019（9）：83–85.

就业观和创业观。

在素质教育层面，高校一方面通过邀请杰出校友返校参与人才培养方案修订，同时邀请校友分享自身在校学习成长经历，以及毕业后就业创业的观点经验等，促进大学生创业能力发展。另一方面，高校聘请一部分具有实际创新创业经验的校友作为兼职导师，例如清华大学 1960 级无线电子学系毕业的现中国工程院院士牛憨笨，1965 级电机系毕业的现中科院院士周孝信等校友先后被聘请为清华大学兼职教授，以他们的专业知识和人生阅历，指导学生为人为学。

在资金支持层面，高校主要通过鼓励校友设立校友基金，汇聚校友资源，用于支持母校包括教学、科研、基础建设、课外实践平台等方面的建设与发展。例如，成立于 2014 年 4 月的水木清华校友基金是由水木清华理事会及多位校友共同出资，配合历届校友的资源网络，助力清华在校生和清华校友创业的基金会。截至目前，该基金已经投资清华学子在教育、电子商务、金融、文体娱乐、医疗健康等行业的二十多个商业计划。此外，高校还利用校友资源帮助在校学生扩宽创新创业渠道，为毕业生直接提供实习就业机会。一些高校还牵头吸收优秀校友企业，共建商学院、孵化器等创业人才培养产业园。

3.3　我国高校创业教育面临的问题与挑战

我国高校创业教育起步较晚，目前还缺乏系统性和针对性，尚不具备快速发展的内外部环境，理论研究和实践探索都需要持续加强，且高校创业教育管理及实施效果还远远落后于我国经济社会发展的现实要求。

第一，创业人才培养理念有待更新。人才培养理念是大学理念的核心，它关乎培养什么人、怎样培养人和为谁培养人的问题。在国家"以创促就"及"转变经济发展方式"的强力促动下，创业教育才开始成为公共话题，随着教育实践的全面展开，各种创业人才培养观念、理念也逐渐形成。[1] 目前创业人才培养观念存在的问题包括：一是将创业教育等同于企业家教育。创业教育发展早期，美国部分商学院将创业教育目标确定为培养企业家，在一定时期发挥了积极作用。但伴随着创业教育的深入推进，创业教育至少包括创业精神教育、创业起始教育、创业责任教育和创业技能教育等维度，强调对大学生创新思维、创业素质的培养。因此，将创业人才培养的目标解读成一种具体的、服务于当下的"企业家培养"的认识有一定局限性。二是创业教育与就业教育的关系尚未厘清。目前，围绕创业教育与就业教育的关系问题，主要有三种观点：一种观点认为创新创业教育与就业教育是对立关系，两者是基于不同人才培养理念下的不同的人才培养模式；第二种观点认为就业教育与创新创业教育是包含与被包含的关系，创新创业教育被包含在广义的就业教育之中；第三种观点认为就业教育与创新创业教育分别适应不同的经济发展方式，就

---

[1] 曹扬，邹云龙.创业教育与就业教育、创新教育的关系辨析 [J].东北师大学报（哲学社会科学版），2014（2）：199–202.

业教育强调在社会主义市场经济体制下的人、企双向选择就业，而创新创业教育则是在高等教育进入大众化阶段后，通过自主创业增加就业机会。[1]如若将创业教育与就业教育混为一谈或割裂开来，将导致在实施创业人才培养中的偏差。实际上，创业教育与就业教育同属高校人才培养体系，两者之间具有互依、互补、双向联动的关系，即学生毕业后，既可以选择直接就业，通过职场积累经验，为今后的创业做准备，也可以在大学期间尝试创新创业，若首次创业失败，则可以选择再就业。因此，将创业人才培养的目标定位于"帮助学生毕业创业，解决就业问题"具有局限性。高校应关注创业人才培养的长远目标，即"企业家精神"精神或意识的培养，这种人才培养模式能够让学生了解创业的过程，坚定创新创业的信心，更重要的是能够将自身专业长处与市场要素相匹配，今后无论是在某一行业里创业还是就业后在岗位上创新，都能充分发挥自身能动性和创造性，具有适应社会变化、促进社会变革的能力。

第二，大学生创业学习内驱力有待加强。现代心理学将动机定义为个体从事某种活动的内在动力。[2]大学生创新创业动机不足是制约我国高校创业人才培养成效的一个重要原因。受到传统择业观念的影响，大学生普遍倾向于找一份稳定的工作，对创新创业的认识也只停留在"承担高风险""投入高成本"及"企业创办与管理"的认知上。一方面，大学生创新创业主动性差，迫于生计而选择创业情况明显。"就业难"成为促使大学生将目光投向创业的原因，且他们关注的创业领域大多是满足基本生活需求的基础行业，很少涉及高端科技领域。另一方面，大学生缺乏创业决心和创业自信。一部分学生可能萌生过创业的想法，但由于缺乏自信，瞻前顾后，害怕失败，创业的想法往往被扼杀在摇篮里。事实上，以创新为内核、以育人为导向加强创新创业教育，就不能将其狭隘地理解为只是针对少数有志于创业学生的单独"处方"，而应作为面向全体学生的根本任务。创新创业教育并非精英教育，它是面向全体、面向全程、面向育人、面向未来的教育实践活动。培养创新创业能力应当成为当代高等教育发展的基本方向，这是知识经济时代的大势所趋，也是国家强盛的战略需求。[3]因此，要持续强化大学生的创业学习内驱力。

第三，创业课程设置缺乏系统性。早期开设的创业课程缺乏本土化，且缺少符合我国大学生创业心理发展的专门教材，授课只能靠零星培训书籍；创业课程一度游离于高校课程体系之外，更谈不上体系建设。创业热潮在中国兴起后，国内高校逐渐将创业教育纳入人才培养方案中。2017年发布的《中国大学生就业创业发展报告》显示，我国高校开展的创业教育活动中课程类占36.02%，讲座类占25.76%，实训类占19.82%，创业课程占据主导地位。但是，创业课程建设存在三方面的突出问题：一是创业教育课程结构逻辑性不强，体系不完整、不系统。据《中国大学生就业创业发展报告·2017—2018》统计，开设创业课程的高校中有55.96%的高校以必修课形式开设，44.04%的高校以选修课形式开

［1］王占仁.创新创业教育的核心要义与周边关系论析［J］.国家教育行政学院学报，2018（1）：21-26.

［2］全国十二所重点师范大学联合编写.心理学基础［M］.2版.北京：教育科学出版社，2012：72.

［3］成伟.从背离到融合：大学生创业教育与专业教育关系的创新［J］.教育发展研究，2018，38（11）：80-84.

设。以选修课形式开设的创业课程受重视程度不够，学生多以获得学分为目的，偏离创业人才培养的发展目标。二是创业理论课程与实践教学活动衔接不畅。我国部分高校开设的创业教育课程在内容安排上类似于就业指导课；创业理论和实践课程在育人的内容、手段、途径等方面存在差异，但教学目标和内容存在相互联系和补充的关系。[1]因此，在创业教学过程中，理论及实践教学要与不同阶段、不同专业学生的实际情况相匹配。目前，创业实践环节普遍存在形式不够丰富，内容和组织形式不够生动，且与理论教学相脱节等问题。

第四，优质创业教育师资队伍缺口大。创业教育教师队伍质量是保证创业人才培养质量的根基。近年来，随着我国高等教育改革的深入推进，我国创新创业教育稳步朝着规模化、体系化方向发展，但建设创业人才培养的师资队伍仍是我国发展创业教育的瓶颈所在。据统计，2018 年全国创新创业教育师生比大约为 1∶2 000，东部沿海经济发达地区也仅达到 1∶1 300，[2]根据教育部"创业教育要面向全体"的指导思想，创新创业教育师资数量目前难以满足创业人才培养的实际需求。创业教育教师的结构层次有待优化。目前我国高校创业教育教师主要分为三种类型，一类是直接受聘于高校创新创业学院的全职教师；第二类是由高校辅导员、团委教师兼任的创业教师；第三类是从校外企业聘请的企业创始人等客座讲师。第一、二类创业教师以青年教师为主，有较高的学历层次，但大多是直接从高校到高校的应届毕业生，擅长学术指导，对于创业实践难以给予充分的引领。第三类来自社会企业中的创业导师，他们虽然有丰富的实战经验，但教学经验不足，且未形成系统的创新创业知识体系，他们给学生授课，大多以分享经验的形式开展，缺乏系统性。

第五，创业教育与专业教育融合度不高。高校创业教育与专业课程教学的融合，既是教育理念问题，也是教育实践问题。[3]创业教育的兴起是革新传统专业教育的机遇，二者在应用型人才培养上形成优势互补。实施创新创业教育能够培养学生创新思维，从而转化为学生专业领域内的创新成果，而专业教育则能够为学生的创新创业实践提供专业知识技术支撑。然而，受到办学传统、学科发展基础及观念等因素的影响，一些高校的创业教育与专业教育未能进行有效融合，致使大学生专业课程中包含的创业教育资源利用不充分，降低了创业教育课程的应用水平。[4]教育目标与教育实际脱节的现象依然存在。"专业＋创新创业"的创业人才培养目标虽然已经被大部分高校纳入学校人才培养方案，但在实际培养过程中，由于专业教育开展形式已经非常成熟和固定，而创新创业教育要求运用更新颖更灵活的教学方式，导致创新创业课程的开展仍然独立于专业教育之外，没有实现有效融合。2019 年 7 月，《中国大学生就业创业发展报告·2017—2018》发布，从大学生创业所在行业来分析，排名前三的依次是"文化、体育和娱乐业""教育"

[1] 刘树春. 基于第二课堂建设推动创新创业教育有效开展 [J]. 江苏高教，2015（3）：119-120, 135.

[2] 牛彦飞. "双创"升级趋势下高职创新创业师资队伍建设探析 [J]. 教育与职业，2020（2）：72-76.

[3] 黄茂. 高校创业教育与专业教育的融合发展探析 [J]. 教育与职业，2010（15）：74-76.

[4] 和建华. 新时代大学生创业教育现状与发展策略研究 [J]. 中外企业家，2018（36）：171-172.

和"批发与零售业",均为低风险、高热度领域,而真正能与自身专业相结合的毕业生创业活动则少之又少。

第六,创业人才培养的多方协同不足。创业人才培养需要构建全员全方位全过程体系格局,政府、高校、社会企业要树立资源整合、协同育人的教育理念。高校是创业人才培养的主阵地,但创业人才培养所需要的人力、财力、物力及政策信息等社会资源无法由高校独自提供。高校创新创业是一项系统工程,其资源丰富多样,既包括国家政策、社会资金、孵化基地等校外资源,也包括课程建设、师资队伍、学生等内在要素。[1]加强大学生创业指导服务的效能,提升创业人才培养效果,必须实现社会资源的有机融合,增强资源的条理性和价值意义。[2]目前,我国创新创业社会资源还比较分散,未能达到创新创业资源统筹利用的最佳水平。一是从政府层面看,政府是公共资源的掌握者和分配者,应该从顶层出发全面协调,营造协同培养创业人才的社会氛围。受到经济发展水平、生产生活方式的影响,一些地方对于创业人才培养的重要性认识不够,宏观调控、指导能力还比较欠缺。二是从高校层面看,借助开放办学、推动创业人才培养的有力举措还较为欠缺。高校开放办学的核心是指高校办学不能囿于校园,必须对外开放,既要加强与政府、企业、科研院所、事业单位、其他高校的联系与合作,向社会开放,又要加强国际交流与合作,向国际开放。[3]高校开放办学,首先要从解放思想观念入手,从顶层设计上将开放办学、协同育人的教育理念贯穿于办学育人的全过程。三是从企业层面看,参与高校创业教育和协同育人的主动性和积极性有待提高。当前,企业参与校企合作教育的首要动因仍是自身利益追求,主要是经济利益需求和人力资本需求。[4]校企合作平台的建设和运行欠佳,基于学生创新实践或创新项目训练的支持力度不够、利用率低下等制约了校企合作的效果。四是社会资源与高校教育资源的对接融合不足。社会资源是创新创业教育第二课堂内容的主要来源,孵化器、实训基地、社会企业等能够为在校大学生带来更加丰富、真实的创新创业资源。高校希望借助社会资源为大学生提供更加逼真的创新创业平台,但市场则以经济利益为导向。社会资源与高校人才培养需求存在的利益冲突导致双方合力育人存在难点,加之为协同培养的社会机构提供的政策优惠力度不够,导致社会力量缺乏协同培养的驱动力。

[1]钟淑萍.高校创新创业教育资源整合路径[J].思想政治教育研究,2020,36(2):156-160.

[2]陈洪源.大学生创业指导服务的社会资源整合探析[J].当代教育科学,2015(15):59-61.

[3]孟德会.新时期地方高校开放办学的若干思考[J].高教论坛,2020(4):79-82.

[4]马永红,陈丹.企业参与校企合作教育动力机制研究——基于经济利益与社会责任视角[J].高教探索,2018(3):5-13.

4 我国高校创业教育的实证研究[1]

创业教育的革新与发展是中国式教育现代化的内在要求。"大众创业、万众创新"背景下，我国高校创业教育为提升大学生创新精神与创业能力提供了重要支撑，同时也为中国经济的发展注入了新动力。为深入挖掘创业教育对大学生创业心理和行为的影响，本章围绕创业教育对大学生创业意向、创业技能和创业心理的影响展开大量实证研究，力求客观评价我国高校创业教育效果，并为我国高校创业人才培养提供改进的方向和依据。

4.1 高校创业教育对大学生创业意向的影响

创业意向是衡量个体创业行为发生的显性、唯一、最优预测变量。[2]创业意向是引导个体追求创业目标，并投入精力和资源的一种心理状态，也是有意识采取创业行动的自我承诺。[3]因此，创业教育对大学生创业意向的作用效果就成为高校创业教育质量评价的重要标准。创业教育通过影响个体创业认知要素作用于创业意向。

4.1.1 基于创业警觉性和前瞻性人格共同作用的实证

近年来，前瞻性人格和创业警觉性是创业认知研究的热点问题。本部分基于社会认知理论，认为大学生在接受不同的创业教育类型及组织方式之后，会表现出不同的行为倾向，且个体的关键创业认知要素创业警觉性和个人特质要素前瞻性人格将对此路径产生不

[1] 本章的主要结论已发表在：①胡瑞，王丽.大学生创业激情和创造力对创业意向的影响机制——基于风险倾向调节效应的实证研究［J］.创新与创业教育，2019（3）：43-48.②胡瑞，冯燕，孙山.认知灵活性对大学生创业意向的影响机制：基于链式中介效应的实证研究［J］.教育发展研究，2020（9）：81-87.③胡瑞，王亚运，王伊凡.创业教育对大学生创业技能的影响机制——基于创业警觉中介效应的实证分析［J］.高等农业教育，2017（3）：78-82.④胡瑞，王伊凡，张军伟.创业教育组织方式对大学生创业意向的作用机理——一个有中介的调节效应［J］.教育发展研究，2018，38（11）：73-79.

[2] MARTIN B C, MCNALLY J, KAY M. Examining the formation of human capital in entrepreneurship: a meta-analysis of entrepreneurship education outcomes［J］. Journal of Business Venturing, 2013, 28（2）: 211-224.

[3] SCOTT J M, PENALUNA A, THOMPSON J L. A critical perspective on learning outcomes and the effectiveness of experiential approaches in entrepreneurship education［J］. Education & Training, 2016, 58（1）: 82-93.

同影响，围绕这一命题的实证研究可能揭示大学生创业心理与行为发展的特点。

（1）理论分析与研究假设

第一，创业教育与创业意向。关于"创业研究能否成为独立学科？""创业能否教？"等问题，曾一度引发热议，对此，学者们普遍认为创业研究具有明确的边界，且创业能力非天赋因素决定，每个学生在某种程度上都具备培养成为企业家的潜能。[1]前期研究论证了创业者经验的传授是提升创业自我效能、创业意向的重要策略，能够为潜在创业者（emerging entrepreneurs）提供必要知识储备。接受过创业教育的学生在创业过程中将更加理性，毕业后选择创业的可能性更高。[2]Gupta 等（2014）通过对伊朗高校创业教育项目的实证研究发现，创业教育主要通过影响主观规范和感知行为控制提升大学生创业意向。[3]Utami（2017）以印尼大学生为被试，借助计划行为理论（TPB）论证了创业教育正向作用于创业意向的三维前因变量（创业态度、主观规范、感知行为控制），进而对大学生创业意向产生积极影响。[4]

进一步研究表明，不同的创业教育内容和组织形式对大学生创业意向的影响存在差异。实践性强的创业教育组织方式比灌输式教育更有效，创业竞赛、商业设计、企业创建模拟（venture creation）等分组实践的方式将影响学生的创业学习过程，帮助学生感知企业创业的具体步骤和复杂过程，进而提高大学生创业意向。[5]部分研究论证了小组活动（work group）对学生的习得过程及知识架构会产生积极影响。一项以清华大学在校大学生为样本的调查研究发现，大学生在参加创业竞赛的过程中更容易体验到创业乐趣，对于创业的积极感知显著提升个体创业意向。[6]部分学者依据目前我国开设创业教育的实际情况，着重从创业课程、创业竞赛和创业活动的开展及学生参与情况开发量表，论证了创业教学过程对大学生创业意向的正向作用，由此提出假设 1 和假设 2：

假设 1：创业课程与大学生创业意向正相关。

假设 2：创业竞赛与大学生创业意向正相关。

第二，前瞻性人格的调节作用。个人特质理论（trait theory）被学界普遍用于解释个

［1］GIBB A A. Key factors in the design of policy support for the small and medium enterprise（SME）development process：an overview［J］. Entrepreneurship & Regional Development，1993，5（1）：1–24.

［2］朱红，张优良. 北京高校创业教育对本专科生创业意向的影响机制——基于学生参与视角的实证分析［J］. 清华大学教育研究，2014，35（6）：100–107.

［3］GUPTA V K，JAVADIAN G，JALILI N. Role of entrepreneur gender and management style in influencing perceptions and behaviors of new recruits：Evidence from the Islamic Republic of Iran［J］. Journal of International Entrepreneurship，2014，12（1）：85–109.

［4］UTAMI C W. Attitude，subjective norms，perceived behavior，entrepreneurship education and self–efficacy toward entrepreneurial intention university student in Indonesia［J］. European Research Studies，2017，20（2）：475–495.

［5］KUCKERTZ A. Entrepreneurship education：status quo and prospective developments［J］. Journal of Entrepreneurship Education，2013，16：59–71.

［6］向春，雷家骕. 大学生创业态度和倾向的关系及影响因素——以清华大学学生为研究对象［J］. 清华大学教育研究，2011，32（5）：116–124.

体因素对创业意向的影响。前瞻性人格是独立于"大五人格"之外的独特个人特质，其内涵是指不受情境阻力的约束，主动采取行动以改变外部环境的倾向性，[1]是决定组织成功与否及个体主动性和前瞻行为水平的关键因素。[2]前瞻性人格的核心特质是依据环境变化采取主动性行为，与自我效能感及成就需求紧密相关。[3]

近年来，前瞻性人格作为新的解释变量被学者们引入创业研究领域，为预测个体创业行为提供了新思路。前期研究论证了前瞻性人格能够反映个体创业选择倾向，并通过追求成功动机和避免失败动机作用于创业意向。[4]前瞻性人格较高的大学生在工作不理想的情况下会采取积极方式主动改变环境，并将创业作为替代性选择。前瞻性人格较低的大学生则消极被动地接受不利的环境条件，创业选择的倾向性也较低。[5]关于前瞻性人格的调节作用的研究也取得了进展：个体对不良因素的感知差异导致了反应的不同，前瞻性人格在个体感知与行为之间起到调节作用，前瞻性人格高的个体往往能够更好地控制失败对自己的负面影响，[6]前瞻性人格、心理安全感等对个体的创新行为有显著的正向影响，[7]且前瞻性人格特质越明显的个体在接受了创业教育后，对其创业态度影响越明显，从而提高创业意向。由此提出假设3和假设4：

假设3：前瞻性人格正向调节创业课程与创业意向的作用关系。

假设4：前瞻性人格正向调节创业竞赛与创业意向的作用关系。

第三，创业警觉性的中介作用。机会识别能力是创业能力的核心要素，创业的本质是富有企业家精神的个体与商业机会的匹配过程。[8]成功的创业者往往能够在感知环境变化的基础上，采取多元、灵活的方式识别有价值的机会。在创业研究当中，创业警觉性是个体机会识别能力的预测变量，其本质是一种不进行搜寻就注意到此前一直被忽略的机会的能力，其形成过程是个体因素与外部环境要素相互作用的结果。[9]近年来，学界围绕创业警觉性在两个方面形成了相对集中的研究结论：一是关于创业教育与创业警觉性的关系。

[1] BATEMAN T S, CRANT J M. The proactive component oforganizational behavior: A measure and correlates[J]. Journal of Organizational Behavior, 1993, 14 (2): 103–118.

[2] ALFRED P. Proactivity in career development of employees[J]. Career Development International, 2015, 20 (5): 525–538.

[3] KIM T Y, HON A H Y, CRANT J M. Proactive personality, employee creativity, and newcomer outcomes: a longitudinal study[J]. Journal of Business & Psychology, 2009, 24 (1): 93–103.

[4] 王本贤，朱虹. 前瞻性人格与创业意向的关系：成就动机的中介效应[J]. 中国高等教育, 2015 (19): 42–44.

[5] CRANT J M. The proactive personality scale as a predictor of entrepreneurial intention[J]. Management, 1996, 34 (3): 42–49.

[6] 毛畅果，孙健敏. 基于主动性人格调节作用的工作场所不文明行为危害研究[J]. 管理学报, 2013, 10 (5): 708–714.

[7] 张振刚，李云健，余传鹏. 员工的主动性人格与创新行为关系研究——心理安全感与知识分享能力的调节作用[J]. 科学学与科学技术管理, 2014 (7): 171–180.

[8] 张玉利. 高校毕业生创业后劲不足症结何在[N]. 中国教育报, 2013–10–21 (7).

[9] OBSCHONKA M, KAI H, LONKA K, et al. Entrepreneurship as a twenty–first century skill: entrepreneurial alertness and intention in the transition to adulthood[J]. Small Business Economics, 2017, 48 (3), 487–501.

例如，Ardichvili 等（2003）建立了机会识别过程模型，提出创业教育与个体的创业警觉性和机会识别能力紧密相关，有较高创业警觉性的个体须通过创业教育的系统训练才能识别机会。[1] Obschonka 等（2017）通过实证研究进一步论证了创业教育通过培养学生的领导力和创造性提升了其创业警觉性，进而正向作用于创业意向。[2] 此外，创业警觉性的中介作用也引起了研究者的兴趣。例如，Indrawati 等（2015）分析了创业警觉性在环境复杂性（environmental complexity）和创业承诺（entrepreneurial commitment）之间发挥部分中介效应。[3] 中国情境下，创业警觉性是社会网络和创业机会识别之间的中介变量，社会网络通过提升创业者的创业警觉性正向作用于创业机会的识别能力。[4] 先前知识对于创业警觉性的提升有显著的积极影响，且创业者的先前知识通过创业警觉性这一中介变量来促进个体的机会识别能力。[5] 由此提出假设 5 和假设 6：

假设 5：创业课程与前瞻性人格的交互效应通过创业警觉性的中介作用，进而对创业意向产生影响。

假设 6：创业竞赛与前瞻性人格的交互效应通过创业警觉性的中介作用，进而对创业意向产生影响。

根据以上理论分析和研究假设，可以建构有中介变量的调节模型（图 4-1）。通过假设检验和模型验证，探索创业课程和创业竞赛对大学生创业意向影响的路径；挖掘前瞻性人格在创业教育和创业意向作用关系中的调节效应；验证以上调节效应是否能通过创业警觉性这一中介变量发挥作用。

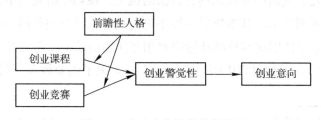

图 4-1　有中介变量的调节模型

（2）数据与变量

第一，数据获取和样本。为验证理论模型，本部分以华中农业大学在校本科生为调

［1］ARDICHVILI A，CARDOZO R，RAY S. A theory of entrepreneurial opportunity identification and development［J］. Journal of Business Venturing，2003，18（1）：105-123.

［2］OBSCHONKA M，KAI H，LONKA K，et al. Entrepreneurship as a twenty-first century skill：entrepreneurial alertness and intention in the transition to adulthood［J］. Small Business Economics，2017，48（3），487-501.

［3］INDRAWATI N K，SALIM U，DJUMAHIR A H，et al. The mediating role of entrepreneurial alertness in relationship between environmental dimensions and entrepreneurial commitment：entrepreneurial self-efficacy as moderating variables ［J］. International Journal of Entrepreneurship & Small Business，2015，26（4）：467-489.

［4］姜萍. 大学生社会网络、创业警觉性与创业机会识别的关系研究［D］. 长春：吉林大学，2015.

［5］李国彦，李南. 大学生创业者个体因素对创业警觉性的影响研究——基于社会创业政策的调节作用［J］. 教育发展研究，2014（19）：38-43.

查研究对象，采用随机抽样的方法，发放问卷并展开数据收集。共发放问卷694份，回收有效问卷679份，有效回收率达到97.8%。回收的样本中男生297人（43.7%），女生382人（56.3%）；一年级53人（7.8%），二年级133人（19.6%），三年级260人（38.3%），四年级227人（33.4%），五年级6人（0.9%）；生源地为农村的338人（49.8），生源地为城镇的341人（50.2%）；接受过创业课程的144人（21.2%），没有接受过创业课程的535（78.8%）人；父母及亲属有创业经历的244人（35.9%），没有创业经历的435人（64.1%）。

第二，变量测量。围绕理论研究及模型假设，研究过程中调查的核心变量包括创业课程、创业竞赛、前瞻性人格、创业警觉性和创业意向。测量工具均采用李克特五分量表，从"非常不同意""不同意""不确定""同意""非常同意"，依次给予1到5分的评定。测量工具的来源及核心变量的信度与效度如下：创业课程和创业竞赛的测量工具源于木志荣（2016）编制的创业教育量表，[1]其中，创业课程包括5个题项，在本研究中的Cronbach's α 系数为0.829、KMO值为0.835。创业竞赛包含3个题项，Cronbach's α 系数为0.883，KMO值为0.880；前瞻性人格采用Parker（1998）编制的含有6个题项的量表，[2]Cronbach's α 系数为0.801，KMO值为0.846；创业警觉性采用Tang等（2012）编制的量表，共有13个题项，分别测量被试的"扫描搜索警觉性""关联警觉性""评价与判断警觉性"三个维度。[3]本研究中该量表的Cronbach's α 系数为0.902，KMO值为0.908；创业意向采用Krueger（2000）编制的含有6个题项的创业意向量表，包含创业意向一个因素，[4]Cronbach's α 系数为0.939，KMO值为0.888。以上数值均大于0.8，表明研究涉及的核心变量具有良好的信度和效度，研究采用SPSS22.0对数据进行统计分析及模型检验。

（3）数据分析与结果

第一，描述统计及相关分析。表4-1显示了创业课程、创业竞赛、前瞻性人格、创业警觉性和创业意向的平均数、标准差和相关系数。数据显示，研究涉及的5个核心变量之间均存在显著的相关性，例如，创业警觉性和创业意向（$r = 0.331$，$P < 0.01$）显著正相关，创业竞赛与创业意向（$r = 0.299$，$P < 0.01$）显著正相关等。

第二，有中介的调节效应检验。Muller、Judd和Yzerbyt（2005）指出，检验有中介的调节模型需要对模型回归方程的参数进行检验。[5]表4-2中，方程2检验前瞻性人格对自变量和因变量关系的调节效应；方程3检验前瞻性人格对自变量和中介变量的调节效应；

［1］木志荣.大学生创业教育和创业意向关系研究［M］.北京：清华大学出版社，2016.

［2］MCCRAE R R，COSTA P T，DEL PILAR G H，et al. Cross-cultural assessment of the five-factor model：The Revised NEO Personality Inventory［J］. Journal of Cross-Cultural Psychology，1998，29（29）：171-188.

［3］TANG J，KACMAR K M，BUSENITZ L. Entrepreneurial alertness in the pursuit of new opportunities［J］. Journal of Business Venturing，2012，27（1）：77-94.

［4］KRUEGERJR N F，REILLY M D，CARSRUD A L. Competing models of entrepreneurial intentions［J］. Journal of Business Venturing，2000，15（5）：411-432.

［5］VAN KLEEF G A，DE DREU C K W，MANSTEAD A S R. Supplication and appeasement in conflict and negotiation：The interpersonal effects of disappointment，worry，guilt，and regret［J］. Journal of Personality & Social Psychology，2006，91（1）：124-142.

表 4-1 变量的描述统计及相关分析

变量	M	SD	1	2	3	4
1 创业课程	2.30	0.82				
2 创业竞赛	2.09	0.92	0.701^{**}			
3 前瞻性人格	3.53	0.57	0.220^{**}	0.203^{**}		
4 创业警觉性	3.33	0.62	0.313^{**}	0.408^{**}	0.533^{**}	
5 创业意向	2.42	0.91	0.376^{**}	0.299^{**}	0.380^{**}	0.331^{**}

注：**. 在 .01 水平（双侧）上显著相关。

方程 4 通过自变量与调节变量的乘积项来检验有中介的调节效应。依据统计学原理，如果模型结果同时满足以下 3 个条件，有中介的调节效应就得到验证：①方程 2 中前瞻性人格对自变量（创业课程、创业竞赛）与因变量（创业意向）作用关系的调节效应显著；②方程 3 中前瞻性人格对自变量（创业课程、创业竞赛）与中介变量（创业警觉性）作用关系的调节效应显著；③方程 4 中创业警觉性和创业意向的关系显著。

采用层级回归的方法进行模型检验，首先对核心变量进行标准化处理，并选取性别、生源地、是否接受过创业教育、父母及亲属是否有创业经历等为控制变量。第一步将创业课程、创业竞赛作为自变量，创业意向作为因变量放入回归方程检验自变量的回归系数；第二步将创业课程、创业竞赛、创业课程和创业竞赛分别与前瞻性人格的乘积项作为自变量，创业意向作为因变量，带入回归方程，检验乘积项的回归系数；第三步将创业课程、创业竞赛、创业课程和创业竞赛分别与前瞻性人格的乘积项作为自变量，创业警觉性作为因变量，放入回归方程，检验乘积项的回归系数；第四步将创业课程、创业竞赛、创业警觉性、创业课程和创业竞赛分别与前瞻性人格的乘积项作为自变量，创业意向作为因变量，放入回归方程，检验创业警觉性及乘积项的回归系数，结果如表 4-2 所示。

表 4-2 反映出，方程 1 中创业课程对创业意向的影响不显著，创业竞赛对创业意向的影响显著（$\beta_1 = 0.284$，$P < 0.001$），因此假设 1 未得到验证，假设 2 得到验证；方程 2 中创业竞赛、前瞻性人格对创业意向具有正向影响（$\beta_1 = 0.029$，$\beta_2 = 0.170$，$P < 0.001$），创业课程对创业意向的影响不显著，但创业课程和前瞻性人格乘积项系数显著（$\beta_1 = 0.055$，$P < 0.01$），创业竞赛和前瞻性人格乘积项系数不显著。数据表明，前瞻性人格对创业课程和创业意向的关系具有调节效应。可以解读为创业课程对大学生创业意向的提升效果受到前瞻性人格的影响。然而，前瞻性人格对创业竞赛和创业意向的作用关系不具有调节效应。假设 3 得到验证，假设 4 未得到验证。

方程 3 中创业课程（$\beta_1 = 0.175$，$P < 0.01$）、前瞻性人格（$\beta_1 = 0.491$，$P < 0.05$）及二者的乘积项（$\beta_1 = 0.051$，$P < 0.01$）对创业警觉性均影响显著。即前瞻性人格对创业课程和创业警觉性的关系有调节效应。方程 4 中创业警觉性的回归系数显著（$\beta_1 = 0.203$，$P < 0.001$），创业警觉性对创业意向有正向影响，同时创业课程与前瞻性人格乘积项的系

表 4–2 有中介的调节效应检验结果

类型	变量	方程 1 创业意向		方程 2 创业意向		方程 3 创业警觉性		方程 4 创业意向	
		B	t	B	t	B	t	B	t
自变量	创业课程	0.177	1.748	0.265	1.152	0.175***	7.715	0.265***	5.456
自变量	创业竞赛	0.284***	5.815	0.029**	5.737	0.185***	7.636	0.311***	7.033
调节变量	前瞻性人格			0.170**	15.135	0.491**	4.219	0.164***	7.790
	创业课程 × 前瞻性人格			0.055**	2.833	0.051**	5.851	0.049**	2.314
	创业竞赛 × 前瞻性人格			0.029	-0.025	0.055	-0.251	0.018	-0.246
中介变量	创业警觉性							0.203***	3.196
控制变量	性别	0.069***	-2.893	-0.198***	-4.406	-0.276	-0.752	-0.198	-0.849
	生源地	0.069**	-2.178	-0.148**	2.760	0.172**	2.819	-0.148	-0.511
	是否接受过创业教育	0.094	0.224	0.021	0.294	0.025	-1.417	0.021	0.089
	父母经历	0.072**	-2.464	-0.175***	-2.939	-0.192**	-2.425	-0.175**	-2.537
	F	30.408***		29.477***		54.837***		29.477***	
	R^2	0.214		0.26		0.364		0.263	
	ΔR^2					0.104		0.003	

注：* $P < 0.05$，** $P < 0.01$，*** $P < 0.001$，ΔR^2 以方程 2 为对比基础。

数不显著；因此可以得出前瞻性人格对创业课程的调节效应完全通过中介变量创业警觉性起作用的结论。表 4-2 显示出前瞻性人格调节效应的 $\Delta R^2 = 0.03$（$P < 0.001$），解释了 3% 的创业意向的变异，假设 5 得到验证。

综上所述，创业竞赛对创业意向有显著正向影响，前瞻性人格对创业课程与创业意向之间的关系具有调节效应；创业警觉性在调节效应过程中发挥完全中介作用。

（4）基本结论

以上实证分析表明，不同的创业教学组织方式对大学生创业意向的影响路径及结果存在显著差异，且大学生个人特质要素及创业认知要素在这一过程中发挥重要作用。具体来说，创业竞赛对大学生创业意向有显著的正向作用，且这一影响过程并不依赖前瞻性人格的调节效应，反映出创业竞赛具有相对较好的教学效果；与之相对，创业课程对创业意向的积极影响则依赖于前瞻性人格的调节效应，且创业警觉性在这一调节效应中发挥完全中介作用。

4.1.2 基于计划行为理论的实证研究

计划行为理论（theory of planned behavior，TPB）是心理学中用于解释和预测人们行为的一种社会认知理论。该理论最初由社会心理学家 Icek Ajzen（1991）提出，是对先前的理性行为理论进行的扩展。该理论的核心概念是人们的行为是有目的的，即人们在进行特定行为之前会有意图或计划。TPB 认为，人们的行为意图受到三个主要因素的影响：一是态度，即个体对于特定行为的评价。二是主观规范，指个体所处社会环境中他人对于特定行为的期望和压力。三是感知行为控制，指个体对于自己能够成功执行特定行为的信心和能力。

（1）理论分析与研究假设

第一，创业教育对创业意向的影响。关于创业意向是否可以通过创业教育内化提升的问题，国内外众多学者从不同的角度给出了回答。Fayolle（2006）通过前后测试实证研究验证了高校创业教育课程对创业意向产生了积极的正向影响。[1] Wilson（2007）等从创业教育的内容和手段着手，认为创业教育是通过传授大学生创业知识、塑造大学生创业心理品质、培养大学生创业意识和企业家精神、锻炼大学生能力等提升大学生的创业意向。[2] Souitaris（2007）通过对照组实验检验了创业教育对理工科学生创业意向的影响，研究将创业教育视为多维度构念，将其划分为创业教育理论、创业教育内容和创业教育课程设计三个方面，结果发现创业教育理论学习、企业家精神和拥有的创业资源是影响大学

［1］FAYOLLE A，GAILLY B，NARJISSE L-C. Assessing the impact of entrepreneurship education programmes：a new methodology［J］. Journal of European Industrial Training，2006，30（9）：701-720.

［2］WILSON F，KICKUL J，MARLINO D. Gender，entrepreneurial self-efficacy，and entrepreneurial career intentions：implications for entrepreneurship education［J］. Entrepreneurship Theory & Practice，2007，31（3）：387-406.

生创业意向的三个最重要的因素。[1]Haynie 等（2010）认为创业实践活动在支持和引导个人实现创业目标的过程中发挥关键作用。[2]Martin（2013）指出创业课程是促进个体创业意向形成的一个关键手段。[3]Maresch（2015）从创业课程内容方面展开研究，研究认为学生所参加的创业课程是衡量创业教育的主要指标，包括商业计划、创造力和营销等内容在内的创业课程对创业意向具有显著的正向影响。[4]Karimi 等（2016）以计划行为理论为基础，将创业教育课程分为选修形式的创业教育课程和必修形式的创业教育课程，采用事前和事后调查的方式研究两类形式的创业课程对大学生创业意向的影响，结果发现选修形式的创业教育课程显著提升了大学生的创业意向，而必修形式的创业教育课程对大学生创业意向的提升并不显著。[5]徐小洲等（2016）借用计划行为理论论证了创业教育对创业意向有着显著的正向意向。[6]刘加凤（2017）运用结构方程模型验证了创业教育对创业意向显著的正向作用，创业教育是对创业意向影响最大的一个变量。[7]叶映华等（2018）通过703 个样本数据的实证研究证明创业教育对创业意向确实存在显著的正向影响，创业教育被划分为创业知识和创业能力两个维度，其中创业知识指的是与创业活动相关的知识，如创业机会识别、企业创建、营销、财务、组织等，创业能力是指个人的特质、情商等。[8]胡瑞等（2018）通过研究创业教育组织形式对大学生创业意向的影响机制发现，课堂上的创业课程和课外的创业竞赛对创业意向都有着积极的正向影响，大学生在接受不同的创业教育类型及组织形式之后，会表现出不同的行为倾向，不同创业教育组织形式对大学生创业意向的影响路径存在差异。[9]

上一部分的实证研究，基于创业警觉性和前瞻性人格共同作用，论证了创业教育内容

［1］SOUITARIS V，ZERBINATI S，AL-LAHAM A. Do entrepreneurship programmes raise entrepreneurial intention of science and engineering students? The effect of learning，inspiration and resources ［J］. Journal of Business Venturing，2007，22 （4）：566-591.

［2］HAYNIE J M，SHEPHERD D，MOSAKOWSKI E，et al. A situated metacognitive model of the entrepreneurial mindset ［J］. Journal of business venturing，2010，25（2）：217-229.

［3］MARTIN B C，MCNALLY J J，KAY M J. Examining the formation of human capital in entrepreneurship：A meta-analysis of entrepreneurship education outcomes ［J］. Journal of Business Venturing，2013，28（2）：211-224.

［4］MARESCH D，HARMS R，KAILER N，et al. The impact of entrepreneurship education on the entrepreneurial intention of students in science and engineering versus business studies university programs ［J］. Technological forecasting and social change，2016，104：172-179.

［5］KARIMI S，BIEMANS H J A，LANS T，et al. The impact of entrepreneurship education：a study of Iranian students' entrepreneurial intentions and opportunity identification ［J］. Journal of Small Business Management，2016，54（1）：187-209.

［6］XU X，NI H，YE Y. Factors influencing entrepreneurial intentions of Chinese secondary school students：an empirical study ［J］. Asia Pacific Education Review，2016，17（4）：625-635.

［7］刘加凤. 基于计划行为理论的创业教育对大学生创业意愿影响分析 ［J］. 高教探索，2017（5）：117-122.

［8］HAO N，YINGHUA Y. Entrepreneurship education matters：exploring secondary vocational school students' entrepreneurial intention in China ［J］. The Asia-Pacific Education Researcher，2018，27（2）：409-418.

［9］胡瑞，王伊凡，张军伟. 创业教育组织方式对大学生创业意向的作用机理——一个有中介的调节效应 ［J］. 教育发展研究，2018，38（11）：73-79.

和组织形式对大学生创业意向存在差异。对于创业教育类型的划分，建构主义学派在一定程度上也支持了美国教育家杜威的观点，即将课程类型划分为学科课程和活动课程，前者指可靠的、无疑的、明确的系统知识，后者指活动性、经验性、"主动作业"式的知识传递。[1] 这里所说的创业教育内容主要指教师传递的创业相关知识，诸如理论知识、创业意识或态度课程、商业计划、市场营销或经济学相关知识等；创业教育组织形式主要指创业教育开展的不同路径，包括校内外创业课程或项目、合作单位的创业培训、创业竞赛等。创业教育教学内容和组织形式作为创业教育的两大因素，依据特有的机制对大学生创业能力发展和创业意向产生影响，为此，我们提出如下假设：

假设 H1a：创业教育教学内容对创业意向存在着显著的正向影响。

假设 H1b：创业教育组织形式对创业意向存在着显著的正向影响。

第二，创业教育与创业态度、主观规范、知觉行为控制之间的关系。个体创业态度、主观规范及知觉行为控制是计划行为理论当中意向的三个前因变量。McMullan 和 Gillin（1998）研究发现创业教育影响着创业态度，创业教育可以促进创业态度发生转变，使得原本对创业不怎么感兴趣的学生变得积极。[2] Fayolle（2006）通过前后测试的实证研究证实高校创业教育课程对知觉行为控制产生了积极的正向影响。[3] Souitaris（2007）通过对照组实验检验了创业教育对理工科学生的创业态度的影响，研究结果发现培养学生的企业家精神和传授学生如何掌握创业资源能改善学生的创业态度。[4] Karimi 等（2016）以计划行为理论为理论基础，采用事前和事后调查的方式研究选修形式的创业教育课程和必修形式的创业教育课程，结果发现这两种创业教育课程类型均对学生的主观规范和行为控制有显著的正面影响。[5] 向春（2011）研究证明个体的创业竞赛经历及获奖情况、创业活动经历等因素，都会影响创业态度。[6] 王本贤（2013）认为由于课堂上的创业教育对象是大学生，家人、亲朋好友等重要他人对自我创业的影响即主观规范很难通过课堂上的创业教育进行刺激和改变，只能尝试通过课堂外的创业教育进行推进，实践案例形式的创业教育能改变大学生的创业态度。[7] 徐小洲等（2016）依据计划行为理论论证了创业教育对知觉行

［1］杜威.民主主义与教育［M］.陶志琼，译.北京：中国轻工业出版社，2014.

［2］MCMULLAN W E, GILLIN L M. Developing technological start-up entrepreneurs：a case study of a graduate entrepreneurship programme at Swinburne University［J］.Technovation，1998，18（4）：275-286.

［3］FAYOLLE A, GAILLY B, NARJISSE L-C. Assessing the impact of entrepreneurship education programmes：a new methodology［J］.Journal of European Industrial Training，2006，30（9）：701-720.

［4］SOUITARIS V, ZERBINATI S, AL-LAHAM A. Do entrepreneurship programmes raise entrepreneurial intention of science and engineering students? The effect of learning, inspiration and resources［J］.Journal of Business Venturing，2007，22（4）：566-591.

［5］KARIMI S, BIEMANS H J A, LANS T, et al. The impact of entrepreneurship education：a study of Iranian students' entrepreneurial intentions and opportunity identification［J］.Journal of Small Business Management，2016，54（1）：187-209.

［6］向春，雷家骕.大学生创业态度和倾向的关系及影响因素——以清华大学学生为研究对象［J］.清华大学教育研究，2011，32（5）：116-124.

［7］王本贤.基于计划行为理论的创业意向与创业教育［J］.学术论坛，2013，36（3）：219-222.

为控制有着显著的正向意向，但创业教育对创业态度没有显著影响。[1]与之相反，刘加凤（2017）运用结构方程模型验证了创业教育正向显著影响创业态度，但创业教育并未对知觉行为控制存在显著的正向影响。[2]为了揭示创业教育对创业态度、主观规范、知觉行为控制的影响，我们提出如下假设：

假设 H2a：创业教育教学内容对创业态度存在着显著的正向影响。

假设 H2b：创业教育组织形式对创业态度存在着显著的正向影响。

假设 H3a：创业教育教学内容对主观规范存在着显著的正向影响。

假设 H3b：创业教育组织形式对主观规范存在着显著的正向影响。

假设 H4a：创业教育教学内容对知觉行为控制存在着显著的正向影响。

假设 H4b：创业教育组织形式对知觉行为控制存在着显著的正向影响。

第三，创业态度、主观规范、知觉行为控制对创业意向的影响。关于创业态度、主观规范、知觉行为控制与创业意向的关系机制，学者们展开了广泛的探讨。李永强（2008）实证结果证明创业态度、主观规范、知觉行为控制是影响创业意向的三个重要变量，学生创业态度越积极，创业意向越高，感知的积极的主观规范、高知觉行为控制分别与创业意向呈显著正相关；[3]而莫寰（2009）却提出在中国文化背景下，只有知觉行为控制直接正向影响创业意向，创业态度和主观规范对创业意向没有显著的直接关系。[4]基于计划行为理论的创业意向研究中，创业态度可发挥中介作用，对创业意向的提升产生积极作用（Souitaris，2007），[5]随后，国内学者陈文娟（2012）将创业态度作为中介变量进行研究，发现创业态度确实在模型中起着中介作用并显著影响着创业意向。[6]王本贤（2013）认为积极的创业态度、家人和好友等重要他人的积极影响、较高的知觉行为控制都能促进创业意向的提高。[7]但又有研究认为主观规范和知觉行为控制都与创业意向正相关，只有创业态度对创业意向并未产生重大影响（Zhang 等，2014）。[8]Maresch（2015）以理工科学生为研究对象，通过设置对照组研究发现创业态度和知觉行为控制正向显著影响创业意向，

［1］XU X，NI H，YE Y. Factors influencing entrepreneurial intentions of Chinese secondary school students：an empirical study［J］. Asia Pacific Education Review，2016，17（4）：625-635.

［2］刘加凤. 基于计划行为理论的创业教育对大学生创业意愿影响分析［J］. 高教探索，2017（5）：117-122.

［3］李永强，白璇，毛雨，等. 基于 TPB 模型的学生创业意愿影响因素分析［J］. 中国软科学，2008（5）：122-128.

［4］莫寰. 中国文化背景下的创业意愿路径图——基于"计划行为理论"［J］. 科研管理，2009，30（6）：128-135.

［5］SOUITARIS V，ZERBINATI S，AL-LAHAM A. Do entrepreneurship programmes raise entrepreneurial intention of science and engineering students？The effect of learning，inspiration and resources［J］. Journal of Business Venturing，2007，22（4）：566-591.

［6］陈文娟，姚冠新，徐占东. 大学生创业意愿影响因素实证研究［J］. 中国高教研究，2012（9）：86-90.

［7］王本贤. 基于计划行为理论的创业意向与创业教育［J］. 学术论坛，2013，36（3）：219-222.

［8］ZHANG P，WANG D D，OWEN C L. A Study of Entrepreneurial Intention of University Students［J］. Entrepreneurship Research Journal，2014，5（1）：61-82.

而主观规范负向显著影响创业意向。[1]徐小洲等（2016）论证了创业态度和知觉行为控制对创业意向有着显著的正向影响，提出知觉行为控制在促进创业意向过程中也发挥着完全中介的作用，但主观规范对创业意向没有显著影响。[2]

计划行为理论中三维要素的相互关系如何？周玲强等（2014）在分析旅游者环境负责行为意向影响过程中发现主观规范对环境负责行为意愿和行为态度的正向影响。[3]张增田（2015）在分析公务员参与廉政教育意向影响研究中指出主观规范先正向显著影响态度，再通过态度间接影响参与意向，态度是主观规范和参与意愿的中介变量。[4]邱洪亮（2016）在考察旅游者文明旅游行为意向影响机理中发现行为态度在主观规范对行为意愿的驱动作用中发挥完全中介作用。[5]刘加凤（2017）运用结构方程模型不仅验证了行为态度、主观规范、知觉行为控制对创业意向的显著正向影响，还发现主观规范正向显著影响创业态度。[6]Kuppuswamy等（2013）指出，家人朋友的意见在很大程度上影响个体对事物的总体评价。[7]潘永明等人（2018）在分析感知风险、主观规范、感知价值与投资意愿关系过程中发现投资者主观规范正向影响感知价值，[8]即主观规范正向影响知觉行为控制。潘丽丽和王晓宇（2018）以西溪国家湿地公园为案例地，在基于主观心理视角分析游客环境行为意愿影响研究过程中发现，主观规范对特定环境态度、知觉行为控制均有正向影响，主观规范在旅游景区通过特定环境态度、知觉行为控制间接影响环境行为意愿。[9]中国文化情境下，创业者的主观判断容易受到其亲朋好友观点的影响，也会受到周围创业环境及创业标杆人物的影响。创业者在考虑是否针对某项创新项目进行创业时，不仅会对创业风险及创业资源进行评估，而且还会受个体主观感知的社会规范、行为倾向和主流观点等的影响。为了揭示创业态度、主观规范、知觉行为控制与创业意向之间的关系，我们提出以下假设：

假设 H5：主观规范对创业态度存在着显著的正向影响。

假设 H6：主观规范对知觉行为控制存在着显著的正向影响。

［1］MARESCH D，HARMS R，KAILER N，et al. The impact of entrepreneurship education on the entrepreneurial intention of students in science and engineering versus business studies university programs［J］. Technological forecasting and social change，2016，104：172-179.

［2］XU X，NI H，YE Y. Factors influencing entrepreneurial intentions of Chinese secondary school students：an empirical study［J］. Asia Pacific Education Review，2016，17（4）：625-635.

［3］周玲强，李秋成，朱琳. 行为效能、人地情感与旅游者环境负责行为意愿：一个基于计划行为理论的改进模型［J］. 浙江大学学报（人文社会科学版），2014，44（2）：88-98.

［4］张增田. 基于计划行为理论的公务员参与廉政教育意向研究［J］. 中国行政管理，2015（2）：24-27.

［5］邱宏亮. 道德规范与旅游者文明旅游行为意愿——基于 TPB 的扩展模型［J］. 浙江社会科学，2016（3）：96-103.

［6］刘加凤. 基于计划行为理论的创业教育对大学生创业意愿影响分析［J］. 高教探索，2017（5）：117-122.

［7］KUPPUSWAMY V，BAYUS B L. Crowdfunding Creative Ideas：The Dynamics of Project Backers in Kickstarter［J］. Social Science Electronic Publishing，2013.

［8］潘永明，刘亚芸，邹丁华. 股权众筹投资者投资意愿的影响研究——基于投资者创新性的调节作用［J］. 经营与管理，2018（7）：19-26.

［9］潘丽丽，王晓宇. 基于主观心理视角的游客环境行为意愿影响因素研究——以西溪国家湿地公园为例［J］. 地理科学，2018，38（8）：1337-1345.

假设 H7：创业态度对创业意向存在着显著的正向影响。

假设 H8：主观规范对创业意向存在着显著的正向影响。

假设 H9：知觉行为控制对创业意向存在着显著的正向影响。

基于以上理论分析和研究假设，本研究围绕高校创业教育教学内容、创业教育组织形式、创业态度、主观规范、知觉行为控制与大学生创业意向之间的作用关系构建研究模型，如图 4-2 所示。通过对模型的实证，本研究试图探索创业态度、主观规范、知觉行为控制在创业教育教学内容、创业教育组织形式分别对大学生创业意向的影响关系中的作用关系。

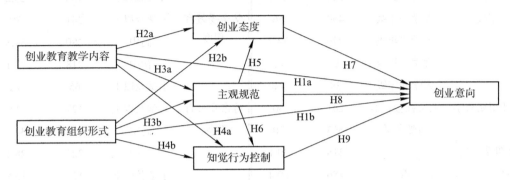

图 4-2　TPB 视角下创业教育与大学生创业意向的关系模型

（2）数据与变量

第一，数据获取和样本。为验证图 4-2 理论模型，研究选取华中农业大学在校大学生为被试，并于 2019 年 1 月开展调查研究。采用简单随机抽样的不重复抽样方法，共发放问卷 900 份，回收问卷 827 份，回收率达到 91.89%，剔除 23 份信息不完整的问卷，最终获得有效问卷 804 份，有效率达到 89.33%。本研究根据人口学变量考察了个人因素、家庭因素和学校因素三个方面共 8 个变量对大学生创业意向的影响。其中，个人因素方面包括性别、年级和专业情况；家庭因素方面包括生源地、家庭居住地域、父母受教育程度和父母及亲属创业经历；学校因素方面包括高校为大学生提供的各种创业支持情况，如创业指导与服务、创业孵化设施、创业启动资金、创业办公设施、到企业进行创业实习、奖励学生创业活动等。具体样本分布情况如表 4-3。

样本分布特征是：男性 362 人，占 45%，女性 442 人，占 55%；从年龄来看，被试样本的年龄范围在 17～27 岁；从年级来看，大学一年级学生有 450 人，占 56%，大学二年级学生有 279 人，占 34.7%，大学三年级学生有 36 人，占 4.5%，大学四年级学生有 39 人，占 4.9%；专业分布上，人文社会科学相关专业 241 人，占 30%，自然科学相关专业学生 563 人，占 70%；生源地分布上，来自城镇的学生有 473 人，占 58.8%，来自农村的学生有 331 人，占 41.2%。区域分布上，来自东部地区的 227 人，占 28.2%，中部地区的 391 人，占 48.6%，西部地区的 186 人，占 23.2%；从父母受教育程度来看，父亲受教育情况是大学及以上的 241 人，占 30%，高中 280 人，占 34.8%，初中 218 人，占 27.1%，小学及以下 65 人，占 8.1%；母亲受教育情况是大学及以上 177 人，占 22%，高中 274

人，占 34.1%，初中 226 人，占 28.1%，小学及以下 127 人，占 15.8%。父母及亲属没有创业经历的学生有 486 人，占 60.1%，父母及亲属有创业经历的学生有 318 人，占 39.1%。

表 4-3 样本基本情况

样本特征	成分构成	数量 /人	比例 /%	样本特征	成分构成	数量 /人	比例 /%
性别	男	362	45	家庭居住地域	东部地区	227	28.2
	女	442	55		中部地区	391	48.6
年龄	17 ~ 27	804	100		西部地区	186	23.2
年级	大学一年级	450	56	父亲受教育程度	大学及以上	241	30
	大学二年级	279	34.7		高中	280	34.8
	大学三年级	36	4.5		初中	218	27.1
	大学四年级	39	4.8		小学及以下	65	8.1
专业所属科学	人文社会科学	241	30	母亲受教育程度	大学及以上	177	22
	自然科学	563	70		高中	274	34.1
父母及亲属创业经历	是	318	39.1		初中	226	28.1
	否	486	60.4		小学及以下	127	15.8
生源地	城镇	473	58.8	高校创业支持	是	758	94.3
	农村	331	41.2		否	46	5.7

注：样本量为 804。

实证研究还针对大学生创业环境及学习感受展开调查，有 94.3% 的学生认为所在高校为大学生创业提供了有关创业政策、创业资金或创业资源。大学生对于大学提供创业支持不同方面感受不同：20.96% 的学生认为所在高校提供了创业指导与服务；20.63% 的学生认为所在高校提供了创业孵化设施；17.58% 的学生认为所在高校提供了创业启动资金；10.11% 的学生认为所在高校提供了创业办公设施；12.41% 的学生认为所在高校为学生提供了到企业进行创业实习的机会；16.74% 的学生认为所在高校奖励学生创业活动；而只有 5.7% 的学生认为所在高校并没有为大学生提供任何的创业支持。

第二，变量测量。本研究运用徐小洲教授团队 2016 年发表在 "亚太教育评论"（*Asia Pacific Education Review*）上的创业课程量表考查高校创业教育教学的内容。量表包括创业理论课程、创业实践课程、创业意识或态度课程、与经济学相关的课程 4 个指标，[1] Cronbach's α 为 0.805。创业教育组织形式的测量采用 Farashah（2013）[2] 所使用的量表，主要是调查高校开展创业教育所采用的各种组织形式，共计 7 个指标：学校的

[1] XU X, NI H, YE Y. Factors influencing entrepreneurial intentions of Chinese secondary school students: an empirical study [J]. Asia Pacific Education Review, 2016, 17（4）: 625–635.

[2] FARASHAH A D. The process of impact of entrepreneurship education and training on entrepreneurship perception and intention: Study of educational system of Iran [J]. Education & Training, 2013, 55（8–9）: 868–885.

创业课程或项目、课外正式的创业课程或项目、学院组织的创业课程或项目、工作（实习）单位组织的创业培训、非正式创业培训、政府部门组织的创业教育培训、在线创业课程或项目，该量表的 Cronbach's α 为 0.956。

根据 Liñán 和 Chen（2009）[1] 开发的量表，本研究使用 14 个项目测量了计划行为理论的三个核心维度：创业态度、主观规范和知觉行为控制。创业态度包含 5 个题项，包括"成为一名企业家意味着优势多于劣势""创业对我很有吸引力""如果我有机会和资源，我想创办一家公司""成为一名企业家会给我带来很大的满足感""在众多的选择中，我宁愿选择创业"，该量表的 Cronbach's α 为 0.884；主观规范包含 3 个题项，包括"如果您决定创业，您的家人会赞同吗""如果您决定创业，您的朋友会赞同吗""如果您决定创业，您的同事或同学会赞同吗？"该量表的 Cronbach's α 为 0.906；知觉行为控制包括 6 个题项："创办公司并保持运营对我来说很容易""我准备创办一家切实可行的公司""我可以掌控新公司的创建过程""我知道创办公司所必要的实际细节""我知道怎样开发创业项目""如果我努力创业，我很有可能成功"，量表的 Cronbach's α 为 0.927。量表测量采用李克特 5 点计分法，从 1 至 5 分别表示"完全不同意""不同意""一般""同意""完全同意"。

创业意向的测量量表主要依据 Krueger、Reilly 和 Carrud（2000）[2] 编制的 9 题项量表进行修订，删除在中文语境下赘述的 3 个题项，最终形成 6 个有效测项，分别为"我已经准备好自主创业""我决定在不久的将来建立属于自己的事业""成为创业家是我的职业目标之一""我已有坚定的创业意图""我很认真地思考将来创业这件事情"和"我决定在不久的将来开创自己的事业"，该量表的 Cronbach's α 为 0.934。量表测量采用李克特 5 点计分法，从 1 至 5 分别表示"完全不同意""不同意""一般""同意""完全同意"。

（3）数据的基础性分析

第一，信度与效度。本研究采用 SPSS 22.0 和 AMOS 22.0 统计软件对创业教育教学内容、创业教育组织形式、创业态度、主观规范、知觉行为控制和创业意向 6 个潜在变量的 31 个观测变量进行信度和效度分析，各潜在变量的信度和效度的分析结果如表 4-4 和表 4-5 所示。

信度是指同一潜在变量下的观测变量之间的内部一致性，一般具有较高的内部一致性则表明信度高，测量结果的可信程度就大。本研究所涉及的 6 个潜在变量的 Cronbach's α 的值均大于 0.8，各潜在变量的观测变量的标准化因子载荷均大于 0.57，符合标准化因子载荷大于 0.5 的标准，说明各潜在变量对观测变量具有较强的解释能力，同时各潜在变量的组合信度（CR）介于 0.81～0.96 之间，组合信度均在 0.8 以上，检验结果如表 4-4 所示，表明潜在变量具有很好的内部一致性。

［1］LIÑÁN F，CHEN Y-W. Development and Cross-Cultural Application of a Specific Instrument to Measure Entrepreneurial Intentions［J］. Entrepreneurship Theory & Practice，2010，33（3）：593-617.

［2］KRUEGERJR N F，REILLY M D，CARSRUD A L. Competing models of entrepreneurial intentions［J］. Journal of Business Venturing，2000，15（5）：411-432.

表 4-4 量表的信效度检验结果

潜在变量	创业教育教学内容	创业教育组织形式	创业态度	主观规范	知觉行为控制	创业意向
观测变量	标准化因子载荷 λ					
OV01	0.666	0.794	0.573	0.776	0.790	0.800
OV02	0.905	0.887	0.920	0.952	0.887	0.889
OV03	0.699	0.843	0.779	0.904	0.892	0.883
OV04	0.608	0.923	0.758		0.835	0.778
OV05		0.865	0.885		0.843	0.778
OV06		0.901			0.751	0.885
OV07		0.868				
Cronbach's α	0.805	0.956	0.884	0.906	0.927	0.934
CR	0.815	0.956	0.892	0.911	0.932	0.933
AVE	0.530	0.756	0.628	0.775	0.696	0.701

注：样本量为 804。

效度是指测量目标与测量内容之间的适合性与相符性。本研究的效度检验涉及收敛效度检验和区分效度检验，收敛效度可以根据 Fornell 和 Larcker 提出的潜在变量的平均变异抽取量（AVE）不低于 0.5 的标准判断，[1] 如表 4-4 所示，6 个潜在变量的平均变异抽取量分别为 0.530、0.756、0.628、0.775、0.696 和 0.701，均大于 0.5，具有可接受的收敛效度；区分效度检验主要是采用验证性因子分析，结果如表 4-5 所示：与另外 7 个模型相比，六因子模型对实际数据拟合得最为理想（$\chi^2/df = 2.636$，GFI = 0.922，CFI = 0.970，TLI = 0.964，IFI = 0.970，RMSEA = 0.045），表明本研究所涉及的 6 个研究变量具有良好的区分效度，的确代表了 6 个不同的构念。

表 4-5 变量的区分效度检验结果

因子模型	χ^2	df	χ^2/df	GFI	CFI	TLI	IFI	RMSEA
单因子模型	6 489.858	398	16.306	0.636	0.710	0.661	0.711	0.138
双因子模型	5 767.646	397	14.521	0.666	0.744	0.701	0.745	0.130
三因子模型	3 606.013	395	9.129	0.757	0.847	0.820	0.848	0.101
四因子模型 A	3 270.848	392	8.344	0.772	0.863	0.838	0.863	0.096
四因子模型 B	2 152.565	392	5.491	0.835	0.916	0.901	0.917	0.075

---

[1] LARCKER F D F. Evaluating structural equation models with unobservable variables and measurement error [J]. Journal of Marketing Research, 1981, 18 (1): 39–50.

续表

因子模型	χ^2	df	χ^2/df	GFI	CFI	TLI	IFI	RMSEA
五因子模型 A	1 810.730	388	4.667	0.853	0.932	0.919	0.933	0.068
五因子模型 B	1 352.439	388	3.486	0.900	0.954	0.945	0.954	0.056
六因子模型	1 009.551	383	2.636	0.922	0.970	0.964	0.970	0.045

注：①指标拟合优度评价标准为 $1 < \chi^2/df < 3$，GFI > 0.900，CFI > 0.900，TLI > 0.900，IFI > 0.900，RMSEA < 0.05。②样本量为 804。

单因子模型：创业教育教学内容 + 创业教育组织形式 + 创业态度 + 主观规范 + 知觉行为控制 + 创业意向。

双因子模型：创业教育教学内容 + 创业教育组织形式 + 创业态度 + 主观规范 + 知觉行为控制；创业意向。

三因子模型：创业教育教学内容 + 创业教育组织形式；创业态度 + 主观规范 + 知觉行为控制；创业意向。

四因子模型 A：创业教育组织形式；创业教育教学内容；知觉行为控制 + 创业态度 + 主观规范；创业意向。

四因子模型 B：创业教育组织形式 + 创业教育教学内容；知觉行为控制 + 创业态度；主观规范；创业意向。

五因子模型 A：创业教育组织形式；创业教育教学内容；创业态度 + 知觉行为控制；主观规范；创业意向。

五因子模型 B：创业教育组织形式 + 创业教育教学内容；创业态度；知觉行为控制；主观规范；创业意向。

六因子模型：创业教育课程内容；创业教育组织形式；创业态度；主观规范；知觉行为控制；创业意向。

第二，描述性分析。本研究使用 SPSS 22.0 数据统计软件分别对创业教育内容、创业教育组织形式、创业态度、主观规范、知觉行为控制和创业意向进行描述性统计分析和相关性统计分析，统计分析结果如表 4-6 所示。从表 4-6 可以看出，根据描述性分析的结果可知，目前大学生参与不同类型的创业课程和不同组织形式的创业教育的程度不够；参与分析的大学生的创业态度的均值为 3.026，标准差为 0.825，均值略高于 3，表明目前大学生的创业态度较积极；主观规范的均值为 3.413，明显高于 3，标准差为 0.761，表明目前大学生创业受到身边的家人、朋友、同学或同事的支持比较大；知觉行为控制的均值为 2.514，整体水平低于 3，标准差为 0.821，表明大学生对自我成功创业所需具备的资源、机会的信任程度较弱；创业意向的均值为 2.636，大学生创业意向的整体水平明显低于 3，标准差为 0.898，表明目前大学生的平均创业意向较低，参与创业的积极性不强，较多数大学生并没有打算未来创业。

第三，相关性分析。本研究通过相关性分析初步讨论了各变量之间的关系。首先，从

表 4-6 主要研究变量的描述性分析

变量	M	SD	1	2	3	4	5	6
1 创业教育教学内容	1.529	0.618	1					
2 创业教育组织形式	0.594	0.945	0.467**	1				
3 创业态度	3.026	0.825	0.115**	0.15**	1			
4 主观规范	3.413	0.761	0.017	0.087**	0.461**	1		
5 知觉行为控制	2.514	0.821	0.217**	0.301**	0.580**	0.349**	1	
6 创业意向	2.636	0.898	0.191**	0.227**	0.619**	0.307**	0.647**	1

注: * $P < 0.05$, ** $P < 0.01$。

创业教育与创业态度、主观规范、知觉行为控制的相关性来看，创业教育教学内容与创业态度、知觉行为控制的相关系数分别为 0.115、0.217，均在 0.01 的置信水平上显著，表明创业教育教学内容与创业态度、创业教育教学内容与知觉行为控制的相关关系均为正向相关，即大学生接受创业教育的课程内容越丰富，大学生选择创业的态度就越积极，对自我成功创业所具备的资源、机会的信任程度也越高，而创业教育教学内容与主观规范的相关性并不显著；创业教育组织形式与创业态度、主观规范、知觉行为控制的相关系数分别为 0.15、0.087、0.301，且均在 0.01 的置信水平上显著，表明创业教育组织形式与创业态度、创业教育组织形式与主观规范，以及创业教育组织形式与知觉行为控制存在正向相关关系，即大学生所接受创业教育的组织形式越多越丰富，大学生选择创业的态度就越积极，创业的选择受到来自身边的家人、朋友、同学或同事的支持也就越大，对自我成功创业所具备的资源、机会的信任程度也越高。其次，从创业教育与创业意向的相关性来看，创业教育教学内容与创业教育组织形式分别与创业意向的相关性系数为 0.191 和 0.227，且均在 0.01 的置信水平上显著，表明创业教育与创业意向存在正向相关，即大学生所接受创业教育的教育内容和组织形式越丰富，大学生的创业意向越高。再次，从创业态度、主观规范、知觉行为控制三者的相关性来看，主观规范与创业态度、主观规范与知觉行为控制、知觉行为控制与创业态度的相关系数分别为 0.461、0.349、0.580，且均在 0.01 的置信水平上显著，表明主观规范与创业态度、主观规范与知觉行为控制、知觉行为控制与创业态度分别正向相关，即大学生创业受到家人、朋友、同学或同事的支持越大，其创业态度越积极，且对自我成功创业所具备的资源、机会的信任程度也越高，同时，若大学生对自我成功创业所具备的资源、机会的信任程度越高，则创业态度越积极。最后，从创业态度、主观规范、知觉行为控制和创业意向的相关性来看，创业态度、主观规范、知觉行为控制分别与创业意向的相关系数为 0.619、0.307、0.647，且在 0.01 的置信水平上显著，表明创业态度、主观规范、知觉行为控制分别与创业意向正向相关，且创业态度、知觉行为控制分别与创业意向的相关性很强，即大学生创业态度越积极，其创业意向越大；大学生创业受到家人、朋友、同学或同事的支持越大，其创业意向越大；大学生对自我成功创业所具备的资源、机会的信任程度越高，其创业意向越大。

（4）人口统计要素的影响

本研究所涉及的人口统计变量主要有性别、年级、专业所属学科、生源地、父母及亲属创业经历、家庭居住地域、父母受教育程度及高校为大学生创业提供的创业支持，其中采用独立样本 t 检验的方法研究性别、专业所属学科、生源地、父母及亲属创业经历和高校创业支持等变量对创业态度、主观规范、知觉行为控制和创业意向等 4 个变量的影响；采用单因素方差分析的方法研究年级、家庭居住地域、父母受教育程度对创业态度、主观规范、知觉行为控制和创业意向等 4 个变量的影响，同时利用 Scheffe 检验方法对大学生的创业态度、主观规范、知觉行为控制和创业意向进行组别间的两两比较分析。在单因素方差分析结果中，首先要看的是方差齐性检验是否通过，方差不齐则不能使用单因素方差分析法，若检验结果说明方差是齐的，则可以使用单因素方差分析法。分析结果如下：

第一，独立样本 t 检验。创业态度、主观规范、知觉行为控制和创业意向在性别统计变量下的 t 检验结果见表 4-7。根据表中的结果可以看出，男性和女性在创业态度、知觉行为控制和创业意向三个方面存在着显著差别（ $P = 0.018 < 0.05$ ， $P = 0.000 < 0.05$ ， $P = 0.000 < 0.05$ ），即性别对大学生创业态度、知觉行为控制和创业意向均具有显著的影响，通过比较分析发现男性比女性具有更加积极的创业态度，男性对自我成功创业所具备的资源、机会的信任程度更高，具有更加强烈的创业意向。男性相比女性更加敢于冒险和挑战，更愿意尝试新鲜的事物，而女性更愿意稳中求进，这样在创业态度、知觉行为控制和创业意向方面就会产生差异。而在主观规范方面，男性与女性并没有显著的区别，即性别对大学生选择创业受到家人、朋友、同学或同事的支持并无显著影响。

表 4-7　性别统计变量下的 t 检验结果

要素		均值	标准差	t	P	比较
创业态度	男生	3.103	0.879	2.368	0.018	男 > 女 *
	女生	2.963	0.772			
主观规范	男生	3.455	0.776	1.430	0.153	无显著差异
	女生	3.378	0.746			
知觉行为控制	男生	2.631	0.863	3.674	0.000	男 > 女 *
	女生	2.419	0.773			
创业意向	男生	2.798	0.969	4.632	0.000	男 > 女 *
	女生	2.502	0.811			

注：*. 表示在显著性水平为 0.05 的情况下，相应的两组均值差异显著。

创业态度、主观规范、知觉行为控制和创业意向在专业所属科学统计变量下的 t 检验结果见表 4-8。根据表中的结果可以看出，大学生创业态度、主观规范和知觉行为控制在专业所属不同科学之间并无显著差异，而在创业意向方面，自然科学的大学生比人文社会科学的大学生具有更高的创业意向（ $P = 0.019 < 0.05$ ），即专业所属科学对大学生的创业意

向具有显著的影响。这可能与自然科学的教育内容有关，对于自然科学的大学生而言，其所学内容专业技术性与实践应用性较强，能相较更快地将所学知识转化为商业成果，这可能是解释自然科学的学生具有更高的创业意向的重要原因。

表 4-8　学科差异的 t 检验结果

要素		均值	标准差	t	P	比较
创业态度	人文社会科学	2.977	0.819	−1.105	0.27	无显著差异
	自然科学	3.047	0.827			
主观规范	人文社会科学	3.357	0.764	−1.359	0.175	无显著差异
	自然科学	3.436	0.758			
知觉行为控制	人文社会科学	2.467	0.804	−1.069	0.286	无显著差异
	自然科学	2.534	0.828			
创业意向	人文社会科学	2.522	0.899	−2.351	0.019	自然科学 > 人文社会科学*
	自然科学	2.684	0.893			

注：*. 表示在显著性水平为 0.05 的情况下，相应的两组均值差异显著。

创业态度、主观规范、知觉行为控制和创业意向在生源地统计变量下的 t 检验结果见表 4-9。根据表中的结果可以看出，来自城市和农村的大学生在创业态度、主观规范、知觉行为控制和创业意向上没有明显差别，即不同生源地对大学生创业态度、主观规范、知觉行为控制和创业意向并无显著影响。这可能是由于被试大学生处于同一高校平台，随着当前生活水平的提高与互联网技术的发展，来自城市和农村的学生均能依靠网络技术平台获得知识和信息，学生由于生源地不同而产生的差异逐渐在缩小。

表 4-9　生源地差异的 t 检验结果

要素		均值	标准差	t	P	比较
创业态度	城市	3.017	0.855	−0.333	0.739	无显著差异
	农村	3.037	0.780			
主观规范	城市	3.436	0.781	1.056	0.291	无显著差异
	农村	3.379	0.730			
知觉行为控制	城市	2.513	0.853	−0.044	0.965	无显著差异
	农村	2.515	0.774			
创业意向	城市	2.612	0.916	−0.888	0.375	无显著差异
	农村	2.669	0.871			

注：*. 表示在显著性水平为 0.05 的情况下，相应的两组均值差异显著。

创业态度、主观规范、知觉行为控制和创业意向在父母及亲属是否具有创业经历统计

变量下的 t 检验结果见表 4–10。根据表中的结果可知，大学生的创业态度、知觉行为控制和创业意向在父母及亲属是否具有创业经历上有明显差别，即父母及亲属创业经历对大学生创业态度、知觉行为控制和创业意向均具有显著影响。父母及亲属有创业经历的大学生具有较积极的创业态度和较强的创业意向，对自我成功创业所具备的资源、机会的信任程度更高。这可能是由于有创业经历的父母及亲属不仅能给予学生一定的创业指导和建议，而且那些创业成功的父母及亲属所获得的金钱和资源能够为学生创业提供支持，使学生掌握创业所具备的资源和能力，对自我成功创业更有信心，创业态度更加积极，从而更愿意选择创业。即父母及亲属是否具有创业经历能让学生的创业态度、知觉行为控制和创业意向产生差别，而对大学生的主观规范则并无显著的影响。

表 4–10 父母及亲属创业经历差异的 t 检验结果

要素	父母及亲属的创业经历	均值	标准差	t	P	比较
创业态度	有	3.174	0.810	4.148	0.000	有 > 无[*]
	无	2.929	0.821			
主观规范	有	3.454	0.797	1.247	0.213	无显著差异
	无	3.385	0.735			
知觉行为控制	有	2.67	0.815	4.399	0.000	有 > 无[*]
	无	2.412	0.809			
创业意向	有	2.795	0.896	4.130	0.000	有 > 无[*]
	无	2.531	0.883			

注：*. 表示在显著性水平为 0.05 的情况下，相应的两组均值差异显著。

创业态度、主观规范、知觉行为控制和创业意向在高校是否提供创业支持统计变量下的 t 检验结果见表 4–11。根据表中的结果可知，大学生的知觉行为控制在高校是否提供创业支持上有明显差别，即高校提供创业支持对大学生知觉行为控制具有显著影响。高校为大学生创业提供稳定的外在条件，如创业指导和服务、创业孵化设施、创业启动资金、创业办公设施和创业奖励等，学生对自我成功创业所具备的资源、机会的信任程度更高。

第二，单因素方差分析。创业态度、主观规范、知觉行为控制和创业意向在年级统计变量下的方差分析结果见表 4–12 和表 4–13。从表 4–12 可以看到方差齐性检验的显著性系数分别为 0.388、0.676、0.543 和 0.053，均大于 0.05，说明方差具有齐性，因此，研究不同年级对大学生创业态度、主观规范、知觉行为控制、创业意向的影响可以使用单因素方差分析法。从表 4–13 可以看出，大学生的创业态度、主观规范、知觉行为控制和创业意向在不同年级之间存在显著性差异（ $P = 0.001 < 0.05$ ， $P = 0.001 < 0.05$ ， $P = 0.002 < 0.05$ ， $P = 0.000 < 0.05$ ），即年级对大学生创业态度、主观规范、知觉行为控制和创业意向均具有显著的影响，此外，通过不同年级间的两两比较分析发现，一年级的大学生比二年级的大学生具有更加积极的创业态度；与二年级的大学生相比，一年级的大学生创业选

表 4–11　高校创业支持差异的 *t* 检验结果

要素		均值	标准差	*t*	*P*	比较
创业态度	高校提供创业支持	3.031	0.822	0.679	0.486	无显著差异
	高校未提供创业支持	2.943	0.872			
主观规范	高校提供创业支持	3.425	0.750	1.861	0.063	无显著差异
	高校未提供创业支持	3.21	0.903			
知觉行为控制	高校提供创业支持	2.533	0.814	2.657	0.008	提供 > 未提供 *
	高校未提供创业支持	2.203	0.883			
创业意向	高校提供创业支持	2.645	0.890	1.253	0.211	无显著差异
	高校未提供创业支持	2.475	1.000			

注：*. 表示在显著性水平为 0.05 的情况下，相应的两组均值差异显著。

表 4–12　年级方差齐性检验结果

变量	Levene 统计量	*P*
创业态度	1.009	0.388
主观规范	0.509	0.676
知觉行为控制	0.716	0.543
创业意向	2.569	0.053

表 4–13　年级差异的方差分析结果

要素		平方和	*df*	均方	*F*	*P*	Scheffe
创业态度	组间	11.875	3	3.958	5.924	0.001	一年级 > 二年级 *
	组内	534.547	800	0.668			
	总数	546.422	803				
主观规范	组间	9.734	3	3.245	5.706	0.001	一年级 > 二年级 *
	组内	454.891	800	0.569			
	总数	464.625	803				
知觉行为控制	组间	9.712	3	3.237	4.871	0.002	一年级 > 二年级 *
	组内	531.684	800	0.665			
	总数	541.396	803				
创业意向	组间	19.412	3	6.471	8.249	0.000	一年级 > 二年级 *
	组内	627.533	800	0.784			
	总数	646.945	803				

注：*. 表示在显著性水平为 0.05 的情况下，相应的两组均值差异显著。

择更容易受到身边的家人、朋友、同学的支持，对自我成功创业所具备的资源、机会的信任程度更高，同时具有更加强烈的创业意向。

创业态度、主观规范、知觉行为控制和创业意向在家庭居住地域统计变量下的方差分析结果见表 4-14 和表 4-15。表 4-14 反映出方差齐性检验的显著性系数分别为 0.676、0.429、0.346 和 0.266，均大于 0.05，说明方差具有齐性，因此，研究家庭居住地域差异对大学生创业态度、主观规范、知觉行为控制、创业意向的影响可以使用单因素方差分析法。表 4-15 显示，家庭居住地域在东部地区、中部地区或西部地区对大学生的创业态度、主观规范、知觉行为控制和创业意向并不存在显著性差异，即家庭居住地域对大学生创业态度、主观规范、知觉行为控制和创业意向无显著影响。这可能是由于国内东部、中部和西部地区的文化、观念等差异并不大。

表 4-14　家庭居住地域方差齐性检验结果

变量	Levene 统计量	P
创业态度	0.392	0.676
主观规范	0.846	0.429
知觉行为控制	1.062	0.346
创业意向	1.362	0.266

表 4-15　家庭居住地域的方差分析结果

要素		平方和	df	均方	F	P	Scheffe
创业态度	组间	0.118	2	0.059	0.086	0.917	无显著差异
	组内	546.304	801	0.682			
	总数	546.422	803				
主观规范	组间	0.109	2	0.055	0.094	0.910	无显著差异
	组内	464.516	801	0.580			
	总数	464.625	803				
知觉行为控制	组间	0.604	2	0.302	4.447	0.640	无显著差异
	组内	540.792	801	0.675			
	总数	541.396	803				
创业意向	组间	2.509	2	1.254	1.559	0.211	无显著差异
	组内	644.436	801	0.805			
	总数	646.945	803				

注：*. 表示在显著性水平为 0.05 的情况下，相应的两组均值差异显著。

创业态度、主观规范、知觉行为控制和创业意向在父母受教育程度统计变量下的方差分析结果见表 4-16、表 4-17 和表 4-18。从表 4-16 的方差齐性检验结果可知方差具有齐性，因此，研究父母受教育程度对大学生创业态度、主观规范、知觉行为控制、创业意向的影响可以使用单因素方差分析法。表4-17反映出，父亲受教育程度不同，大学生的创业态度、知觉行为控制和创业意向存在显著性差异（$P = 0.01 < 0.05$，$P = 0.025 < 0.05$，$P = 0.004 < 0.05$），即父亲受教育程度不同对大学生创业态度、知觉行为控制和创业意向均具有显著的影响。通过两两比较分析发现，与父亲受教育程度为大学学历相比，父亲受教育程度为中学学历的学生具有更加积极的创业态度和更大的创业意向，这可能是由于父亲受教育程度为中学学历的学生迫切想通过创业改变现状；父亲受教育程度为中学学历比父亲受教育程度为小学学历的学生对自我成功创业所具备的资源、机会的信任程度更高。表4-18表明，母亲受教育程度不同，大学生的创业态度、主观规范和知觉行为控制存在显著性差异（$P = 0.039 < 0.05$，$P = 0.012 < 0.05$，$P = 0.046 < 0.05$），即母亲受教育程度不同对大学生的创业态度、主观规范和知觉行为控制均具有显著的影响。通过两两比较分析发现，与母亲受教育程度为大学学历相比，母亲受教育程度为中学学历的学生具有更加积极的创业态度；与母亲受教育程度为小学学历相比，母亲受教育程度为高中学历的学生更容易受到家人、朋友、同学或同事的支持，对自我成功创业所具备的资源、机会的信任程度更高。

表 4-16　父母受教育程度的方差齐性检验结果

变量	父亲		母亲	
	Levene 统计量	P	Levene 统计量	P
创业态度	0.274	0.844	0.64	0.589
主观规范	1.339	0.260	0.442	0.723
知觉行为控制	0.34	0.797	0.504	0.680
创业意向	1.305	0.272	1.113	0.343

表 4-17　父亲受教育程度的方差分析结果

要素		平方和	df	均方	F	P	Scheffe
创业态度	组间	7.705	3	2.568	3.814	0.01	中学 > 大学 *
	组内	538.717	800	0.673			
	总数	546.422	803				
主观规范	组间	1.512	3	0.504	0.871	0.456	无显著差异
	组内	463.113	800	0.579			
	总数	464.625	803				
知觉行为控制	组间	6.282	3	2.094	3.13	0.025	中学 > 小学 *
	组内	535.114	800	0.669			
	总数	541.396	803				

续表

要素		平方和	df	均方	F	P	Scheffe
创业意向	组间	10.631	3	3.544	4.455	0.004	中学 > 小学 *
	组内	636.314	800	0.795			中学 > 大学 *
	总数	646.945	803				

注：*. 表示在显著性水平为 0.05 的情况下，相应的两组均值差异显著。

表 4-18 母亲受教育程度的方差分析结果

要素		平方和	df	均方	F	P	Scheffe
创业态度	组间	5.679	3	1.893	2.804	0.039	中学 > 大学 *
	组内	540.743	800	0.676			
	总数	546.422	803				
主观规范	组间	6.297	3	2.099	3.664	0.012	高中 > 小学 *
	组内	458.328	800	0.573			
	总数	464.625	803				
知觉行为控制	组间	5.39	3	1.797	2.682	0.046	高中 > 小学 *
	组内	536.006	800	0.67			
	总数	541.396	803				
创业意向	组间	2.781	3	0.927	1.151	0.328	无显著差异
	组内	644.164	800	0.805			
	总数	646.945	803				

注：*. 表示在显著性水平为 0.05 的情况下，相应的两组均值差异显著。

（5）假设模型的检验

研究采用结构方程模型验证以上假设，假设模型拟合结果如表 4-19 所示。模型 1 是创业教育教学内容、创业教育组织形式与创业意向的直接模型，测量的是不引入创业态度、主观规范和知觉行为控制情况下创业教育教学内容和创业教育组织形式对创业意向的影响；模型 2 是本研究的假设模型，测量的是引入计划行为理论的创业态度、主观规范和知觉行为控制三个核心变量情况下创业教育教学内容和创业教育组织形式对创业意向的影响。结构方程模型的拟合结果表明，模型 2（假设模型）（$\chi^2/df = 2.610$；GFI = 0.908；CFI = 0.955；TLI = 0.945；IFI = 0.956；RMSEA = 0.045）与数据的拟合程度较好。表 4-20 显示了结构方程模型中变量之间的具体影响效应。模型 1 的数据分析结果表明创业教育教学内容（$\beta = 0.151$，$P < 0.001$）和创业教育组织形式（$\beta = 0.211$，$P < 0.001$）对创业意向有着显著的正向影响。模型 2（假设模型）的数据分析结果表明：第一，创业教育教学内容对创业意向存在着显著的正向影响（$\beta = 0.059$，$P < 0.05$），而创业教育组织形式对创业意向的影响并不显著，因此假设 H1a 成立，假设 H1b 不成立。第二，创业教育教学内容

（$\beta = 0.090$，$P < 0.05$）和创业教育组织形式（$\beta = 0.150$，$P < 0.001$）均对创业态度存在着显著的正向影响，因此假设 H2a 和 H2b 成立。第三，创业教育教学内容对主观规范的影响不显著，而创业教育组织形式对主观规范存在着显著的正向影响（$\beta = 0.116$，$P < 0.01$），因此假设 H3b 成立，假设 H3a 不成立。第四，创业教育教学内容（$\beta = 0.151$，$P < 0.001$）和创业教育组织形式（$\beta = 0.243$，$P < 0.001$）均对知觉行为控制存在着显著的正向影响，因此假设 H4a 和 H4b 成立。第五，主观规范对创业态度（$\beta = 0.427$，$P < 0.001$）、知觉行为控制（$\beta = 0.300$，$P < 0.001$）存在着显著的正向影响，同时，创业态度（$\beta = 0.455$，$P < 0.001$）和知觉行为控制（$\beta = 0.369$，$P < 0.001$）均对创业意向存在着显著的正向影响，而主观规范对创业意向的影响不显著，因此假设 H5、假设 H6、假设 H7 和假设 H9 均成立，假设 H8 不成立。根据以上数据分析和假设验证结果得到调整后的研究模型，其估计路径系数结果见图 4-3。

表 4-19　结构方程模型拟合结果

模型	χ^2/df	GFI	CFI	TLI	IFI	RMESA
模型 1	3.465	0.933	0.956	0.939	0.956	0.055
模型 2（假设模型）	2.610	0.908	0.955	0.945	0.956	0.045

注：①指标拟合优度评价标准为 $1 < \chi^2/df < 3$，$GFI > 0.900$，$CFI > 0.900$，$TLI > 0.900$，$IFI > 0.900$，$RMSEA < 0.05$。②样本量为 804。

表 4-20　标准化路径系数和标准误结果

变量	模型 1	模型 2			
	创业意向	创业态度	主观规范	知觉行为控制	创业意向
性别	0.133[***]	0.053	0.044	0.095[**]	0.061[*]
	（0.056）	（0.036）	（0.055）	（0.049）	（0.040）
年级	−0.152[***]	−0.122[***]	−0.039	−0.189[***]	−0.017
	（0.038）	（0.025）	（0.037）	（0.033）	（0.027）
专业所属科学	−0.067	−0.028	−0.034	−0.009	−0.037
	（0.067）	（0.043）	（0.066）	（0.058）	（0.048）
生源地	0.007	0.014	0.040	−0.029	−0.002
	（0.067）	（0.043）	（0.066）	（0.058）	（0.047）
家庭居住地域	0.062	0.019	−0.003	0.034	0.042
	（0.038）	（0.024）	（0.038）	（0.276）	（0.027）
父亲受教育程度	−0.012	−0.041	0.008	−0.011	0.017
	（0.043）	（0.028）	（0.043）	（0.037）	（0.031）
母亲受教育程度	−0.049	−0.048	−0.010	0.047	−0.049
	（0.040）	（0.026）	（0.039）	（0.034）	（0.028）

续表

变量	模型 1	模型 2			
	创业意向	创业态度	主观规范	知觉行为控制	创业意向
父母及亲属创业经历	0.140***	0.127***	0.028	0.134***	0.027
	（0.055）	（0.036）	（0.054）	（0.048）	（0.040）
高校创业支持	0.021	−0.002	0.050	0.050	−0.010
	（0.116）	（0.074）	（0.115）	（0.1）	（0.082）
创业教育教学内容	0.151***	0.090*	−0.036	0.151***	0.059*
	（0.064）	（0.040）	（0.062）	（0.055）	（0.045）
创业教育组织形式	0.211***	0.150***	0.116**	0.243***	0.020
	（0.038）	（0.024）	（0.036）	（0.033）	（0.027）
创业态度					0.455***
					（0.065）
主观规范		0.427***		0.300***	−0.035
		（0.030）		（0.035）	（0.031）
知觉行为控制					0.369***
					（0.042）

注：* $P < 0.05$，** $P < 0.01$，*** $P < 0.001$；括号中的数据为标准误。

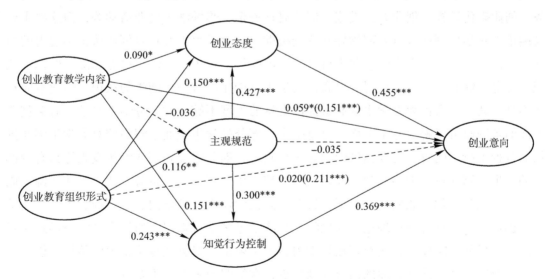

图 4-3　结构方程模型的估计路径系数结果

* $P < 0.05$，** $P < 0.01$，*** $P < 0.001$；虚线表示假设不成立；

括号中的数据为模型 1 的估计路径系数

　　综合以上结构方程模型验证结果发现，大学生接受创业教育的教学内容和组织形式都会影响个体的创业意向，并且创业教育的教学内容和组织形式对创业意向的影响路径及结果存在差异，创业态度、主观规范、知觉行为控制在创业教育与创业意向之间发挥着重要作用。本研究主要结论有：①创业态度受到创业教育教学内容、创业教育组织形式和主观规范三重影响，创业态度在创业教育教学内容与创业意向之间、创业教育组织形式与创业意向之间、主观规范与创业意向之间发挥着三重中介作用，其中在创业教育教学内容与创业意向之间发挥部分中介作用，在创业教育组织形式与创业意向之间、主观规范与创业意向之间发挥着完全中介作用。②知觉行为控制受到创业教育教学内容、创业教育组织形式和主观规范的三重影响，知觉行为控制在创业教育教学内容与创业意向之间、创业教育组织形式与创业意向之间、主观规范与创业意向之间发挥着三重中介作用，其中在创业教育教学内容与创业意向之间发挥部分中介作用，在创业教育组织形式与创业意向之间、主观规范与创业意向之间发挥着完全中介作用。③创业教育组织形式对主观规范存在显著的正向影响，主观规范只有通过创业态度和知觉行为控制才能影响创业意向。

（6）基本结论

本部分基于计划行为理论，从创业教育的教学内容和组织形式两方面出发，构建了创业教育对大学生创业意向产生影响的关系模型，采用结构方程模型的研究方法深入分析了创业教育教学内容、创业教育组织形式与创业态度、主观规范、知觉行为控制之间的关系，进而验证了计划行为理论在创业教育对大学生创业意向影响中的作用，主要研究结论如下：

第一，大学生的创业意向处于中等偏下水平。这一实证研究结论可能是多方面因素造成的，其一，虽然高校为大学生创业提供了诸多方面的创业支持，如创业指导与服务、创业孵化设施、创业办公设施、创业启动资金、奖励学生创业活动等，但这些主要是侧重于对学生创业进行外部指导和资金援助，而对学生提升自身创业认识和能力的内部支持关注较少，如学生到企业进行创业实习的机会较少，无法获得更加深入的创业认识，自身的创业能力也无法得到提高，大学生对创业没有一个清晰的认识，创业意向自然不高。其二，高校为大学生创业者提供支持的力度不够。大部分学生对学校有关创业方面的各种政策了解得并不全面，只有很少一部分的学生全面了解高校对大学生创业提供的各种支持。同时，高校提供的创业优惠政策、创业资金和创业孵化设施等只有少部分的学生能够获得，大多数学生并未获得学校提供的任何创业资源，缺乏创业资源，创业便无从谈起，创业意向自然降低。其三，高校创业教育教学内容不全面、组织形式单一。创业是一个整合创业理论、管理学、经济学等多学科知识并通过多种组织形式实践的过程。目前，高校的创业教育在教学内容上主要偏重对创业理论知识的传授，创业实践、创业态度及经济学方面的内容涉及较少；在组织形式上，主要以学校组织的创业课程、项目为主，很少出现政府部门组织的创业教育培训、企业组织的创业培训或在线创业课程、项目等。

第二，性别显著影响大学生的创业意向，男性的创业意向显著高于女性。究其原因，首先可能与中国的社会和家庭对男性和女性具有不同的期望有关。一直以来，男性和女性的职业选择受到中国传统家庭观念的影响，社会普遍认为一个家庭中男性的重要程度比女性大，男性承担养家的责任更多，而女性承担照顾家庭的责任更多，创业被认为更适合男性（BarNir，2011）。[1] 长期处于这种环境下，男性的抗压能力不断增强，逐渐形成敢于冒险和挑战的个性，更愿意尝试新鲜的事物，而女性更愿意稳中求进。因此，在职业选择上，男性更愿意选择能够获得高回报且具有挑战性的职业，创业对于男性而言是一个不错的选择；而女性更愿意选择工资一般但稳定、休闲时间多的职业，以便有更多的时间和精力照顾家庭。因此，在创业选择上，男生受到来自社会或家庭的创业支持更大。其次，知觉行为规范在解释男性和女性具有不同的创业意向方面起着至关重要的作用，女性往往缺乏先前的职业经验、培训和社会资本（Ettl 和 Welter，2010），[2] 而男性具有较多的先前职业经验、社会支持或创业榜样等资源，导致男性对自我成功创业所具备的资源、机会的信任程度更高，增强了男性的知觉行为控制，从而大大提高了男性的创业意向。最后，男性比女性更加受益于创业教育（Bergman，2011）。[3] 创业教育对男性的影响力更大，直接影响了大学生的创业意向。

第三，创业态度在创业教育与创业意向之间的作用包括三个方面：一是创业态度正向影响创业意向。依据马斯洛需求层次理论，随着生活水平和质量的提高，人们手中掌握的资金等资源增加，已经不再满足于需求层次理论中低层次的需求，更着重追求更高层次的精神需求，期望在家庭、事业和社会中获得更多的尊重与认可，实现自我价值，从而获得心理的最大满足。创业成功是实现这一系列期望最简单直接的途径，通过创业来证明自身的能力，以便获得周围人的尊重、心理的极大满足及更多的财富，这些期望对大学生具有巨大的吸引力，吸引力越大，创业态度越积极，创业意向就越高。二是创业态度在创业教育教学内容与创业意向之间发挥着部分中介作用。创业教育教学内容一方面会直接影响创业意向，另一方面会通过创业态度影响创业意向。创业教育教学内容越丰富，学生掌握创业所需要的知识和能力就越全面，创业意向就越高；此外，创业教育教学内容涉及创业回报与风险方面的问题，学生认为创业成功的回报远远大于创业需要承担的风险，学生的创业态度更积极，创业意向更高。三是创业态度在创业教育组织形式与创业意向之间发挥着完全中介作用。创业教育组织形式完全通过创业态度影响创业意向。目前国内高校创业教育组织形式主要以校内组织的课堂教学为主，但还是有很多大学生选择创业，说明创业教育组织形式并不直接影响创业意向。而参加多种不同组织形式的创业课程、项目会让学生有更多的机会接触到不同领域的创业者，不仅能了解和学习到丰富的创业知识和经验，还能认识到创业成功者因成功创业所带来的财富、周围人的尊重与羡慕，这些都激励着学生

[1] BARNIR A，WATSON W E，Hutchins H M. Mediation and Moderated Mediation in the Relationship Among Role Models，Self-Efficacy，Entrepreneurial Career Intention，and Gender [J]. Journal of Applied Social Psychology，2011，41（2）：270-297.

[2] ETTL K，WELTER F. Gender，context and entrepreneurial learning [J]. International Journal of Gender and Entrepreneurship，2010，2（2）：108-129.

[3] BERGMAN N，ROSENBLATT Z，EREZ M，et al. Gender and the effects of an entrepreneurship training programme on entrepreneurial self-efficacy and entrepreneurial knowledge gain [J]. International Journal of Entrepreneurship & Small Business，2011，13（1）：38-54.

创业，使其创业态度更加积极，创业意向更高。

第四，知觉行为控制在创业教育与创业意向之间发挥中介作用。知觉行为控制正向影响创业意向。人们在创业之前会对自我创业这个行为有一个初步的预测和判断，会根据自己目前所拥有的创业知识、创业能力、创业资金及其他创业资源等对创业行为进行综合权衡与考量，初步判断如果自己决定创业是否全面掌握了创业所需要的创业知识和创业能力？是否有足够的创业资金与创业支持？是否了解创业中可能遇到的问题及如何解决？创业成功的可能性有多大？学生感知到自我成功创业所掌握的创业资源、机会越多，则认为创业成功的可能性越大，创业者对创业就会越有信心，创业意向越高。

知觉行为控制在创业教育教学内容与创业意向之间发挥着部分中介作用。创业教育教学内容一方面会直接影响创业意向，另一方面会通过知觉行为控制影响创业意向。创业教育教学内容越丰富，学生掌握创业所需要的知识和能力就越全面，创业意向就越高；此外，创业教育教学内容必定会教授学生创业的过程、创业基础理论、与经济学相关的知识、创业实践技能、创业的回报与风险及国家对大学生创业的扶持政策等与创业有关的各方面内容，学生认为自我成功创业掌握的有关创业所需要的资源、机会越多，知觉行为控制就越强，对创业就越有信心，创业意向就更高。

知觉行为控制在创业教育组织形式与创业意向之间发挥着完全中介作用。创业教育组织形式完全通过知觉行为控制影响创业意向。目前国内高校创业教育组织形式主要以校内组织的课堂教学为主，但还是有很多大学生选择创业，说明创业教育组织形式并不直接影响创业意向。而参加多种不同组织形式的创业课程、项目会让学生有更多的机会接触到不同领域的创业者和企业，不仅了解和学习到丰富的创业知识和经验，还能有机会获得企业的投资和创业合作伙伴，使学生长期拥有的创业想法付诸实现，有效提高创业意向。

第五，主观规范通过创业态度和知觉行为控制影响创业意向。本部分实证研究发现，主观规范通过创业态度和知觉行为控制这两个变量间接影响创业意向。潜在创业者的亲人、朋友、同学或同事对自我创业的建议和支持观点对大学生创业态度产生影响，紧密社会关系提供的创业经验和建议有助于其掌握更多的创业资源，提升知觉行为控制，进而提高创业意向。

第六，创业教育组织形式影响个体主观规范。实证结论表明创业教育组织形式对主观规范有着显著的正向影响。目前创业教育组织形式不再局限于校内课堂，已经出现了多元化的创业教育组织形式，包括在线创业课程或项目、工作单位组织的创业培训、课外正式创业课程或项目、政府部门组织的创业教育培训等，身边的亲人、朋友、同学或同事对自我创业支持的观点可以通过以上多种组织形式的教育进行推进。因此，创业教育组织形式越多元化，主观规范越强。

4.2 高校创业教育对大学生创业技能的作用

大学生创业技能（entrepreneurial skill）的高低是衡量高校创业教育效果的重要方面。本部分重在挖掘"创业教育"和"创业警觉"在大学生创业技能形成过程中的作用关系和基本规律，为高校创业教育改进、推动大学生创业技能提升提供实证研究基础。

（1）理论分析与研究假设

第一，创业技能的内涵与主要维度。创业技能是在具体创业实践活动中思维外化所呈现的稳定部分，表述为"创业技能是指创业者创业的执行力，是将思想创意想象力转化为行动和可测量结果的能力"。[1]大学生创业技能的习得往往强调创业实践中的练习过程，可以概括为"大学生通过练习而形成的合乎法则的创业实践活动方式的总称"，以及"个体在已有创业知识和创业经验的基础上，通过教育、培训、练习、体验等途径形成，促进创业活动顺利实现的认知和操作活动的稳定方式"。[2]本研究将创业技能界定为，创业者在已有的创业知识和个体经验基础上，在具体创业实践中通过反复练习将思维外化而形成相对稳定的创业实践活动方式的总称。

科学合理的结构维度划分是创业技能概念操作化的必要过程。关于创业技能结构与主要维度的探索，较有代表性的研究结论包括：Kourilsky（1995）从商业创意、资源整合能力、机会识别与转化等角度分析创业技能；[3]De Noble 等（1999）通过实证研究，确定了人际关系管理、资源整合、机会识别、风险与不确定承受管理、产品开发、营造发展创新环境六个维度结构。[4]Rudmann（2008）则将创业技能划分为基础技能和高级技能两个层级，其中，基础技能包括专业技能和管理技能，高级技能则包含机会技能、战略技能、合作技能。[5]国内学者也分别从社会资源、创业管理、信息选择与应用等角度展开了较为系统深入的研究。创业技能的主要结构维度见表 4-21。

表 4-21 创业技能的主要结构维度

学者	年份	维度构成要素	维度层次
Kourilsky	1995	商业创意、资源整合能力、机会识别与转化	三维度
De Noble	1999	人际关系管理、资源整合、机会识别、风险与不确定承受管理、产品开发、营造发展创新环境	六维度

［1］巫蓉，徐剑，朱霞.大学生创业技能要素模型构建与培养路径［J］.科技创业月刊，2013（6）：13-16.

［2］徐小洲，叶映华.大学生创业成功技能的结构维度探索［J］.应用心理学，2012（2）：60-68.

［3］KOURILSKY M L. Entrepreneurship Education：opportunity in search of curriculum. Business Education Forum，1995：1-18.

［4］DE NOBLE A，JUNG D，EHRLICH S. Initiation of new ventures：The role of entrepreneurial Self-efficacy［R］. Paper presented at the Babson Research Conference. Bostomn MA：Babson College，1999.

［5］RUDMANN C. Entrepreneurial skills and their role in enhancing the relative independence of farmers［R］. Research Institute of Organic Agriculture FiBL，2008.

续表

学者	年份	维度构成要素	维度层次
Butler[1]	2006	营销技能、市场技能、财务技能、组织技能、决策技能、人力资源管理技能、专业技术和知识、客户服务技能	八维度
Rudmann	2008	基础技能：专业技能和管理技能；高级技能：机会技能、战略技能和合作技能	二维度
刘艳[2]	2010	市场调研技能、自我认知技能、市场开发技能、企业管理技能、风险应对技能、其他技能	六维度
梅伟慧[3]	2011	基础技能（隐形技能）：创造力、问题解决能力、决策力	二维度
		操作技能（显性技能）：机会技能、资源整合技能、创业管理技能、专业技能	七因素
彭杜宏[4]	2011	沟通与协调、整合社会资源与社会关系、人际交往、解决问题、团队合作等	五维度
叶映华	2012	自我技能：自我管理、职业规划、信息选择与应用	二维度
		管理与影响技能：企业管理与战略、客户管理和人际沟通	六因素
曾尔雷[5]	2013	功能性技能：专业技能、机会识别、战略规划、人力资源管理、风险管理、产品开发等	二维度
		行为性技能：创造能力、决策能力、问题解决能力、反思能力、社交能力、沟通能力等	多因素

基于以上分析，本部分采用 30 项创业技能作为大学生创业技能量表的测量项，并通过因子分析提取 7 项公因子用于大学生创业技能测量，分别是领导技能、创业热情激发技能、目标管理技能、自我否定技能、知识转化技能、宏观政策把握技能及倾听技能。以创业技能为实证研究的因变量，探索创业教育及创业警觉对大学生创业技能的作用关系。

第二，创业教育与创业技能。Conlin 和 Jack（2004）将创业教育界定为，培养学生具备创业行动所需的观察力、创业意识、创业思维和创业技能，并最终使受教者具有一定创业能力的教育。[6] 创业技能是在能力和知识的基础上，通过反复练习而形成的相对稳定的行动方式，因此创业教育及其知识传递是提升大学生创业技能的有效途径。欧盟委员会于 2008 年将创业教育的目标聚焦于提升大学生创业意识、技能、知识等方面。[7] 钟秉林（2010）提出，应强化创业教育要素与创业教育技能目标的匹配，包括创业课

[1] BUTLER D. Enterprise Planning and Development [M]. London：Routledge，2006：65–66.

[2] 同[1].

[3] 梅伟惠，徐小洲. 大学生创业技能要素模型研究[J]. 高等工程教育研究，2012（3）：57–61.

[4] 彭杜宏. 大学生创业核心技能构成的调查研究[J]. 黑龙江高教研究，2011（7）：142–144.

[5] 曾尔雷. 基于二维结构的大学生创业技能提升的创业教育策略[J]. 教育发展研究，2013（11）：63–68.

[6] JONES C，ENGLISH J. A contemporary approach to entrepreneurship education [J]. Education and Training，2004，46（8/9）：416–423.

[7] MAN T W Y，LAU T，CHAN K F. The competitiveness of small and medium enterprises：A conceptualization with focus on entrepreneurial competencies [J]. Journal of Business Venturing，2002，17（2）：123–142.

程、师资、活动等层面。[1]黄兆信、曾纪瑞等（2013）通过实证研究论证了创业教育对大学生的创业实践能力、岗位胜任力和岗位竞争力具有显著正向作用，为大学生的自主创业和岗位创业打下了基础。[2]曾尔雷（2013）以美国宾夕法尼亚州立大学创业辅修项目E-SHIP 为例，对高校创业教育提升大学生创业技能的经验进行探索，论证了创业教育活动（entrepreneurial activity）对大学生创业关键技能的积极作用，并进一步分析提出改革创业教育形式将显著影响大学生技能提升，相比传统教学方式，创业竞赛、案例教学、创业实践，能够充分激发创业知识到创业技能等的转化。[3]Küttim 等（2014）进一步论证了创业竞赛对于创业技能有显著提升效果。[4]我国学者依据目前高校创业教育实际，以创业教育主体和资源体系为切入点，提出创业教育操作化界定包含了创业课程、创业竞赛、创业孵化和创业政策 4 个维度。[5]

第三，创业警觉性在创业教育和创业技能之间的影响。本章的第一部分已论述了创业警觉是一种不进行搜寻就注意到此前一直被忽略的机会的能力，是机会型创业意向形成的重要前因变量，只有具备机警性的企业家才有可能较好识别机会，并利用机会获得商业利润。[6]国内外学者通过实证研究论证了创业警觉性与机会识别能力的正相关关系。魏喜武（2011）、张秀娥（2013）等通过大量测量，验证了创业警觉性对创业机会识别具有显著的正向影响。[7-8]近年来，创业警觉性的中介效应引起学界的研究兴趣，UY 等（2015）以新加坡大学生为研究对象，发现了创业警觉性在前瞻性人格和个体职业技能的关系中发挥部分中介效应。[9]Obschonka 等（2017）指出创业教育通过培养学生的领导力和创造性提升了其创业警觉性。[10]Indrawati 等（2015）研究认为创业警觉在环境复杂性和创业承诺之间发挥部分中介效应。[11]本研究力图挖掘创业警觉性在创业教育与创业技能形成中的作用关系，

［1］钟秉林 . 加快构建大学生创业技能提升支撑体系［J］. 教育与职业，2010（31）：16.

［2］黄兆信，曾纪瑞，曾尔雷 . 以岗位创业为导向的人才培养体系研究与实践——以温州大学为例［J］. 教育研究，2013（6）：144-149.

［3］曾尔雷 . 基于二维结构的大学生创业技能提升的创业教育策略［J］. 教育发展研究，2013（11）：63-68.

［4］KÜTTIM M，KALLASTE M，VENESAAR U，et al. Entrepreneurship Education at University Level and Students' Entrepreneurial Intentions［J］. Procedia Social & Behavioral Sciences，2014，110：658-668.

［5］木志荣 . 大学生创业教育和创业意向关系研究［M］. 北京：清华大学出版社，2016.

［6］KIRZNER I M. Perception，Opportunity，and Prof-it：Studies in the Theory of Entrepreneurship［M］. Chicago：The University of Chicago Press，1979.

［7］魏喜武，陈德棉 . 创业警觉性与创业机会的匹配研究［J］. 管理学报，2011（1）：133-136，158.

［8］张秀娥，王勃 . 创业警觉性、创造性思维与创业机会识别关系研究［J］. 社会科学战线，2013（1）：78-84.

［9］UY M A，CHAN K Y，SAM Y L，et al. Proactivity，adaptability and boundaryless career attitudes：The mediating role of entrepreneurial alertness［J］. Journal of vocational behavior，2015，86（1）：115-123.

［10］OBSCHONKA M，KAI H，LONKA K，et al. Entrepreneurship as a twenty-first century skill：entrepreneurial alertness and intention in the transition to adulthood［J］. Small Business Economics，2017，48（3），487-501.

［11］INDRAWATI N K，SALIM U，DJUMAHIR A H，et al. The mediating role of entrepreneurial alertness in relationship between environmental dimensions and entrepreneurial commitment：entrepreneurial self-efficacy as moderating variables［J］. International Journal of Entrepreneurship & Small Business，2015，26（4）：467-489.

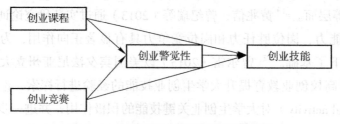

图 4-4 大学生创业技能影响关系模型

图 4-4 是本研究建立的大学生创业技能影响关系模型。

模型的理论假设为：①高校创业课程能够提升大学生的创业技能；②创业竞赛能够提高大学生的创业技能；③创业竞赛对大学生技能的提升效果优于创业课程；④创业警觉性在创业教育对创业技能的提升过程中发挥中介作用。

（2）数据与变量

第一，被试。被试采用随机抽样的方法，调查研究对象为华中农业大学本科大一（2016 级）到大四年级（2013 级），14 个学院的学生。共发放问卷 694 份，回收有效问卷679 份，有效回收率 97.8%。

第二，研究工具。本研究分别对创业教育、创业警觉性和创业技能进行测量。问卷均采用李克特五分量表，1 到 5 的得分代表被试的态度从"非常不同意"到"非常同意"。对于测量工具，创业教育采用木志荣（2016）编制的量表，共设置了 16 个题项，包括创业课程和创业竞赛两个维度；创业警觉性采用 Tang 等（2012）编制的量表，共有 13 个题项，分别测量被试的"扫描搜索警觉性""关联警觉性""评价与判断警觉性"三个维度；创业技能采用叶映华（2012）编制的量表，共 30 个题项，分别测量被试自我技能、管理与影响技能等。本文所有数据处理采用 SPSS 22.0 和 AMOS 22.0 软件分析完成。

（3）数据分析与结果

第一，探索性因子分析。首先，本研究对大学生创业教育、创业警觉性和创业技能进行探索性因子分析，结果如表 4-22 所示。

巴特利特球度检验和 KMO 检验结果显示，三个问卷的 Cronbach's α 依次为 0.913、0.902 和 0.960，说明数据具有良好的信度。KMO 值分别为 0.924、0.908 和 0.961，且其中

表 4-22 因子分析结果

变量	Cronbach's α	KMO	主成分	解释的总方差
创业教育	0.913	0.924	创业课程、创业竞赛	61.347%
创业警觉性	0.902	0.908	扫描搜索警觉性、关联警觉性、评价与判断警觉性	67.752%
创业技能	0.960	0.961	领导技能、创业热情激发技能、目标管理技能、自我否定技能、知识转化技能、宏观政策把握技能和倾听技能	61.388%

的巴特利特球度检验的统计值的显著性概率为 0.000 < 0.001，说明数据具有相关性，可以进行因子分析。探索性因子分析选取了载荷系数大于 0.5 作为各测项的分类标准，剔除载荷系数为负数、具有双重载荷及载荷系数小于 0.5 的题项。在创业教育 8 个题项中提取了创业课程和创业竞赛 2 个公因子。在创业警觉性 13 个题项中提取了扫描搜索警觉性、关联警觉性、评价与判断警觉性 3 个公因子。在创业技能的 30 个题项中提取了 7 个公因子，即领导技能、创业热情激发技能、目标管理技能、自我否定技能、知识转化技能、宏观政策把握技能和倾听技能。三个变量提取的公因子方差的累计贡献率均大于 60%，说明公因子的解释力较强。

第二，创业警觉性的中介作用。通过结构方程模型分别检验了自变量对因变量，以及加入中介变量后，自变量对因变量的拟合情况。结果如表 4-23 所示，加入创业警觉性作为中介变量之后，RMSEA 值由 0.094 变为 0.080，模型的拟合指数得到修正，拟合优度较好。中介效应分析结果表明，创业警觉性在创业课程和创业竞赛对创业技能的影响中存在中介作用。

表 4-23 模型拟合指数

模型	χ^2/df	RMSEA	NFI	CFI	AGFI
M1 无中介	7.05	0.094	0.906	0.918	0.842
M2	5.31	0.080	0.909	0.925	0.857

进一步检验创业课程和创业竞赛两个变量对中介变量的回归系数是否显著。如表 4-24 所示。

表 4-24 各因子负荷的参数估计值及 t 值

模型结构及指标	标准化路径系数	标准误差	t 值	P
创业警觉性 < − 创业课程	−0.095	0.099	−0.960	0.337
创业警觉性 < − 创业竞赛	0.329	0.108	3.035	0.002
创业技能 < − 创业警觉性	0.855	0.061	13.943	***

表 4-24 显示，创业课程 t 值 = −0.960 < 1.96，P 在置信区间 0.05 上不显著，创业竞赛 t 值 = 3.035 > 1.96，P 在置信区间 0.05 上显著。分析结果表明，创业竞赛对创业警觉性的影响有显著作用，创业课程对创业警觉性没有影响。

通过分析，本研究得出以下结论：①创业警觉性在高校创业课程和创业竞赛对创业技能的提升过程中发挥中介作用；②创业竞赛对创业警觉性的提升有显著性影响，进而提高创业技能；③创业课程对提高大学生创业技能提升作用不显著。

4.3 大学生创业心理的影响机制

创业心理学研究能够揭示隐藏在创业行为背后的过程与机理。1986 年，班杜拉的社会认知理论提出个体是受环境影响的产物，认知因素是刺激和反应的中介因素，决定了个体在面对不同环境刺激时的表现，从而影响其行为倾向。社会认知理论为创业教育研究和心理学的结合提供了新的视角，认知关键要素的研究备受关注，创业激情、创造力、风险倾向、认知灵活性及自我效能等，作为个体感知外部环境变化的要素，成为创业认知研究领域的重要问题。

4.3.1 风险倾向对大学生创业心理的影响

"高风险"和"高失败率"是创业者面临的普遍难题，然而，在面对相近的商业机遇时，部分创业者捞到了第一桶金，另一部分创业者虽满腔热血，却无疾而终。学者们试图借助心理学研究寻求这一问题的答案，认为由于个体在开放性、外倾性、前瞻性（proactivity）、情感（emotion）、激情（passion）和创造力等人格特质上的差异，导致了其创业过程及结果的差别，这些研究为个体创业过程及行为结果提供了重要证据。探索大学生创业心理的形成机制，特别是基于大学生个人特质、并结合创业认知理论研究前沿——"风险"及"不确定性"的大学生创业意向研究具有重要的理论意义和应用前景。本部分主要从创业激情、创造力和风险倾向等认知要素分析大学生创业心理状况。

（1）理论分析与研究假设

第一，创业激情与创业意向。创业激情（entrepreneurial passion）是个体参与创业活动产生的一种有意识的、强烈的积极情感，促进个体在创业活动中投入大量的时间和精力。[1] Cardon 等（2013）指出，创业激情是创业者的特有情感，能够提升个体自信及竞争力，[2] 是创业者克服新创企业障碍的要素。[3] 创业激情的核心特质是有助于创业者克服创业过程中面临的潜在资金、人力资源及社会资源等困难。[4] 创业意向（entrepreneurial intention）则反映出个体将企业创建作为职业选择的倾向性。[5] 学者们论证了在个体创业意向形成与发展过程中，创业激情将促进其不顾潜在的障碍，将目标聚焦于新企业的创

[1] CARDON M S, WINCENT J, SINGH J, et al. The nature and experience of entrepreneurial passion [J]. The Academy of Management Review, 2009, 34（3）: 511–532.

[2] CARDON M S, GREGOIRE D A, STEVENS C E, et al. Measuring entrepreneurial passion: Conceptual foundations and scale validation [J]. Journal of business venturing, 2013, 28（3）: 373–396.

[3] BAUM J R, LOCKE E A. The relationship of entrepreneurial traits, skill, and motivation to subsequent venture growth [J]. Journal of Applied Psychology, 2004, 89（4）: 587–598.

[4] 同[1].

[5] KRUEGERJR N F, REILLY M D, CARSRUD A L. Competing models of entrepreneurial intentions [J]. Journal of Business Venturing, 2000, 15（5）: 411–432.

建。[1]Biraglia 和 Kadile（2017）通过实证研究发现，具有创业激情体验的个体往往对创业实践持有强烈的积极态度，且特定情境下的创业激情将催生基于行为导向的创业意向，[2]且创业者能否管理好自己的创业激情成为其是否能走向创业成功的关键。[3]因此，我们提出如下假设：

假设 1：大学生创业激情与创业意向呈正相关。

第二，创造力与创业意向。Hunter（2007）提出创造力是创业认知的重要组成部分，是产出无论短期还是长期都具有创新性和适用性观点的能力，创造力既是个体与环境互动的结果，也是创新的源泉。[4]创造力能够通过个体对以往成功的体验而得到强化，并且能够通过观察相同情境下他人的成功而习得。[5]Amabile（1996）研究发现，成功解决问题可以提升个体对自身创造力的感知，这将促进其接受更具挑战的任务。McMullan 和Kenworthy（2008）提出，将特定情境、挑战性任务及观察学习相联系，能够产生创新性的观点，而这些观点能够体现创造力的本质并催生出新的企业。[6]由于创造力和机会识别等创业活动的基本要素紧密相关，故而对于创业意向和行为产生重要影响（Hansen、Shrader和 Monllor，2011）。[7]Feldman 和 Bolino（2000）[8]通过实证研究表明，创造力与自我雇佣动力相关，自身创造力评价较高的个体体现出更加强烈的创业职业选择倾向。Zampetakis 等（2011）[9]进一步论证了不同的创造力类型对于个体创业意向的影响程度不同。进一步研究发现创造力与创业意向之间产生的作用关系是间接的，会受到第三个变量的调节影响。[10]著名创业研究专家 Sternberg（1999）、Smith（2016）等更是直截了当地指出，创业活动的实质就是创新的结果，成功的商业活动需要具有原创性和适用性的观点，因此创造力对创业意向具有积极作用。[11-12]基于以上分析，可以提出如下假设：

---

［1］BIRAGLIA A，KADILE V. The Role of Entrepreneurial Passion and Creativity in Developing Entrepreneurial Intentions：Insights from American Homebrewers ［J］. Journal of Small Business Management，2017，55（1）：170–188.

［2］同［1］.

［3］谢雅萍，陈小燕，叶丹容. 创业激情有助于创业成功吗［J］. 管理评论，2016，28（11）：170–181.

［4］HUNTER S T B. Climate for Creativity：A Quantitative Review ［J］. Creativity Research Journal，2007，19：69–90.

［5］同［1］.

［6］MCMULLAN W E，KENWORTHY T P. Creativity and Entrepreneurial Performance ［M］. Springer Cham，2015.

［7］HANSEN D J，SHRADER R，MONITOR J. Defragmenting definitions of entrepreneurial opportunity ［J］. Journal of Small Business Management，2011，49（2）：283–304.

［8］FELDMAN D C，BOLINO M C. Career patterns of the self-employed：career motivations and career outcomes ［J］. Journal of Small Business Management，2000，38（3）：53–67.

［9］Zampetakis L A，Gotsi M，Andriopoulos C，et al. Creativity and entrepreneurial intention in young people ［J］. International Journal of Entrepreneurship & Innovation，2011，12（3）：189–199.

［10］同［1］.

［11］STERNBERG R J，LUBART T I. The concept of creativity：prospects and paradigms ［J］. Handbook of Creativity，2006：3–15.

［12］SMITH R M，SARDESHMUKH S R，COMBS G M. Understanding gender，creativity，and entrepreneurial intentions ［J］. Education Training，2016，58（3）：263–282.

假设 2：大学生创造力与创业意向呈正相关。

第三，风险倾向的调节作用。风险及不确定性是创业者面临的普遍难题，风险倾向（risk preference）是指个体在特定决策情境下，主动承担或避免风险的心理特征，较高的风险倾向能够赋予个体内在刺激，增强其对创业活动的强烈愿望，从而促使创业行为的产生。[1] Raab 等（2005）曾经提出风险倾向是创业者行为的基本构成，是作用于创业意向的个体特质要素，反映个体面对环境挑战时的决策，影响着创业的具体过程。[2]

前期研究表明，风险倾向对个体创业激情和创造力产生影响。Gis 和 Mitchell（1992）提出风险倾向主要通过影响创业者的自我效能，进而影响创业过程。[3] Sitkin 和 Weingart（1995）进一步论证了具有较高风险倾向的创业者在创业过程中表现出更为强烈的创业激情，并勇于接受挑战，对技能发展和职业发展充满渴望。[4] Gu（2018）提出，高风险倾向个体在不确定环境中易于获得正向激励，对创业意向产生积极影响。[5] 比较而言，低风险倾向者更趋向于"求稳"，即使面对良好的创业环境，也缺乏创业行为动力，宁愿安于现状做出谨慎的决定。学者们论证了高风险倾向增强了创造力与创业意向之间的作用关系。Zhou 等（2012）提出，由于高风险倾向的个体改变现状的愿望较为强烈，倾向于采用更具有创新性的想法或方式来解决问题或实施创业活动，有利于激发个体创造力，提高创业成功的可能性。而低风险倾向的个体，更愿意稳中求进，会采用传统、常规且不容易出错的方法或途径解决问题，抑制了个体思维的创新性和创造力的发展，也不利于个体进行创业活动，从而减弱了个体的创业意向。基于以上分析，可以提出如下假设：

假设 3a：风险倾向对创业激情和创业意向的关系具有正向调节作用。风险倾向越高，创业激情对创业意向的正向影响越强。

假设 3b：风险倾向对创造力和创业意向的关系具有正向调节作用。风险倾向越高，创造力对创业意向的正向影响越强。

根据以上理论分析及研究假设，图 4-5 显示了基于风险倾向调节效应的大学生创业意向影响关系模型。

（2）数据与变量

第一，数据收集。本研究采用纸质问卷和电子问卷两种方式展开调查和数据收集。问卷发放范围包括武汉、北京、长沙、杭州等地区，调研对象涉及 20 所高校的在校大学生。

[1] MULLINS J W, FORLANI D. Missing the boat or sinking the boat: a study of new venture decision making [J].journal of business venturing, 2005, 20（1）: 47-69.

[2] RAAB G, STEDHAM Y, NEUNER M. Entrepreneurial potential: an exploratory study of business students in the US and Germany [J]. Journal of Business & Management, 2005, 11: 71-88.

[3] GIST M E, MITCHELL T B. Self-efficacy: a theoretical analysis of its determinants and malleability [J]. Academy of Management Review, 1992, 17（2）: 183-211.

[4] SITKIN S B, WEINGART L R. Determinants of Risky Decision-Making Behavior: A Test of the Mediating Role of Risk Perceptions and Propensity [J]. Academy of Management Journal, 1995, 38（6）: 1573-1592.

[5] Gu J, Hu L. Risk propensity, self-regulation, and entrepreneurial intention: empirical evidence from China [J]. Current Psychology, 2018, 37（3）: 648-660.

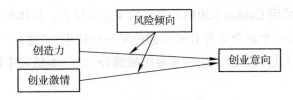

图 4-5 大学生创业意向影响关系模型

问卷收集主要通过现场回收和网络平台回收两种渠道，总计发放问卷 835 份，回收有效问卷 784 份，有效回收率为 94%。其中，纸质问卷 627 份（占 80%），电子问卷 157 份（占 20%）。样本的具体情况见表 4-25。

表 4-25 样本基本情况

样本特征		频数	比例 /%	样本特征		频数	比例 /%
性别	男	462	58.9	年级	大学一年级	375	47.9
	女	322	41.1		大学二年级	269	34.3
是否参加过创业课程或培训	是	100	12.8		大学三年级	51	6.5
	否	684	87.2		大学四年级	58	7.4
父母及亲属是否有创业经历	是	299	38.1		硕士研究生	26	3.3
	否	485	61.9		博士研究生	5	0.6

注：样本量为 784。

第二，变量及其信度和效度检验。问卷结构由基本信息、风险倾向量表、创业激情量表、创造力量表和创业意向量表 5 个部分构成。为确保测量工具的信度及效度，研究主要依据国外创业认知研究权威量表，同时根据本研究的目的加以适当修改作为收集实证资料的工具。[1] 其中，量表测量均采用李克特 5 点计分法，从 1 至 5 分别表示"非常不同意、不同意、不确定、同意、非常同意"。

其一，风险倾向采用 Gu 和 Hu 等（2017）编制的 5 题项量表，用于测量个体对承担风险的基本态度。具体包括"我会依据值得信赖的他人评价，选择更具风险的路径""如果我有决策权，我会基于复杂技术的分析结果，采取更具风险的选择""如果我有决策权，我会选择对组织战略方向产生重要影响且更具风险的路径""我会推动实施一项有潜在可能得出不同结果的企业战略行动"和"我会支持一项决定，即便我知道相关决策是在部分信息缺失的情况下完成的"。本研究中该量表的内部一致性系数为 0.866。

---

[1] 胡玲玉，吴剑琳，古继宝 . 创业环境和创业自我效能对个体创业意向的影响 [J] . 管理学报，2014，11（10）：1484–1490.

其二，创业激情采用 Cardon（2013）等编制 4 题项量表，具体包括"拥有一家公司将对我充满激励""培育一个新企业并有成功起色是一种快乐""建立一家新公司令人兴奋"和"成为企业的创始人是我理想人生的重要组成部分"。[1]本研究中该量表的内部一致性系数为 0.892。

其三，创造力采用 George 和 Zhou（2001）编制的 8 题项量表，分别为"我能够抓住机会在完成任务过程中体现创造力""我会制订恰当的计划及时间安排用于实施新想法""遇到问题我能够提出创造性的解决方案""我能够不断产生创新性想法""我会建议采取新的途径达到目标""我会提出新的且务实的想法来提高绩效""我会建议采用新方法来提高任务的完成质量"和"我会建议采用新方法执行任务"。[2]本研究中该量表的内部一致性系数为 0.922。

其四，创业意向主要依据 Krueger、Reilly 和 Carrud（2000）编制的 9 题项量表进行修订，删除在中文语境下赘述的 3 个题项，最终形成 6 个有效测项，分别为"我已经准备好自主创业""我决定在不久的将来建立属于自己的事业""成为创业家是我的职业目标之一""我已有坚定的创业意图""我很认真地思考将来创业这件事情"和"我决定在不久的将来开创自己的事业"。[3]本研究中该量表的内部一致性系数为 0.915。

表 4-26　各量表的信度效度检验结果

变量	Cronbach's α	KMO	Sig.（Bartlett 的球形度检验）
风险倾向	0.866	0.852	0.000
创业激情	0.892	0.838	0.000
创造力	0.922	0.928	0.000
创业意向	0.915	0.871	0.000

表 4-26 显示出核心变量的 Cronbach's α 值均在 0.8 以上，表明本研究变量的测量具有较好的信度；各量表的 KMO 测量系数值均在 0.8 以上，且相应 Bartlett 球形度检验的 P 值小于 0.01，显示出研究变量具有良好的效度。此外，由于大学生的创业意向存在性别差异，且创业意向会受到父母及亲属是否有创业经历、是否接受过创业课程及培训的影响。[4]据此，本研究将被试的性别、父母及亲属的创业经历及接受创业课程及培训作为控

[1] CARDON M S, GREGOIRE D A, STEVENS C E, et al. Measuring entrepreneurial passion：Conceptual foundations and scale validation [J]. Journal of business venturing, 2013, 28（3）：373-396.

[2] GEORGE J M, ZHOU J. When openness to experience and conscientiousness are related to creative behavior：An interactional approach [J]. Journal of Applied Psychology, 2001, 86（3）：513-524.

[3] KRUEGERJR N F, REILLY M D, CARSRUD A L. Competing models of entrepreneurial intentions [J]. Journal of Business Venturing, 2000, 15（5）：411-432.

[4] TARIQ A. Antecedents of entrepreneurial intentions and entrepreneurial behaviour：The role of entrepreneurial education and contextual factors [D]. Kuala Lumpur：Universiti Malaya, 2015.

制变量。

（3）数据分析与结果

为验证前文提出的假设，本文运用 SPSS22.0 数据分析软件，对测量变量进行相关性分析并通过逐步进入法对数据进行层级回归分析，并制作调节效应图对结果进行补充论证。

第一，相关性分析。表 4-27 显示了本研究核心变量的均值、标准差，以及 Pearson 相关系数等指标。其中，创业激情的均值为 3.327，标准差为 0.841；创造力的均值为 3.48，标准差为 0.651，表明大学生的创造力的平均水平高于创业激情。同时，创业激情与创业意向（$r = 0.539$，$P < 0.01$）显著正相关，创造力与创业意向（$r = 0.349$，$P < 0.01$）显著正相关。风险倾向与创业激情、创造力及创业意向均显著正相关。需要指出的是，调节效应检验过程中，调节变量与自变量及因变量的相关性结果不影响调节效应分析。

表 4-27　主要研究变量描述性统计结果及相关系数矩阵

变量	均值（M）	标准差（SD）	1	2	3	4	5	6	7	8
1 性别	0.590	0.492								
2 年龄	19.850	1.705	−0.123**							
3 创业课程及培训	0.130	0.334	−0.062	0.141**						
4 父母及亲属创业经历	0.380	0.486	−0.028	0.027	0.07					
5 生源地	0.400	0.489	−0.120**	0.205**	0.066	−0.109**				
6 风险倾向	3.195	0.719	−0.133**	0.051	0.049	0.097**	0.034			
7 创业激情	3.327	0.841	−0.038*	0.051	0.039	0.063	0.129**	0.482**		
8 创造力	3.480	0.651	−0.013	−0.045	0.028	0.054	−0.018	0.403**	0.402**	
9 创业意向	2.735	0.775	−0.138**	0.038	0.07	0.099**	0.117**	0.395**	0.539**	0.349**

*. 在 .05 水平（双侧）上显著相关；**. 在 .01 水平（双侧）上显著相关。

第二，调节效应检验。James（1984）等将影响自变量与因变量之间关系的变量定义为调节变量，而调节效应正是指调节变量对自变量与因变量之间关系的作用，[1] 具体表现为，当自变量对因变量具有显著预测作用时，调节变量会对两者的关系产生正向或反向影响。[2] 因此，本部分将在确定创业激情和创造力对创业意向预测作用的基础上，进一步检

[1] JAMES L R，BRETT J M. Mediators，moderators，and tests for mediation［J］. Journal of Applied Psychology，1984，69（2）：307-321.

[2] 孟新，胡汉辉. 大学生创业自我效能感与创业意愿关系中的调节效应分析——以江苏高校的实证统计为例［J］. 教育发展研究，2015（11）：79-84.

验风险倾向的调节效应。采用陈晓萍、徐淑英等学者归纳整理的方法，将自变量和调节变量做中心化处理，建立交互项，做层次回归分析。[1]处理过程中，为了避免受多重共线性的影响，交互项为中心化后的变量乘积。具体通过将自变量创业激情、创造力和调节变量风险倾向进行中心化处理，建立创业激情与风险倾向的交互项及创造力与风险倾向的交互项。根据 Baron（1986）等[2]提出的研究路径，采用层级回归分析方法对研究假设进行验证：①将性别、是否参加过创业课程及培训、父母及亲属是否有创业经历等控制变量带入回归模型，建立模型 1。②将创业激情和创造力带入回归模型，建立模型 2。③带入风险倾向，建立模型 3。④带入风险倾向与创业激情的交互项，建立模型 4。⑤带入风险倾向与创力的交互项，建立模型 5。由表 4–28 中模型 2 数据可知，R^2 的值为 0.324，表明加入创业激情和创造力后的自变量对创业意向的解释力度达到 32.4%，创业激情对创业意向具有显著正向影响（模型 2，$\beta = 0.427$，$P < 0.01$），假设 1 得到验证；创造力对创业意向有显著正向影响（模型 2，$\beta = 0.189$，$P < 0.01$），假设 2 得到验证。

风险倾向调节效应的分析结果如表 4–28 所示。表 4–28 中，模型 4 的数据显示 R^2 值为 0.333，ΔR^2 的变化不显著，表明引入风险倾向和创业激情的交互项对创业意向没有显著影响，即风险倾向对创业激情和创业意向的关系的调节作用不显著，假设 3a 未得到验证；由模型 5 中的数据可知，R^2 的值为 0.337，ΔR^2 的值为 0.013 且变化显著，表明加入风险倾向与创造力的交互项后，自变量对创业意向的解释力度达到 33.7%，同时，F 统计量的值为 79.265，且在 0.01 水平上显著，表明模型 5 代表的回归模型具有较强的解释力、构建合理。模型 5 同时反应了风险倾向的作用方向，风险倾向和创造力的交互项对创业意向有显著正向影响（模型 5，$\beta = 0.075$，$P < 0.05$），即风险倾向对创造力与创业意向之间的关系具有显著正向调节作用，假设 3b 得到验证。

表 4–28 层级回归模型

变量	（因变量：创业意向）				
	模型 1	模型 2	模型 3	模型 4	模型 5
性别	-0.192^{**}	-0.152^{**}	-0.134^{**}	-0.134^{**}	-0.124^{*}
年龄	-0.003	0.009	0.006	0.006	-0.008
创业课程及培训	0.048	0.038	0.039	0.039	0.029
父母及亲属创业经历	0.173^{**}	0.094^{*}	0.052	0.052	0.107^{*}
生源地	0.181^{**}	0.058	0.053	0.053	0.168^{**}
创业激情		0.427^{**}	0.385^{**}	0.385^{**}	0.382^{**}
创造力		0.189^{**}	0.152^{**}	0.152^{**}	0.171^{**}

[1] 温忠麟，侯杰泰，张雷. 调节效应与中介效应的比较和应用 [J]. 心理学报，2005（2）：268–274.

[2] BARON R M, KENNY D A. The moderator-mediator variable distinction in social psychological research: conceptual, strategic, and statistical considerations [J]. Journal of personality and social psychology, 1986, 51（6）: 1173.

变量	（因变量：创业意向）				
	模型1	模型2	模型3	模型4	模型5
风险倾向			0.141**	0.141**	0.144**
创业激情 × 风险倾向				0.023	
创造力 × 风险倾向					0.075*
R^2		0.041	0.324	0.333	0.333	0.337
ΔR^2		0.041	0.273**	0.009*	0	0.005*
F		11.114**	93.396**	97.117**	97.117**	79.265**

注：① ** 表示 $P < 0.01$，* 表示 $P < 0.1$。② 样本量为784。

为进一步直观揭示风险倾向在创造力与创业意向关系中的正向调节作用，采取 Cohen（2003）等[1]提出的研究方法，分别以高于均值一个标准差和低于均值一个标准差为基准描绘了对于不同风险倾向的个体，创造力与创业意向关系的差别。图4-6显示出，在排除误差影响的基础上，风险倾向越高，创造力与创业意向之间关系的回归线斜率明显增加，这说明风险倾向高的个体，其创造力与创业意向的正相关更加显著。

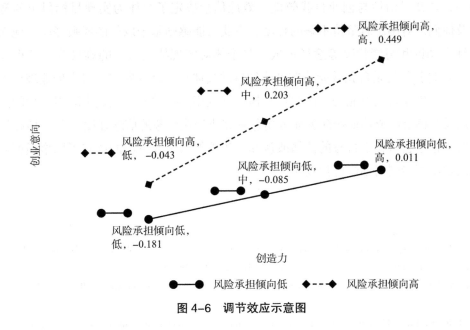

图4-6 调节效应示意图

第三，基本结论。本研究基于对我国20所高校784个有效样本的问卷调查，通过层级回归分析方法检验了创业激情、创造力与创业意向之间的影响关系，论证了风险倾向在创业激情、创造力与创业意向作用关系中的调节效应。研究结果表明：大学生创业激情和

[1] COHEN J，COHEN P，WEST S G，et al. Applied Multiple Regression/Correlation Analysis for the Behavioral Sciences [M].
New York：Psychology Press，1983.

创造力对创业意向具有显著的正向影响；风险倾向在创造力和创业意向的关系机制中发挥调节效应。

4.3.2 认知灵活性对大学生创业心理的影响

前期研究表明，个体在元认知知识（metacognitive knowledge）、认知灵活性（cognitive flexibility）和认知风格（cognitive style）等方面的差异，使其在面对不确定情境时采取差别化行为，导致了创业结果的差异。[1]其中，认知灵活性被定义为个体从一种认知活动转化到另一种认知活动过程中，不仅拥有备选方案，且对未来的不确定性充满信心。[2]认知灵活性是重要的认知控制要素，能够为创业过程中难以观察的行为提供重要的见解，对个体的心理与行为产生影响，在学科教学和心理研究中得到广泛应用。[3]然而，目前将认知灵活性与大学生创业心理相结合，探索大学生创业心理形成机制的研究还比较有限。本研究依据班杜拉的社会认知理论，探索个体关键性创业认知要素——创业自我效能和创业警觉性在认知灵活性和创业意向之间的影响机制，从而深化创业教育及创业心理理论，促进高校依据大学生创业认知发展规律改进创业教学过程，为高校创业教育改进和质量提升作出贡献。

（1）理论分析与研究假设

第一，认知灵活性与创业自我效能。效能信念决定了个体为实现目标付出的努力程度，以及他们面对困难时坚持不懈的程度，自我效能感则基于以往的成败经验、他人示范效应、社会劝说和情绪状况等途径形成，是个体对实现特定目标的难易及确信程度的判断。[4]创业自我效能是自我效能感在创业领域的具体化，已发展成为研究创业理论中的重要概念之一。创业自我效能是个体对自身执行创业相关事项或在创业中取得成功的能力的判断，以及个体能够成功地扮演创业者角色并完成创业任务的信念强度。[5]个体在评估自己能力时，常常会依赖于自身的情绪或认知，积极的情绪或灵活的认知可以增强创业自我效能，反之则可能削弱创业自我效能。[6]

————————

［1］URBAN B. A metacognitive approach to explaining entrepreneurial intentions［J］. Management Dynamics: Journal of the Southern African Institute for Management Scientists, 2012, 21（2）: 16-33.

［2］MARTIN M M, RUBIN R B. A new measure of cognitive flexibility［J］. Psychological Reports, 1995, 76（2）: 623-626.

［3］DHEER R J S, LENARTOWICZ T. Cognitive flexibility: Impact on entrepreneurial intentions［J］. Journal of Vocational Behavior, 2019, 115: 103339.

［4］BANDURA A. Social cognitive theory: an agentic perspective［J］. Asian Journal of Social Psychology, 1999, 2（1）: 21-41.

［5］MCGEE J E, PETERSON M, MUELLER S L, et al. Entrepreneurial self-efficacy: refining the measure［J］. Entrepreneurship theory and Practice, 2009, 33（4）: 965-988.

［6］CHEN C C, GREENE P G, CRICK A. Does entrepreneurial self-efficacy distinguish entrepreneurs from managers［J］. Journal of Business Venturing, 1998, 13（4）: 295-316.

认知灵活性是效能信念的先决条件，具有选择性和可控性两大特征。[1]具备认知灵活性的个体在面对挑战性目标时，仍会选择全力以赴，坚信自身有足够能力实现目标，缺乏认知灵活性的个体难以被目标吸引。[2]认知灵活性与个人成就感之间存在正相关关系，个体克服的任务越具挑战性和创新性，个体成就感越高。具备认知灵活性的个体在掌握相应基础知识后，有利于发挥创业者的特质优势，从容应对创业过程中的不确定性因素，[3]不断适应知识和信息的多元化，提升创业自我效能。此外，认知灵活性还有助于改善焦虑等消极情绪，帮助个体树立信心，这种信心能够提升个体的积极情绪，增强创业自我效能。[4]在此基础上，本研究假设认知灵活性对创业自我效能有显著的正向预测作用（H1）。

第二，认知灵活性和创业自我效能、创业警觉性的关系。机会识别和机会开发是创业能力的核心要素，创业常常始于挖掘出被他人忽略的商机，这种对机会的警觉，是创业获得成功的基本前提。奥地利经济学家Kirzner将警觉性定义为个体能够识别到一些被他人忽视的机会的能力。[5]创业警觉性是个体机会识别能力的预测变量，表现在个人是否能够捕捉到变化的市场信息，发现潜在的市场机会，[6]并判断这些信息是否可以带来新的创业机会。创业警觉性的结构包括三个主要维度，分别是扫描搜索警觉性（scanning and search）、关联警觉性（association and connection）和评价与判断警觉性（evaluation and judgment），[7]三者能够较为科学地反映出个体创业警觉性的水平。

认知灵活性能够帮助创业者提升对于商业信息的感知敏锐性，捕捉到优质的创业机会；认知灵活性较高的个体擅长整合各类信息，克服思维定式并在看似无关的信息之间建立联系，对于信息的反应和警觉性较高。[8]前期研究反映出，认知灵活性影响个体的创业自我效能，较高的自我效能有助于提升个体对机会的警觉与辨识；反之，当创业环境发生积极变化时，创业自我效能较低的个体很难识别创业机会。[9]因此，创业自我效能影响着

［1］王湃，刘爱书.童年期心理虐待对抑郁的影响：认知灵活性的中介作用［J］.中国特殊教育，2017（3）：84-90，96.

［2］BANDURA A，EDWIN A L. Negative self-efficacy and goal effects revisited［J］. Journal of Applied Psychology，2003，88（1）：87-99.

［3］MARTIN M M，ANDERSON C M. The cognitive flexibility scale：Three validity studies［J］. Communication Reports，1998，11（1）：1-9.

［4］ANACKER C，HEN R. Adult hippocampal neurogenesis and cognitive flexibility——linking memory and mood［J］. Nature Reviews Neuroscience，2017，18（6）：335.

［5］KIRZNER I M. Competition and entrepreneurship［M］. Chicago：University of Chicago press，2015.

［6］GAGLIO C M，KATZ J A. The psychological basis of opportunity identification：Entrepreneurial alertness［J］. Small business economics，2001，16（2）：95-111.

［7］TANG J，KACMAR K M，BUSENITZ L. Entrepreneurial alertness in the pursuit of new opportunities［J］. Journal of Business Venturing，2012，27（1）：77-94.

［8］FOO M D，UY M A，MURNIEKS C. Beyond affective valence：Untangling valence and activation influences on opportunity identification［J］. Entrepreneurship theory and practice，2015，39（2）：407-431.

［9］孟新，胡汉辉.大学生创业自我效能感与创业意愿关系中的调节效应分析——以江苏高校的实证统计为例［J］.教育发展研究，2015，35（11）：79-84.

个体的思维方式和行为选择，较高的创业自我效能有利于保持较高的注意力，并提高解决问题的水平。通常，个体创业自我效能越高，对外界的反应和判断越快，越容易感知新信息的产生，进而提高创业的警觉性。因此，创业自我效能感较高的个体能够敏捷提取积极信息，从而提升创业警觉性。[1]据此，本研究提出假设，创业自我效能在认知灵活性和创业警觉性中发挥中介效应（H2）。

第三，认知灵活性、创业自我效能、创业警觉性和创业意向的关系。创业意向是引导个体追求创业目标，并投入精力和资源的一种心理状态，也是有意识地采取创业行动的自我承诺。[2]创业意向是预测创业活动的显性、唯一、最优的预测变量。实证研究表明，创业警觉性能够有效预测大学生创业意向，且机会识别能力将强化这一作用路径。[3]创业警觉性不仅能够预测个体的机会识别，同时改善个人的判断力和机会识别能力，进而作用于创业意向的产生及强度。

学者们从创业警觉性入手，探索了创业自我效能与创业意向之间的关系机制，认为提升大学生主动搜索和判断信息的能力，有利于增强大学生的创业意向。[4]与此同时，创业自我效能与创业警觉性紧密相关，具有较高创业自我效能的个体往往表现出较强的毅力，当创业者在执行新角色和新任务时，创业警觉性得到进一步提升，进而增强创业者对新创企业的信心。[5]大学生在创业学习过程中进行了相关知识和经验的积累，且知识的集聚效应通过创业警觉性的中介作用正向作用于其机会识别能力。[6]因此，个体的创业自我效能借助创业警觉性正向作用于创业意向。

研究表明，认知灵活性无法作为区别创业者和非创业者的标准，班杜拉提出的"认知产生动机"（cognitively generated motivation）认为，只有当潜在创业者预测到未来事件可能成功，自身有足够效能信念，才能促使个体从事创业活动，成为潜在创业者。[7]然而，认知灵活性较高的个体倾向于采用主动性控制策略，在遭遇困局之时，借助较高的自我效能和对机会的敏锐性，采取引导性和激励性策略组织开展创业活动，并积极探索新的创业模

［1］顾远东，彭纪生.创新自我效能感对员工创新行为的影响机制研究［J］.科研管理，2011，32（9）：63-73.

［2］KARIMI S，BIEMANS H J A，LANS T，et al. The impact of entrepreneurship education：a study of Iranian students' entrepreneurial intentions and opportunity identification［J］. Journal of Small Business Management，2016，54（1）：187-209.

［3］HU R，YE Y. Do entrepreneurial alertness and self-efficacy predict Chinese sports major students' entrepreneurial intention［J］. Social Behavior and Personality：an international journal，2017，45（7）：1187-1196.

［4］胡瑞，王伊凡，张军伟.创业教育组织方式对大学生创业意向的作用机理———一个有中介的调节效应［J］.教育发展研究，2018，38（11）：73-79.

［5］TANG J. Environmental munificence for entrepreneurs：entrepreneurial alertness and commitment［J］. International Journal of Entrepreneurial Behavior & Research，2008，14（3）：128-151.

［6］郭红东，周惠珺.先前经验、创业警觉与农民创业机会识别———一个中介效应模型及其启示［J］.浙江大学学报（人文社会科学版），2013，43（4）：17-27.

［7］BANDURA A. Regulation of cognitive processes through perceived self-efficacy［J］. Developmental Psychology，1989，25（5）：729-735.

式及思路，成为成功创业者。[1]因此本研究提出假设：**认知灵活性与创业意向呈显著正相关（H3），认知灵活性通过创业自我效能和创业警觉性的作用对创业意向产生影响（H4）。**

　　根据以上理论分析和研究假设，本研究提出链式中介效应模型（图4-7）。通过假设检验和模型验证，探索认知灵活性对大学生创业意向影响的路径，并挖掘创业自我效能和创业警觉性在认知灵活性和创业意向的链式中介效应。

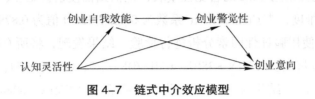

图4-7　链式中介效应模型

（2）数据与变量

第一，数据获取与样本。本研究采用纸质问卷和电子问卷两种方式展开调查和数据收集。问卷发放范围包括武汉、广州、西安、杭州等地区，调研对象涉及20多所高校的在校大学生，被试的生源地覆盖了全国32个省份，年龄主要分布在17～26岁之间。问卷收集主要通过现场回收和网络平台回收两种渠道。共发放问卷1 000份，回收975份，剔除无效问卷31份，有效问卷943份，有效回收率为94.4%。其中纸质问卷632份（占67%），电子问卷311份（占33%）。样本的具体情况见表4-29。

表4-29　样本基本情况

样本特征		频数	比例	样本特征		频数	比例
性别	男	367	39%	年级	大学一年级	193	20.5%
	女	576	61%		大学二年级	199	21.1%
生源地	城市	562	60%		大学三年级	323	34.3%
	农村	381	40%		大学四年级	136	14.4%
父母及亲属创业经历	是	413	44%		硕士研究生	86	9.1%
	否	530	56%		博士研究生	6	0.6%

注：样本量为943。

第二，变量测量。围绕理论研究及模型假设，研究过程中调查的核心变量包括认知灵活性、创业自我效能、创业警觉性和创业意向。测量工具均采用李克特5分量表，从"非常不同意""不同意""不确定""同意"到"非常同意"，依次给予1到5分的评定。测量工具的来源及核心变量的信度与效度如下：创业意向采用Liñán编制的含有6个题项的创

---

[1] DHEER R J S, LENARTOWICZ T. Cognitive flexibility: Impact on entrepreneurial intentions [J]. Journal of Vocational Behavior, 2019, 115: 103339.

业意向量表，包含创业意向一个维度，[1]Cronbach's α 系数为 0.932，KMO 值为 0.912。认知灵活性采用 Martin 编制的含有 12 个题项的认知灵活性量表，包括"意识"（awareness）、"意愿"（willingness）和"灵活的自我效能"（self-efficacy in being flexible）三个维度，[2]本研究中该量表的 Cronbach's α 系数为 0.777，KMO 值为 0.845。创业自我效能采用 Zhao 的创业自我效能量表，[3]包括创业自我效能一个维度，Cronbach's α 系数为 0.875，KMO 值为 0.724。创业警觉性采用 Tang 的警觉性量表，包括扫描搜索警觉性、关联警觉性、评价与判断警觉性三个维度，[4]Cronbach's α 系数为 0.883，KMO 值为 0.879。为了进一步检验测量变量的效度，使用验证性因素分析进行检验。结果发现，将所有题项按理论定义置于 4 个因子中测算拟合度（CMIN = 3802，CMIN/DF = 7.3，GFI = 0.774，CFI = 0.798，IFI = 0.799，RMSEA = 0.08），结果优于一个公共因子拟合度（CMIN = 8284，CMIN/DF = 15.7，GFI = 0.495，CFI = 0.523，IFI = 0.524，RMSEA = 0.125）。以上结果表明研究涉及的核心变量具有较好的信度和效度。研究采用 SPSS 22.0 和 AMOS 22.0 对数据进行统计分析及模型检验。

第三，共同方法偏差检验。此次调研数据均来自被试的自我报告，为避免共同方法偏差，本研究在程序上进行了控制：一是向被试解释问卷的匿名性、保密性及使用去向，且对部分题项使用反向表述。二是采用 Harman 单因子检验进行分析，对变量的测量题项进行未旋转的主成分分析，结果显示总共有 25 个因子的特征值大于 1，并且第一个因子解释的变异量为 29.8%（小于 40%），表明研究不存在明显的共同方法偏差。

（3）数据分析与结果

第一，描述性统计及相关性分析。表 4-30 显示了认知灵活性、创业自我效能、创业警觉性和创业意向的平均数、标准差和相关系数。数据显示，研究涉及的 4 个核心变量之间均存在显著的相关性，认知灵活性与创业自我效能、创业警觉性和创业意向的相关系数分别为 0.365，0.560 和 0.278，创业自我效能与效应警觉性和创业意向的相关系数分别为 0.514 和 0.670，创业警觉性和创业意向的相关系数为 0.415。

第二，关系模型及链式中介效应检验。首先检验认知灵活性和创业自我效能对创业意向的影响。通过回归分析发现，在控制父母及亲属创业经历时，认知灵活性对创业意向有显著的正向影响（$\Delta R^2 = 0.077$，$P < 0.001$；$F = 79$，$P < 0.001$；$\beta = 0.278$，$P < 0.001$），假设 3 得到验证；创业自我效能对创业意向有显著的正向影响（$\Delta R^2 = 0.449$，$P < 0.001$；$F = 766$，$P < 0.001$；$\beta = 0.67$，$P < 0.001$）。以创业自我效能为因变量进行回归分析，结

［1］LIÑÁN F，CHEN Y-W. Development and Cross-Cultural Application of a Specific Instrument to Measure Entrepreneurial Intentions［J］. Entrepreneurship Theory & Practice，2010，33（3）：593-617.

［2］MARTIN M M，RUBIN R B. A new measure of cognitive flexibility［J］. Psychological Reports，1995，76（2）：623-626.

［3］ZHAO H，SEIBERT S E，HILLS G E. The mediating role of self-efficacy in the development of entrepreneurial intentions［J］. Journal of Applied Psychology，2005，90（6）：1265-1272.

［4］TANG J，KACMAR K M，BUSENITZ L. Entrepreneurial alertness in the pursuit of new opportunities［J］. Journal of Business Venturing，2012，27（1）：77-94.

表 4-30 变量的描述统计及相关分析

	M	SD	1	2	3
1. 认知灵活性	2.37	0.459			
2. 创业自我效能	2.78	0.914	0.365**		
3. 创业警觉性	3.45	0.575	0.560**	0.514**	
4. 创业意向	3.40	0.859	0.278**	0.670**	0.415**

**. 在 0.01 级别（双尾），相关性显著。

果发现认知灵活性对创业自我效能有显著的正向影响（$\Delta R^2 = 0.133$，$P < 0.001$；$F = 144$，$P < 0.001$；$\beta = 0.365$，$P < 0.001$），假设 1 得到验证。

为了进一步考察认知灵活性与创业自我效能、创业警觉性和大学生创业意向的关系，检验创业自我效能和创业警觉性的中介作用，本研究通过 AMOS 22.0 软件，采用结构方程模型来构建 4 个变量之间的关系模型。在控制父母及亲属创业经历这一影响因素后，以认知灵活性为自变量、大学生创业意向为因变量，创业自我效能和创业警觉性为中介变量建立模型。通过验证性因素分析，得到模型的拟合度指数良好（CMIN = 2.739，$\chi^2/df = 1.369$，GFI = 0.999，CFI = 0.999，IFI = 0.999，NFI = 0.998，RMSEA = 0.020，$P = 0.254 > 0.05$）。

对模型（图 4-8）中的路径进行分析可知，认知灵活性显著预测创业自我效能（$\beta = 0.36$，$P < 0.001$），创业自我效能显著预测创业意向（$\beta = 0.62$，$P < 0.001$），但认知灵活性没有显著预测创业意向（$\beta = 0.02$，$P = 0.935$），因此，创业自我效能在认知灵活性和创业警觉性之间发挥中介作用，即在认知灵活性→创业自我效能→创业意向路径上，加入创业自我效能之后，使得认知灵活性对大学生创业意向的影响可以被分解到创业自我效能的中介路径上。说明认知灵活性通过影响创业自我效能，最终影响大学生的创业意向，因此假设 2 得到验证。认知灵活性显著预测创业警觉性（$\beta = 0.43$，$P < 0.001$），创业警觉性显著预测创业意向（$\beta = 0.10$，$P < 0.05$），因此，创业警觉性在认知灵活性和创业意向之间的中介效应显著，即大学生的认知灵活性也能通过创业警觉性对创业意向施加影响。

同时，创业自我效能影响创业警觉性的路径显著（$\beta = 0.36$，$P < 0.001$），表明创业警觉性在创业自我效能和创业意向之间发挥中介效应，即大学生创业警觉性的变异能够部分解释创业自我效能对创业意向的影响。综上可知，认知灵活性可以先后通过创业自我效能和创业警觉性影响大学生的创业意向，即认知灵活性通过影响创业自我效能，进而影响创业警觉性，最终提升大学生的创业意向。因此假设 4 得到验证。

研究同时采用偏差校正 Bootstrap 检验中介效应的显著性，将原始样本作为 Bootstrap 抽样的总体，通过有放回的重复抽样，在 AMOS 22.0 中设定抽取 2 000 个 Bootstrap 样本，并获得相关统计量。判断依据是，如果 Bootstrap 95% 的置信区间不包含 0，则说明参数估

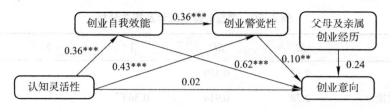

图 4-8 认知灵活性、创业自我效能、创业警觉性和创业意向的关系模型

***. 在 0.001 级别（双尾），相关性显著；**. 在 0.01 级别（双尾），相关性显著

计值显著，反之，则说明参数估计值不显著。[1] 创业自我效能在认知灵活性和创业意向间的中介效应大小为 0.22，[0.18，0.26]；创业自我效能在认知灵活性和创业警觉性间的中介效应大小为 0.13，[0.107，0.157]；创业警觉性在认知灵活性和创业意向间的中介效应大小为 0.043，[0.037，0.052]；创业警觉性在创业自我效能和创业意向间的中介效应大小为 0.036，[0.012，0.057]；创业自我效能和创业警觉性在认知灵活性和创业意向间的中介效应大小为 0.013，[0.012，0.016]，置信区间均不包含 0。因此，各路径系数显著，创业自我效能和创业警觉性在认知灵活性和大学生创业意向之间起到链式多重中介作用，即认知灵活性既可通过创业自我效能或创业警觉性间接影响大学生创业意向，还可通过创业自我效能进而通过创业警觉性间接影响大学生创业意向。认知灵活性和创业意向之间的各中介路径的效应值和中介效果量如表 4-31 所示。

表 4-31 中介效应检验的 Bootstrap 分析

效应	影响路径	效应值	95% 的置信区间		效果量
			下限	上限	
直接效应	β4	0.02			
间接效应	创业自我效能（β1β6）	0.36*0.62 = 0.22	0.18	0.26	74%
	创业警觉性（β5β3）	0.43*0.10 = 0.043	0.037	0.052	15%
	创业自我效能与创业警觉性（β1β2β3）	0.36*0.36*0.10 = 0.013	0.012	0.016	4%
	总中介效应	0.276			93%
总效应		0.296			

　　本研究在理论分析的基础上提出链式中介模型，解释了认知灵活性对大学生创业意向的作用机制。实证研究结果验证了研究假设和关系模型，创业自我效能和创业警觉性在认知灵活性和创业意向之间发挥链式多重中介效应。中介作用的总效果量达到 93%，且直接效应效果量不显著，这说明认知灵活性对大学生创业意向的影响能通过创业自我效

[1] 方杰，张敏强. 中介效应的点估计和区间估计：乘积分布法、非参数 Bootstrap 和 MCMC 法 [J]. 心理学报，2012，44（10）：1408-1420.

能和创业警觉性发挥作用。表 4–31 的数据结果显示了链式中介效应的三条路径：①借助创业自我效能的中介路径（β1β6），中介效果量达到 74%。②借助创业警觉性的中介路径（β5β3），中介效果量为 15%。③借助创业自我效能和创业警觉性的中介路径（β1β2β3），中介效果量为 4%。以上路径说明，创业自我效能对于促进认知灵活性对于创业意向的影响过程发挥主要作用。以往鲜有关于认知灵活性和创业警觉性的关系研究，本研究反映出两者之间存在显著相关（$r = 0.560$，$P < 0.01$），且当模型去掉创业自我效能→创业警觉性路径时，模型拟合度不佳（$CMIN = 168$，$\chi^2/df = 56 > 5$，$GFI = 0.939$，$CFI = 0.865$，$IFI = 0.866$，$NFI = 0.863$，$RMSEA = 0.242 > 0.08$，$P < 0.001$），说明创业警觉性在创业自我效能和创业意向关系中发挥重要作用。以上结果反映出，认知灵活性是提升大学生创业意向的关键要素，且通过创业自我效能和创业警觉性正向作用于大学生的创业意向。

第四，基本结论。本研究基于对我国 20 多所高校大学生的实证调查，进一步论证了认知灵活性是大学生创业心理发展的关键要素，研究发现认知灵活性显著正向影响大学生的创业意向，且主要的传导路径是创业自我效能和创业警觉性的链式中介作用。具体来说，创业自我效能和创业警觉性不仅在认知灵活性和创业意向之间发挥中介作用，且在认知灵活性和创业意向之间起到链式中介作用，研究揭示了认知灵活性作用于大学生创业意向的内在机制。

4.4 实证研究反思

传统上，创业教育研究者及高校创业教育管理者倾向于从宏观角度探索提升大学生创业能力的路径。本章从大学生创业心理机制入手，论证了大学生的个人特质及创业认知极大地影响了创业教育的效果和大学生创业技能的提升。从大学生创业认知过程和心理过程的角度，探讨高校创业教育效果及关键性创业心理机制的形成具有重要的前景，本章实证研究的结果也值得进一步反思，以期对后续创业教育及心理研究有所贡献。

第一，创业课程建设是提升创业教育质量的根本。实证研究结果反映出高校创业教育存在的一个普遍问题，即创业课程对于大学生创业意向产生积极作用的效果有限，且对创业技能提升作用未达到预期效果。比较而言，作为创业活动课程典型代表的创业竞赛的教学效果更佳，创业竞赛通过创业警觉性提升创业技能的效果显著大于创业课程。创业竞赛活动有利于为学生提供接触创业实际的机会，增强大学生对创业的认知与体会、积累实践经验，帮助学生增强创业意识。实证研究结果反映出，高校创业课程的内容构成、实施路径和方式值得反思。同时，创业教育"活动课程"等具有实践性特点的教学方式比重可进一步提高，在改进策略上应拓展创业实践类型，充分发挥创业实践活动对大学生创业心理的积极引导作用。实证结果表明，创业自我效能是认知灵活性和创业意向之间的重要中介变量，但被试大学生的创业自我效能平均值偏低，大学生对于潜在的创业风险存在顾虑，对自己能否能够成功地扮演创业者角色，能否完成创业任务的信念强度不高，这在一定程度上制约了创业意向的提升。因此，要强化创业实践活动，提高大学生在创业实践体验及实践过程中的获得感。此外，认知灵活性是个体克服不确定性、顺利完成非结构化复杂任务的重要心理特征，在个体创业能力的发展和对环境适应的协调方面起着重要作用。创业活动具有风险和不确定性等典型特征，要促进课堂教学方式多元化，提升大学生的认知灵活性。

第二，高校创业教育要注重大学生积极创业心理特质的培养。创业教育研究离不开对大学生创业心理的研究和探索。本章对于一系列重要的大学生创业认知要素展开了分析和探讨，包括前瞻性人格、创业警觉性、创业激情和创业自我效能等，并从中获得有益于创业教育发展的启示。

一是注重大学生创业警觉性、知觉行为控制和前瞻性人格等特质的养成，以上要素对于大学生创业能力提升发挥重要作用：①创业教育效果的提升要依赖大学生创业警觉性这一中介变量，创业警觉性不仅促进了认知灵活性对创业意向的正向作用，而且强化了创业自我效能的作用效果。创业警觉性作为创业积极人格特质的重要组成部分应予以重视。②知觉行为控制（perceived behavior control）和态度是计划行为理论中意向的重要前因要素，同时也是影响大学生创业意向的又一关键性因素，学生对自我成功创业所掌握的创业资源、机会的感知极大地影响大学生的创业意向。创业教育有一部分是通过创业态度影响大学生的创业意向，创业态度是影响大学生创业意向的关键性因素，对学生进行适当的创业态度引导和培养需要政府、学校、社会和家庭的协同努力。③具有前瞻性人格的大学生，即能够克服环境阻力并主动采取行动的个体，易于从创业课程中有所收获，并促进其今后将创业作为职业选择的可能性。

二是提升大学生的创业激情，通过情景式创业教学促进其对真实创业过程的风险感知。实证结论表明，大学生创业激情和创造力对创业意向有显著的影响，且风险倾向在作用过程中发挥调节作用。①大学生创业激情显著正向影响创业意向。创业激情能够提升创业者认知的灵活性，提高个体对外部环境的警觉性，促进创业者搜寻与机会相关的信息，从而提高风险感知能力（perceived risk preference）。[1] ②创造力对创业意向有显著的正向影响。创业活动高度依赖创新性思路，这使得拥有较高创造力的人易于在创业活动中保持高水平的创业自我效能，同时也预示着将创业作为职业选择的可能性更大。③风险倾向正向调节个体创造力和创业意向的关系。风险倾向较高的个体，其创造力对创业意向的正向作用更强，反之亦然。个人特质及认知差异是导致风险倾向差别的内在因素。一方面，当个人特质表现为强烈的好奇心、敢于冒险和挑战、敢于尝试新事物时，其创造力较强并正向作用于创业意向。另一方面，风险倾向较高的个体通常认同"高风险、高收益"原则，倾向于采取主动迎接挑战的行为，并在此过程中促进创造力发展。这启示我们，高校创业教育不仅要培养大学生的企业家精神和冒险意识，提升其面对风险和不确定性的理性决策能力；还要提升大学生全面、客观评价创业环境的能力，缩小个体主观感知与真实风险之间的差距，达到预期的创业效果。

[1] 谢雅萍，陈小燕. 创业激情研究现状探析与未来展望 [J]. 外国经济与管理，2014，36（5）：3–11.

　　第三，创业文化的育人功能应当引起广泛重视。高校的创业文化和校园文化既是创业教育的载体，也是大学生创业学习的环境要素，要发挥创业文化的育人功能。著名心理学家班杜拉（1986）提出的社会认知理论表明，个体是受环境影响的产物，认知因素是刺激和反应的中介，决定了个体在面对不同环境刺激时的表现，从而影响其行为倾向。[1]创业文化是促进个体创业行为产生的价值观念、现实条件、特征及社会环境的总和。创业文化是大学生提升创业意向、产生创业行为的校园文化和社会文化的总和，个体创业认知和创业意向广泛受到环境的影响和文化的熏陶。

　　第四，采用多学科理论及方法破解创业教育研究难题，为创业教育实践提供可靠的理论依据。一是借助多学科理论能够拓展创业教育研究的维度，提出操作性界定及认识。传统上，西方学者对于创业教育的研究惯常于将之视为二分类变量，通过"是或否"接受创业教育来分析其对大学生心理可能带来的效果或影响。这种分析策略将创业教育作为整体性概念，探讨创业教育实施效果，对于创业教育内容及实施策略缺乏深入探讨，导致研究结论较为笼统，较难通过研究提出有效的创业教育推进策略。事实上，有效嫁接管理学研究思路，科学厘定创业教育维度和要素是创业教育和心理研究科学化的必经历程。具体来说，可将管理学"构念"研究思路移植到教育学研究之中，将创业教育细化为可供测量和解释的两个主维度和若干子维度展开研究，有助于将创业教育研究具体化，并对创业教育维度及要素代表的现象进行科学描述、区分、解释乃至预测，具有理论创新价值。二是将管理学知识用于创业心理测量工具的开发。以往相关研究，我国学者借助国外成熟测量工具的跟踪模仿式研究较多，基于中国情境的测量工具的开发是我国创业心理研究的重要方面。实践也表明，缺乏文化独特性的测量工具将失去理论贡献潜力。创业心理研究应借助管理学知识，依托西方测量工具，同时融入对我国制度环境、市场环境及文化传统等独特内涵的理论解构，开发基于我国情境嵌入的创业认知测量工具。创业认知测量工具的开发，不仅能够拓展西方理论适用于中国情境的边界条件及解释逻辑，同时有助于推动中国情境的概念化与普适化，做出务实的理论和知识贡献。三是拓展多元统计模型和准实验研究在创业教育研究中的应用。创业心理研究要基于多学科交叉的理论及实证分析，因此要借助教育学、心理学、管理学和认知科学领域的知识来解释大学生创业认知的演化规律。研究综合运用多元统计推理和准实验研究设计，通过检验要素之间的路径关系及测量模型，分析大学生创业教育对创业心理的形成作用规律，揭示看似碎片化、多样性创业活动的内部机制，是对个体创业行为内在规律的深度挖掘。

［1］BANDURA A. Social foundations of thought and action: A social cognitive theory［M］. Englewood Cliffs, New Jersey: Prentice-Hall, 1986.

5

英国高校创业教育的比较与借鉴[1]

英国创业教育已历经逾 50 年的发展历程，在政策制度、组织建设、教学体系及产学合作等方面积累了丰富的经验。"他山之石，可以攻玉"，本章首先分析了英国高校创业教育政策的变迁历程；随后以剑桥大学和伦敦大学学院为例，探讨了英国高校创业教育组织建设及创业教育与专业教育融合的途径；总结和提炼了英国高校创业教育发展的举措和经验。

5.1 高校创业教育政策：英国创业政策 30 年变迁

创业政策是影响一个国家或地区创业水平的重要制度设计，其本质是为创业提供有利条件，激励更多人创建企业，并提升创业成功率。[2] 本部分以近 30 年来英国高校创业教育政策为依据，借助多源流理论分析英国高校创业教育政策变迁的动力，提出英国高校创业教育的政策内容及特点。

2018 年，全球创业发展研究院（GEDI）发布的全球创业指数（GEI）报告显示，英国排名第四，美国、瑞士和加拿大分别位列前三。英国高校创业教育起步早，高校特有的学术资本集聚及转化提升了区域创新水平。2017 年，牛津大学发布的"牛津大学的经济影响力"的调查报告显示，牛津大学衍生的创新型企业达到 136 家，这些企业在全世界范围的商业活动收入总额达到 6 亿英镑。英国高校创业政策不仅为创业教育的发展提供了经费支持，同时为大学组织转型、广泛吸纳创业学习者，改进创业教育过程和营造创业氛围等提供了重要的引导和支持。

5.1.1 英国高校创业教育政策变迁的多源流分析

美国著名的公共政策学家金登（Kingdon）在其著作《议程、备选方案与公共政策》

---

[1] 本章核心观点已发表在：①胡瑞，张焱，冯燕．英国高校创业教育政策：变迁、特征与反思［J］．现代教育管理，2021，371（2）：55–62．②胡瑞，王丽．剑桥大学与斯坦福大学创业教育组织建设策略探析［J］．外国教育研究，2018，45（12）：77–88．③胡瑞．"第三条道路"思潮与当代英国教育改革［J］．现代大学教育，2012（1）：36–40．

[2] 侯永雄，程圳生．我国近三十年来的创业政策回顾与展望［J］．创新与创业教育，2015，6（2）：5–8.

中提出，"一个项目被提上议程是由于在特定时刻汇合在一起的多种因素共同作用的结果，而并非它们中的一种或另一种因素单独作用的结果。"[1]多源流理论采用解释性研究开展政策分析，致力于从政策源流（policy stream）、政治源流（political stream）和问题源流（problem stream）三个角度探索政策变迁的动力机制，这为探索英国高校创业教育政策变迁提供了思路。

第一，欧盟创业政策体系形成的政策源流。政策源流包括各类政策建议、政策主张及方案，英国高校创业教育政策源流主要受欧盟创业教育政策的影响。欧盟高度关注区域创新创业水平，出台大量具有前瞻性、战略性和全局性的创业政策，为英国高校创业教育发展提供了政策依据。一是关注创业精神和创业技能培养。2000 年，欧盟发布的"里斯本战略"，指出了教育对创新的驱动作用，呼吁采取措施推进创业教育。[2]2003 年发布的"欧洲创业绿皮书"及 2013 年发布的"2020 创业行动计划"等，均提出创业教育的重点是创业精神和创业技能培养，且明确提出大学是企业家精神培养的组织机构。二是关注创业生态培育及弱势群体的创业学习。2004 年，欧盟发布了"营造创业型文化"，强调创业型文化对创业者及创业环境的潜在及深厚影响；呼吁相关部门要激发人们的创业意识和行动，营造更加适合中小企业发展的环境。[3]2006 年"奥斯陆创业教育议程"的发布，标志着创业教育成为重要议题进入欧盟教育发展战略框架。议程呼吁关注弱势群体的创业教育，鼓励创建学习社区以便为弱势群体提供创业学习支持。三是提出前瞻性发展策略，引领创业政策走向。2014 年的"创业行动计划 2014—2020"以创业失败者的再创业为重要议题，提出为"二次创业"提供技能培训、学习策略指导和心理帮扶，使之从失败中学习并获得成功。2016 年的"创业能力框架"关注了创业能力的标准问题。首次将创业能力解构为"理念和机会""资源"和"投入行动"三个维度，为创业教育目标确定提供支撑。

第二，新工党执政理念及实践形成的政治源流。政治源流特指政治形势、舆论导向、大众情绪及权力分配格局对政策变迁的影响。英国新工党执政以来，秉持"第三条道路"思潮，提出要让英国拥有全世界最具创业性的经济，并让每个人都具有创业的雄心，[4]新工党执政以来实质性推动了高校与工业界的广泛合作，形成了高校、政府和企业相互促进的"三螺旋"结构。[5]一是宏观层面，政府出台系列政策支持大学、科研机构与区域产业界的协作，形成协同创新的发展轨迹，从而促进科技与经济之间的互动双赢。二是中观层面，设立半行政半民间的"教学公司计划"（Teaching Company Scheme），促成产学研合作联盟，通过行政主导达到培养创业人才的目标；借助半民间的手段来构建多层次合作协

［1］张洋磊，苏永建.创新创业教育何以成为国家行动——基于多源流理论的政策议程研究［J］.教育发展研究，2016，36（5）：41-47.

［2］高桂娟.英国创业教育对高等教育提出的期望过高［N］.文汇报，2017-02-17（7）.

［3］European Commission. Entrepreneurship in Higher Education，Especially within non-business studies［R］. Office for Official Publications of the European Communities，2004.

［4］同［2］.

［5］胡瑞."第三条道路"思潮与当代英国教育改革［J］.现代大学教育，2012（1）：36-40.

议，以明确各个合作主体的利益及责任，[1] 从而实现创业资源的优化配置。三是微观层面，发展"联合教授"席位，采取大学和知名企业共同设岗、协作管理和薪酬共担的运行方式。例如，索尔福德大学（University of Salford）分别与英国天然气公司（British Gas）设置了煤气工程学"联合教授"席位，与航宇公司（Aerospace Industry）设置了航空工程学"联合教授"席位。"联合教授"制度不仅支撑了创业师资队伍的多元化发展，同时有助于提升大学生创业实践能力。四是建立大学科技园，不仅吸引企业进驻、推动科技成果转化，同时为学生提供了便捷、高质量的实践平台。比较知名的有剑桥科技园、萨雷研究园和华威大学科技园等。

第三，问题源流反映出政府要面对并解决的实际问题。20 世纪 70 年代，英国经济社会发展面临巨大挑战，经济危机与就业压力并存，中小企业发展放缓、失业率居高不下。直至 20 世纪 80 年代，英国失业率依旧在 8%～12% 的高位徘徊。另外，英国高等教育毛入学率持续增长，由 1990 年的 30.2% 增加到 2006 年 50.5%，[2] 进入了高等教育普及化阶段。高校毕业生持续增加与有限就业岗位之间的矛盾加剧，深化了失业率攀升带来的负面影响。为了促进大学生创业以缓解就业压力，英国政府出台政策促进高校创业教育发展，政策驱动使得高校创业教育模式和体系日趋健全，接受创业教育的大学生迅速扩大且创业活动参与率显著提高。多源流分析显示出，欧盟政策的助推、新工党执政的"第三条道路"思潮及 20 世纪 70 年代英国的经济社会发展形势等，构成了英国高校创业教育发展的政策源流、政治源流和问题源流，三股大源流汇合铸就了英国高校创业教育的发展和变迁。

5.1.2 英国高校创业教育政策的内容及特征

1987 年，英国发布的"高等学校创业"是英国首个较为系统、全面的高校创业教育政策。随后，围绕社会、经济及创业教育发展的现实需求，英国高校创业教育政策呈现出一系列新的变迁趋势和特征。

第一，促进"创业型大学"发展。高校组织机构转型是适应内部改革和外部环境变化的产物。自 20 世纪 80 年代以来，英国高校掀起了从"研究型大学"到"创业型大学"转型的第二次学术革命。全国大学生创业委员会（National Council for Graduate Entrepreneurship，NCGE）分别于 2007 年和 2009 年出台了"迈向创业型大学"和"引领创业型大学"两项政策，前者阐述了向研究型大学变革的必要性，并对创业型大学的教学模式提出了初步设想；后者则详细分析了研究型大学的课程体系设计、创业实践、创业文化及创业环境。2012 年，英国创业教育中心（The National Centre for Entrepreneurship in Education，NCEE）发布了《创业型大学》政策报告，对于创业型大学发展具有里程碑意义，明确了创业型大学的 4 个核心要素，即制度环境（institutional environment）、学

---

[1] 李炳安. 产学研合作的英国教学公司模式及其借鉴 [J]. 高等工程教育研究，2012（1）：58–63.

[2] 高书国. 从徘徊到跨越：英国高等教育普及化模式及成因分析 [J]. 外国教育研究，2007（2）：57–61.

生参与（student engagement）、创业教职（innovative and entrepreneurial staff）和创业影响（entrepreneurial impact）。一是制度环境，主要从制度上规范各创业教育主体的责任。教师完成创业教学，传递企业家精神及创业技能，营造创业校园文化氛围；学院通过科学的创业教育管理，选择最适合教学、组织设计和推广的创业管理模式等，提高教育教学效果；大学则应建立良好的外部关系，为创业教育提供支撑。二是学生参与。大学生是创造力的源泉，其创业精神及实践是创业型大学功能得以实现的主要途径。因此，创业型大学的重要特质是促进"学生参与"，促进大学生将创业知识和技能运用到创业行为当中。例如，哈德斯菲尔德大学（University of Huddersfield）设立了"校长创业奖"，吸引在校生和毕业生进行创业和自营职业实践，激发学生的创业参与热情。三是创业教职，具体指采取措施激发教师创业热情及潜能。例如，爱丁堡大学（University of Edinburgh）通过学术休假、短期借调、委托兼职和分成协议等途径激励教师走出象牙塔，与经验丰富的企业家联合创业，且拥有创业之后返回学校的自主权。四是创业影响，主要指创业型大学要促进区域创新能力发展。英国创业型大学主要依托孵化器扩大创业活动效果及社会影响。例如，东安格利亚大学（University of East Anglia）在校内建立了"诺里奇科研公园企业中心"，为当地创业者提供支持。2018 年，哈德斯菲尔德大学斥资 950 万英镑建立"区域发展基金"，重点支持 16～19 岁年轻人参与企业竞赛。总体来看，英国创业型大学经历了从制度建设、创业者发展、创业行动，再到扩大创业社会影响的转型过程，并朝着制度化、规范化的道路前行。

第二，关注大学生创业技能提升。提升创业技能是贯穿近 30 年来英国创业教育政策的主线。2008 年，英国全国大学生创业委员会发布了《培养创业型毕业生》报告，认为提升创业技能是创业教育的重要目标且直接贡献于毕业生的未来发展，倡导大学、企业和政府建立深度合作，共同培育具有创业技能的大学生。两年后，全国大学生创业委员会又发布了《高校创业调查》，认为良好的创业技能是个体识别创业机会并进行科学创业行为选择的关键，高校应重点通过课外创业活动提升大学生创业技能和自我效能。苏格兰政府于 2009 年颁布了《培养下一代创业者》报告，指出培养大学生创业技能应包括培养学生的创业意向、社会交往技巧、经营管理技能和企业运筹能力。学校应依据经济发展的现实需求，提供优良的创业教育实践环境和项目，专门用于提高大学生及团队的创业技能。威尔士发布的《青年创业战略：威尔士 2010—2015 年行动计划》提出既要通过创业课程培养大学生创业技能、激发创业行为，又要推进多部门联合打造创业实践平台，用于大学生创业实习实践。2016 年，英国行业技能组织（SFEDI）发布了《创业教师国家职业标准》，其中论及了培养具有创新精神和创业技能人才的重要性，且将创业技能标准表述为三个维度：一是具有强烈的价值创造愿望，对社会环境、道德标准、环境变化等较敏感，能够实现个人抱负和目标。二是具有较强的自我意识、思维和行为的灵活性，能够积极捕捉容易被他人忽略的机会，能够打破预知的局限，并取得成效。三是能够承受风险和失败，具有较强的不确定容忍性，能够对不同知识、情境进行关联，以回应新机遇和新挑战。

第三，强化创业课程体系建设。创业课程是创业知识迭代的重要途径。1987 年，英国发布的"高等学校创业"政策强调培养大学生创业能力，推动高校教师培训、课程改革及学生学习方式的调整。[1] 自此，英国高校创业教育政策一以贯之地关注了创业课程体系建设的相关问题。一是将创业课程纳入大学核心课程体系。2016 年英国政府发布了《加强创业教育：首相的回应》文件，要求将创业教育纳入大学的核心课程，特别是进入科学、技术、工程和数学专业本科生的核心课程。伴随创业教育的深入发展及学科体系的完善，创业逐步发展成为一门独立学科，被英国列入最新"高等教育学科编码分类体系"，即 HECoS。该体系于 2019 年秋季实施，取代了原先英国的 JACS 联合学术编码系统。二是明确课程建设的原则。2013 年，英国创业教育中心发布的《创业型大学从理念到实践及其影响》，提出要明确创业课程开发程序和步骤，第一步应该为创业课程提供理论框架，且框架的确立要以明确的创业教育理念作为引导，以提升创业教育整体质量和大学生创业能力为目标。在此基础上，将选择和组织学习经验作为课程编制的重要环节。英国行业技能组织（SFEDI）在 2016 年发布的《创业教师国家职业标准》表明，高校创业课程内容要融合社会需求和学校自身战略，理论课程应囊括当前社会创业动态、相关的基础理论、创业精神与小企业创新及发展等。课程教学应聚焦于提升大学生的反思能力，促进大学生将所学的创业理论与实践活动相结合，并运用在企业初创、创业项目运行、新产品孵化过程中。三是完善课程内容设计。2012 年，英国高等教育质量保证局（QAA）发布了《创新创业教育指南》，提出通过质量评估推进创业教育改革、引导创业课程建设。要求在明确创业课程内容及逻辑的基础上，将企业家精神及中小企业发展的相关知识融入课程；推进学科课程和活动课程相结合，且提高创业实践课程占比；创业教育专家应承担课程教学任务，建立课程教学的质量保证机制。《创新创业教育指南》促进商业教学内容广泛进入英国高校非商学专业的课程体系，到 2017 年英国有 45% 的大学开设了创业和商业方面的课程。[2] 四是丰富创业课外活动。英国小企业和创业研究所（Institute for Small Business and Entrepreneurship，ISBE）提出创业课外活动必须作为创业课程的重要组成部分，应结合市场需求探索创业课外活动的实施方案。创业课外活动的组织方可以是社区、商业机构、企业或其他利益相关者；活动形式可以包括社团及体育活动、社区志愿服务等，同时要结合创业理论和职业指导等互动方式，以提升大学生的人际交往和创业反思能力。

第四，实施"情景式"创业教学及其评估。教学方法的科学性及其与创业课程的适切性引起了英国高校创业教育政策的关注。情景式教学（situational-teaching）作为一种创设性实践教学方式，通常以一定的技术手段和教学媒介促进学生融入场景创设，提高学生基于特定情景感知的认知与思考能力，[3] 成为创业教学方法体系中的重要新成员。2018 年，英国高等教育质量保证局发布了新版《创新创业教育指南》，重点分析了创业教育的教学方法及其改革趋向，明确提出应在创业教育中开展情境式教学，试图通过情境式教学提升

［1］牛长松. 英国大学生创业教育政策探析［J］. 比较教育研究，2007（4）：79-83.

［2］高桂娟. 英国创业教育对高等教育提出的期望过高［N］. 文汇报，2017-02-17（7）.

［3］KANG N H, ORGILL M K, CRIPPEN K J. Understanding teachers' conceptions of classroom inquiry with a teaching scenario survey instrument［J］. Journal of Science Teacher Education，2008，19（4）：337-354.

教学方法与学生的既往知识储备、相关经历及修读专业的匹配程度。新版《创新创业教育指南》指出了情景式创业教学的实现路径：一是注重教学过程中的情境创设，提出以活动性、经验性、"主动作业"等知识传递方式，促进大学生的创业认知能力提高。二是开展符合创业实际且有利于学生参与的模拟创业活动，包括商业计划、企业创建模拟和虚拟案例研习等，给学生更多真实的情景以展开想象，提升大学生的创业自我效能和创业学习的内驱力。三是采用跨学科教学方法，汲取不同学科的教学优势，鼓励学生通过反思来巩固创业学习成果，提升批判性思维能力并对未来的创业行动做出合理规划。值得关注的是，《创新创业教育指南》探索了创业教学效果的评价问题，提出了评价标准：学生的探究能力、创新意识、批判思维能力是否有提高？学生对于商业风险不确定性的容忍度是否有改善？学生在商业环境中的行动力是否有增强？学生自主学习能力、自我反思和评估的能力如何？总体来看，2018 年《创新创业教育指南》既包含对传统教学方法的传承，也提出教学方法与真实创业环境结合的策略，具有前瞻性和引领性。

第五，推进创业师资发展。创业师资队伍的发展状况及其能力与水平决定着创业课程的教学效果。围绕师资发展，英国高校创业教育政策重点关注了三方面的措施：一是拓展创业师资队伍来源。1997 年英国发布的《迪尔英报告》提出了发展高校师资队伍的新思路，将企业人才作为高校师资队伍储备，强调大学应与政府研究机构人员和企业界人士相互合作，邀请相关人士从事兼职教学工作，创新教学方法、推动高校教育改革。[1] 无独有偶，英国高等教育质量保证局在 2018 年发布的《创新创业教育指南》，针对创业教育师资队伍建设也提出了"吸引企业的人才，提倡企业家和商业顾问参与创业课程理论和实践教学"的倡议。倡导大学积极邀请聘请校友、企业家及其他相关的专业人士作为兼职创业教师，提升大学生的创业实践或创业体验及其反思能力，促进其创业学习进程的推进及相关能力的发展。二是提升创业师资队伍的创业教学技能。2016 年，英国企业、贸易和投资部发布了《成功的知识经济》白皮书，提出为包括创业教师在内的新教师培训提供支持和经费保障。随之，威尔士政府也号召要树立不同类型教育体系中的创业教学典型，发挥"标杆"作用，形成创业师资协同培训机制，借以提升其创业意识及创业教育教学水平。三是开发创业教育教师的国家标准。英国行业技能组织 2016 年发布的《创业教师国家职业标准》中，明确提出合格的创业教师至少要符合四方面的基本条件：①规划并传授创业教育课程，为大学生创设良好的创业学习环境。②具有革新意识和创新行动力，敢于创新教学方法并大胆尝试，发掘多元化的机会来丰富学生的经验。促进学生在创业学习、专业学习、个人愿景和职业抱负等方面相互结合。采用多种形式测评、激励和启发学生。③具有自我发展和自我反思的能力，坚持规律性地回顾、评估并提高实际教学能力。④具有较强的协作沟通能力和领导力，积极与潜在创业群体，包括学生、教育者、企业家、相关组织机构及人员紧密协作，共同投身创业教育。

---

[1] 刘晖. 从《罗宾斯报告》到《迪尔英报告》——英国高等教育的发展路径、战略及其启示 [J]. 比较教育研究, 2001, 22（2）: 24-28.

第六，扩大创业教育的受众群体。英国创业教育政策惠及面持续扩大，1987 年的《高等学校创业计划》主要针对在校生尤其是商学院学生。此后，创业教育政策从关注商学院的学生向所有社会成员扩展。一是面向年轻人。2002 年，英国贸工部成立了下属机构"小企业服务"（Small Business Services，SBS），其职责涵盖面向社会提供创业教育、培训、指导和援助，重点支持举办全国性创业活动，以鼓励 14～30 岁青年群体的创业实践，营造活跃积极的创业文化。2003 年，北爱尔兰就业与学习部（Department for Employment and Learning，DEL）发布的《创业教育行动计划》及 2010 年威尔士发布的《青年创业战略：威尔士 2010—2015 行动计划》都提出广泛培养青年创业者。前者创业教育对象包含北爱尔兰所有青年。后者则将创业教育受众群体扩大到 5～25 岁，认为不同年龄段的创业学习者均可以借助有效的教学方式及信息支持来开展创业学习，从而提高创业认知和技能。二是面向全民。2014 年英国政府发布的《全民创业》文本中提出了全民创业理念，要求以打造创业文化为切入点，树立全社会创业文化建设目标，促使全民都成为具有创新精神的创业者或潜在创业者。2017 年，苏格兰企业与技能战略委员会呼吁苏格兰公共机构为年轻人、高校师生、培训机构成员及企业员工提供创新行动及技能支持。随后，英国高等教育质量保证局提出，高校的创业教育对象不仅仅是"受教者"，"施教者"也应纳入其中，且高校应引导各类群体，包括在校生、毕业生、教职工、相关从业者及社区有创业意向的人员进行创业学习和实践。三是面向特殊群体。女性及少数族裔的创业教育问题受到关注。2018 年，英国政府发布的《高校创业和创业教育》揭示了尽管英国创业活跃程度持续上升、企业对于创业活动的支持力度加大，但女性及少数族裔却是创业收益的"局外人"的问题，呼吁全社会加大对女性和少数族裔学生的创业支持。此外，STEM 专业学生的创业教育引起重视。2013 年，英国政府颁布的《高校创业网络：激发 STEM 专业创业》指出科学、技术、工程和数学等专业学生具有较高的创业契合度和巨大的市场应用前景，因此要强化对科学、技术、工程和数学等专业大学生的创业教育及配套经费及项目支持。

5.2 创业教育组织建设：剑桥大学精英创业协会的组织及运行

高校创业教育组织建设是发达国家创业教育发展的重要保障，创业教育组织是具有明确发展目标和严谨结构设计的社会实体，能够有意识协调日常工作并与外部环境保持有机联系、促进系统基本功能的实现，体现出组织的一般特征。从宏观角度看，高校创业教育组织的良性发展对创业教育具有推进实施、统筹规划、平台保障、督促监管等重要作用。[1] 从微观角度看，高校创业教育组织建设有利于创新创业人才培养、创业教育课程的革新、创业实践活动的多元化及创业师资的专业化发展等。本部分以剑桥大学精英创业协会的组织及运行为研究对象，探索创业教育组织的基本结构、运行方式及组织外部关系的

---

[1] SARASVATHY S D, DEW N, READ S, et al. Designing organizations that design environments: lessons from entrepreneurial expertise [J]. Organization Studies, 2009, 29（3）: 331–350.

建立，挖掘创业教育组织发展规律及成功经验。

5.2.1 "委员会制"创业教育组织架构

剑桥大学在创业教育组织建设上成果卓著，不仅打造了校内外创业教育网络，推动创新与创业，同时在剑桥地区建立了 1 000 多家高科技企业，在增加社会财富的同时，为区域提供了大量创业就业机会，形成了"剑桥现象"。英国社会各界已强烈呼吁高等教育市场引入更多的竞争机制，[1]创业组织的建立及良好校企合作的形成无疑是对这一需求的回应。

剑桥大学的创业教育对英国创业型经济的发展及区域创新具有重要的驱动作用。剑桥大学最具影响力的创业教育组织是设立于商学院的剑桥大学精英创业协会（Cambridge University Entrepreneurs，CUE）。精英创业协会通过委员会体系来组织和协调创业教育及活动，组织结构中的各要素职能分工明确，整体结构呈现扁平化特点。

具体来说，纵向结构包含三个层次，处于委员会结构顶层的管理人员是委员会主席（President），负责制定剑桥大学精英创业协会的发展规划；其次是委员会副主席（Vice President），负责对协会运作过程的监督及督促实施创业教育；第三个层级是并行的 5 个部门负责人：活动与市场主管（Events and Marketing Director）、科技主管（IT Director）、财务主管（Treasurer）、外联发言人（Speakers Representative）、导师主管（Mentorship Director），组织架构如图 5-1 所示。

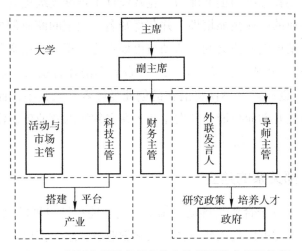

图 5-1　剑桥大学精英创业协会执行委员会组织构架

在图 5-1 的组织构架中，处于第三层次的各部门负责人各司其职、协调配合。其中，活动与市场主管负责打造和推广协会品牌形象，策划、执行和评估各类创业活动，建立和维护与媒体、企业、其他组织的合作关系，提升协会知名度和声誉。科技主管负责实施协会网站的管理与维护，并与企业共同搭建资源共享平台，提升协会在创业领域的影响力和

[1]崔军，蒋迪尼，顾露雯.英国高等教育改革新动向：市场竞争、学生选择和机构优化［J］.外国教育研究，2018，45（1）：20-32.

资源利用效率。外联发言人负责宣传和解读政府创业支持政策，申请政府的创业项目资助，以及与政府部门建立长期合作关系。导师主管负责协会所属创业导师的培训及创业指导能力的提升。财务主管负责拟定和完善财务制度，对协会项目及创业活动进行财会核算和监督，实现资源的优化配置。以上创业教育组织框架，不仅有利于准确地判断创业热点并做出适应性调整，提升委员会决策的科学性和可操作性；同时，也促进了委员会成员间的相互协调和优势互补，使剑桥大学精英创业与政府、产业形成良性互动，共同推进区域创新。

5.2.2　协同开展创业竞赛／项目

剑桥大学精英创业协会举办的商业创新大赛——"让思想飞"（Ideas Take Flight）创业竞赛是目前剑桥大学运行最为成功的商业创新大赛。在剑桥大学精英创业协会各部门的协作下，该赛事运行规范，注重打造特色与品牌。一是根据市场对创新创业人才的需求及剑桥大学创业教育发展规划，规定了以高新科技领域为主的竞赛单元，形成了主题鲜明的赛事。二是为了扩大创业竞赛覆盖面，剑桥大学精英创业协会制定了具有高度灵活性的竞赛规则及参与制度。一方面，依据领域差异设定不同的开赛时间，有助于参赛者在相应的竞赛截止日期前同时参与多项不同领域及单元的竞赛，避免具有丰富创业经验的参赛者由于各类竞赛开赛时间冲突而错失参赛资格。另一方面，不断扩大竞赛参与群体，竞赛不仅对剑桥大学的学生开放，还对来自社会企业的参赛者开放，促进创新思想的碰撞。三是为了切实训练参赛者的创新思维与创造能力，竞赛设计了难度逐级提升的三个阶段，每个阶段参赛者都会接受专业的商业技能培训，并获得知名企业家的商业创想点评。四是为了促进竞赛成果商业化，精英创业协会的"活动与市场主管"积极为竞赛争取外部资源及经费投入，"科技主管"将竞赛成果推给企业家、投资者和潜在合伙人，促进优秀创业成果的产业化。"让思想飞"创业竞赛不仅将潜在的创业爱好者投入其中，而且能促进参赛者通过竞赛的全过程参与提升创业技能，开发竞赛者在多领域的商业创新潜力，促使创新思想和成果及时成为企业发展的新源头。

5.2.3　组织外部关系的建立

三螺旋理论指出，校企合作是推动三螺旋结构功能持续发展的动力。三螺旋框架下，大学、产业、政府三者均可以是创新主体，大学创业教育组织需要将教育能力从个体教育扩展到组织塑造上。[1]剑桥大学推动与产业的合作有其深刻的历史根源，1969年剑桥大学经济学教授尼维尔·莫特教授提出的"莫特报告"（Mort Report）系统阐述了大学与产业界的相互依赖及促进关系，为剑桥大学与产业合作及"大学公司"的发展奠定了重要的政策基础。[2]在"莫特报告"的积极导向下，企业清晰地意识到剑桥大学的名望及科研水平

［1］ETZKOWITZ H. The Triple Helix: University–Industry–Government Innovation in Action［M］. New York: Routledge, 2008.

［2］STIRLING J. Cambridge University History Faculty Building［M］// NICHOLAS RAY. Architecture and its Ethical Dilemmas. London: Taylor & Francis, 2005: 17–28.

可以成为创新发展的引擎，大批高科技产业纷纷落户剑桥大学或周边地区，缔造了"剑桥现象"。在这样的大环境下，精英创业协会秉承发挥不同创新主体的作用，建立基于多主体合作的创业教育组织模式的理念，打造组织外部关系，力求促成校企之间的联盟。精英创业协会为合作公司提供了智力支撑及信息沟通媒介，建构了涵盖多种类型行业的组织外部关系，例如，以财务会计、市场营销见长的"纳什马修斯专利商标事务所"和"恩索会计商业顾问公司"等。目前，精英创业协会的赞助商及合作企业等达到17家，其中包括11家赞助商和6个合作实体。此外，具有优良创业教育传统的院系也积极融入协会的内外部关系体系当中，具体构成如表5-1所示。

表5-1 剑桥大学精英创业协会内外部关系

合作企业或机构的名称	合作方式
生物技术专家公司（Biotechspert） "通道"学生商业和职业报（The Gateway，TG） 剑桥大学技术和企业俱乐部（Cambridge University Technology & Enterprise Club，CUTEC） 剑桥大学制造业研究院（Institute for Manufacturing，IFM） 马泰斯斯夸尔斯知识产权公司（Mathys & Squire） 纳什马修斯专利商标事务所（Nash Matthews，NM） 恩索会计商业顾问公司（Ensors）	信息平台支撑，提供创业机会搜索及创业咨询服务，包括商业机会识别、商业计划书撰写、财务会计、市场营销和战略管理等咨询服务
桑坦德银行英国分行（Santander UK） 剑桥校办企业（University of Cambridge Enterprise，UOCE） 视野（Horizon） 安谋公司（Arm） 试金石创新公司（Touchstone Innovations）	物资与资金支援，通过对协会创业计划书的审定，提供创业启动金或项目资金支持
剑桥大学化学工程和生物技术学院（Department of Chemical Engineering and Biotechnology，DOCEB）	校企合作平台支撑，创业实训场地供应，提供创业实训实验室、创新成果孵化场所等

表5-1显示的精英创业协会合作伙伴当中，包括生物技术专家公司（Biotechspert）在内的6家企业成为剑桥大学生创业的知识和信息平台，通过为学生创业实践提供大量的咨询服务来辅助信息平台功能的实现。具体服务内容包括提供商业机会识别、商业计划书撰写、财务会计、市场营销和战略管理，以及其他与创业关键环节相关的咨询服务。此外，以安谋公司（Arm）和试金石创新公司（Touchstone Innovations）为代表的创新型企业则通过提供创业资金支持学生的自创企业，成为剑桥大学精英创业协会项目运作的有力保障。剑桥大学化学工程和生物技术学院作为剑桥大学内部的独立单位，为精英创业协会的创业项目提供创业实训实验室、创新成果孵化场所等，成为精英创业协会较为稳定的支撑平台。以上创业教育网络体系为剑桥大学的学生提供了获取创业相关知识的平台、展现并完

善自身创造性想法的基地及将创意付诸实施的场所，构筑了助推大学生创业的组织内外部关系体系。精英创业协会打造的网络平台充分调动了大学与产业间的有效互动，为创业竞赛的有序开展创设了良好的外部环境，为协会的创业教育搭建了高效优质的发展平台。

剑桥大学与企业的彼此依赖、互动双赢的关系是协会组织外部关系可持续发展的动力之源。一方面，企业通过组织外部关系与剑桥大学的高水平科研成果及高水平研究人员建立关联，共同开发具有应用前景的项目、形成联合攻关。与此同时，企业能够从协会成员中招募到高层次志愿者或实习生，并发现未来潜在的优秀雇员。[1] 剑桥大学则通过外部关系的建立吸引了大量企业研发资金，不仅促进了学科发展，也实现了由知识生产到知识传播再到经济、社会价值创造的完整体系。[2] 值得关注的是，在校企合作机制中，校友和政府承担了不同的角色：剑桥大学的校友企业家往往成为联系校企双方的桥梁，促进了效率逻辑与情感逻辑的共同演进。政府则主要出台以经费支持为主的系列政策措施以推动校企合作，为剑桥大学与产业界的深度合作与可持续发展提供保障，推动了基于校企合作的科学技术和产业高地的形成。

5.3 专业教育与创业教育融合：伦敦大学学院的实践

创业教育与专业教育融合既是当前创业教育发展的重要趋势，也是高校有效开展创业教育的最佳途径。早在 1999 年，英国高校就尝试通过课堂嵌入融合模式促进创业教育与专业教育融合，[3] 现已基本形成较为完善的创业教育特色课程体系。伦敦大学学院（University College London，UCL）是伦敦大学下属分院当中最负盛名的学院之一，历史最悠久、规模最大，在全球高等教育权威机构 QS（Quacquarelli Synonds，QS）2019 年世界大学排名中位居第十，位于 QS 排名英国高校的第四，具有优良的人才培养质量和社会声誉。伦敦大学学院与牛津大学、剑桥大学、帝国理工学院和伦敦政治经济学院被誉为超级精英大学（Group 5 Super Elite），简称"G5"大学，享有英国政府最多的财政预算和经费支持。[4] 2017 年，伦敦大学学院出台了"伦敦大学学院 2034"（UCL 2034：a new 20-year strategy for UCL）战略，提出了未来 20 年学校发展的战略中包含实施各类创业项目、探索有效创业教育发展路径等。且重申了伦敦大学学院的使命是建立教育、研究、创新和企业融为一体的多元化全球大学，致力于培养具有出色批判性思维和创新能力的学生。伦敦大学学院在下属的工程科学系设立了"工程创新与创业"（Engineering with Innovation and Entrepreneurship）专业，该专业是欧洲第一个专门为促进创业教育与工程专业融合而设置的新专业，重点培养具备创新精神和创新管理技能的工程领域创业者或就业者，探索出创

[1] 昆斯.剑桥现象：高技术在大学城的发展［M］.郭碧坚，译.北京：科学技术文献出版社，1988.

[2] BODDY M，HICKMAN H. The Cambridge Phenomenon and the challenge of planning reform［J］. The Town Planning Review，2016，87（1）：31–52.

[3] 曾尔雷，黄新敏.创业教育融入专业教育的发展模式及其策略研究［J］.中国高教研究，2010（12）：70–72.

[4] 王晶晶，姚飞，周鑫，等.全球著名商学院创业教育比较及其启示［J］.高等教育研究，2011，32（7）：80–86.

业教育与专业教育融合的有效途径。具体来说，"工程创新与创业"的人才培养定位是培养拥有工程学科背景的学生，融合新技术开发的关键领域，如高级材料、可再生能源、生物医学工程等一流工程教育和项目管理与创业方面的课程，试图将创业教育融入工程专业教育，使工程专业的学生不仅具备创新精神，还具备开发创新工程产品和方案并将其转化为金融优势所需的技术性、管理性和创业性技能和知识。伦敦大学学院工程创新与创业专业，通过"双重"企业家精神的人才培养理念，多学科内容的模块化嵌套课程和全方位的融合实践平台建设实施工程专业与创业教育的融合。

5.3.1 "双主体"视角的企业家精神培养

企业家精神是一种不断创新的精神，[1]是指企业家被新的项目或业务机会吸引，坚定信心地执着追求，通过创新和开办企业实现目标，是一种在寻找创造性解决方案过程中所表现出来的内在心理特质。[2]伦敦大学学院认为，创业在更大程度上是内在心理特质的驱动结果，企业家精神就是创业者成功的内在驱动力，是最核心的无形资产。

首先，注重创新型教师的储备与培养。拥有大批高质量的创新型教师是培养具有企业家精神学生的前提。伦敦大学学院秉承具有企业家精神的教师才能助力学生企业家精神养成的理念。为了有效保障创业教育与专业教育融合实践质量，伦敦大学学院在工程创新与创业专业中尝试采用"双重"储备的方式培养企业家精神。一是招聘来自不同领域，如生命科学、数学和心理学等诸多领域的教师，期望具备不同领域特点的教师们能摩擦碰撞出新的想法。二是定期组织工程专业教师在全球范围内进行各种学科、产品或技术的研究和培训，并要求教师开发出创新工程产品和方案，激发教师们的创造力。

其次，高度重视大学生的企业家精神培养。注重培养学生的创新想法、求知欲和实践能力。一是通过课程模块设计出内容丰富、极具工程专业特色的创业教育实践项目磨炼学生的创业技能，使其具备发现、判断、解决问题的资质和能力。二是利用一切资源为工程创新与创业的学生创造良好的创业生态环境，如与政府、学术界、商界和其他潜在受益者一起合作，最大限度地为学生提供创业资金、设施及平台，营造创业氛围，激发企业家精神。工程创新与创业专业的融合实践在秉承伦敦大学学院人才培养理念的同时，进一步提出了"双主体"企业家精神培养，将企业家精神的培养贯穿于双主体的教育过程，确保工程科学领域研究的经济和社会效益得到充分实现，确保伦敦大学学院的创业教育机构长期作为全球企业和创新领导者的地位。

5.3.2 模块化、嵌套式课程体系建设

为促进创业教育融入工程专业以培养工程创业者，伦敦大学学院工程创新与创业专业设计了模块化、嵌套式课程体系。

---

[1] 德鲁克. 创新与企业家精神 [M]. 蔡文燕，译. 北京：机械工业出版社，2010.

[2] 白少君，崔萌筱，耿紫珍. 创新与企业家精神研究文献综述 [J]. 科技进步与对策，2014（23）：178-182.

第一，以多学科交叉融合引领课程设计。伦敦大学学院工程创新与创业专业的课程融合工程、管理、金融、计算机应用、设计、创业等7个学科领域的重要内容。专业教育课程融入材料工程、项目计划、计算机、资源管理、风险管理、工程环境等内容，同时设置2~3门关于创业教育方面的课程，如"创业精神""创业金融"等，让学生在掌握工程专业知识和技能的同时，了解创业方面的知识，包括创业意识、机会识别、竞争优势、市场策略、团队价值和文化、企业规划和资金来源等内容，为其提供创建企业、组织设计、战略方向、商业计划、价值评估和融资等方面的知识。教学主要采用专业知识讲座、研讨会、课堂讨论和课程作业等形式。创业教育课程则以工程领域的创业实践应用为主，根据学生自身研究兴趣来开展研究，以创造性思维、创意与设计、团队合作为核心，针对客户需求设计新颖的工程产品或系统，评估企业的商业潜力等，培养学生批判性思维、研究能力、工程管理技能、创业意识和创业技能。教学以创业讲座、企业研讨会、创业竞赛、工业案例研究、创业小组会议、小组项目设计报告、项目进度报告和演讲等多元化的组织形式为主。

第二，"模块化"课程体系促进工程专业教育与创业教育的融合。模块化课程的基本理念是打破学科界限，按照培养目标将不同知识进行组合，让学生进行有针对性的学习。[1]工程创新与创业专业的模块化课程包括工程管理课程、专业辅修课程、个人研究项目和创新与集体设计项目四大必修模块。其中，工程管理课程与专业辅修课程两个模块主要是进行专业教育，工程管理课程模块包括材料、项目管理等课程，主要负责工程专业教育。专业辅修课程模块包括工程中的计算机应用、新能源和可再生能源系统等课程，主要负责培养工程专业辅助技能。而个人研究项目和创新与集体设计项目两个模块主要负责创业实践教育，要求所有学生根据自己的研究兴趣承担个人研究项目和创新与集体设计项目。个人研究项目侧重于培养学生自我创新能力、研究技能、解决问题的能力；创新与集体设计项目侧重于团队合作以培养批判性思维、创造力、项目管理和创业技能。创业实践教育的所有研究项目都会受到企业支持。具体课程设置情况如图5-2所示。

第三，"嵌套式"课程设计推进创业教育的深度融入。嵌套课程是指在已有课程模块中添加创业教育课程。工程创新与创业专业的嵌套式课程是专业课程模块与创业教育课程相互嵌套。在工程管理课程模块中设置"创业学"，在专业辅修课程模块中设置"创业金融"。同时，创业课程和创业实践教育都是围绕工程领域的相关知识和研究而展开，所有学生必须选择一个创新点来组织团队进行创业竞赛或项目实践，将所学工程专业知识逐渐渗透到创业实践应用当中。二者要求修习的学分均为90个学分，工程专业课程与创业课程"你中有我，我中有你"，相互影响、相互促进。此外，伦敦大学学院工程创新与创业专业在课程考核评估方面注重分类考核。专业课程主要是通过课程考试和课程作业组合的形式进行评估，其中专业课程考试评估所占比重较大。而创业教育课程主要是采取项目设

[1] 徐小洲，臧玲玲.创业教育与工程教育的融合——美国欧林工学院教育模式探析［J］.高等工程教育研究，2014（1）：103-107.

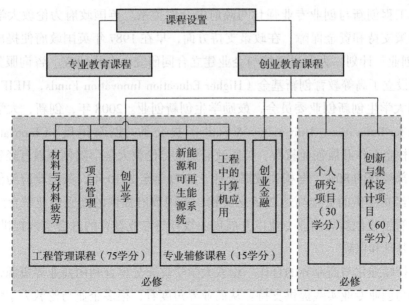

图 5-2 工程创新与创业专业主要课程设置情况

计报告、项目进度报告、项目演讲和本行业相关意见进行评估。

5.3.3 打造基于"三螺旋"结构的专创融合实践平台

伦敦大学学院与英国政府、商业界三者建立合作关系，共同提供创业政策和资金支持、创业实践活动及场地和创业关系网服务平台，成功构建了基于三螺旋结构的创业实践平台，为工程创新与创业专业的融合实践提供全方位的保障。工程创新与创业专业依托三方合作建立的实践平台开展专业教育与创业教育融合的教育教学活动，运行过程如图 5-3 所示。

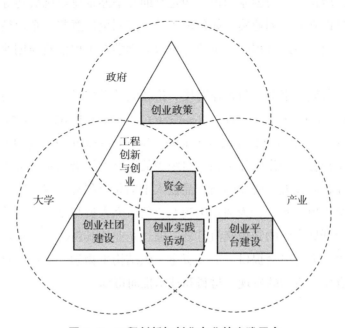

图 5-3 工程创新与创业专业的实践平台

第一，工程创新与创业专业强化与政府的合作关系。英国政府为伦敦大学学院提供了强大的政策支持和资金保障。在政策支持方面，早在1987年英国政府便提出并实施了"高等教育创业"计划。为促进高校与企业建立合同研究、合作研究、咨询服务等，2001年英国政府设立了高等教育创新基金（Higher Education Innovation Funds，HEIF）。2004年成立了全国大学生创新创业委员会，鼓励学生创新创业。2008年，创新、大学与技能部（Department for Innovation，Universities & Skills）提交的"创新国度"（Innovation Nation）白皮书强调校企合作开展创业教育。英国政府资金是伦敦大学学院创业教育经费的主要来源，高达全部经费的80%。据相关数据统计，2009年至2010年，英国政府为伦敦大学学院创业教育经费提供的资金高达2.75亿英镑，英国政府提供的高额创业教育经费为伦敦大学学院设置工程创新与创业专业以开展创业教育与专业教育的融合实践提供了强大的、稳固的经济基础和保障。

第二，持续强化与商业界的合作。伦敦大学学院充分整合利用商业界资源，全方位地为工程创新与创业专业实践提供支持。从商业界角度看，很多企业与伦敦大学学院保持着密切联系与合作，使其创业教育与时俱进，适应社会发展。企业不仅免费分享创业经验、提供创新创业实践平台，还为正在创业的大学生提供创业资金，降低创业的风险。一是创业成功的企业家通过创业讲座分享创业成功的经验，激发学生的创业意识。工程创新与创业专业每年邀请新近创业成功的企业家来校进行讲座交流，为学生提供最新的创业成功案例，深入挖掘市场需求。促进学生了解工程专业创业市场的最新发展，走在市场的前沿，不盲目创业。同时使创业具有针对性，符合社会发展的需要。通过企业家与学生互动交流创业计划，还可能使学生当场获得企业的实践机会与资金支持。二是为准备创业或正在创业的学生提供创业咨询和资金支持，保障学生的创业实践。三是举办企业训练营活动并开设创业短期课程，增长学生的创业知识。四是赞助并举办企业家挑战赛等活动，提高学生的创业技能。四是设立多项创业奖，如伦敦大学学院明星创意奖、企业精神奖、创业报道奖等，鼓励学生创业。在此过程中，企业为伦敦大学学院工程创新与创业专业的实践创造了良好的环境。

第三，借助"研究理事会"与企业对接。伦敦大学学院成立了工程与物理科学研究理事会（Engineering and Physical Sciences Research Council，EPSRC）、生物技术与生物科学研究理事会（Biotechnology and Biological Sciences Research Council，BBSRC）等组织，与企业保持长久的知识转移的合作伙伴关系。组织中的研究人员借助企业资源将创新知识和技术付诸实践，企业将研究人员研发的新产品投入市场获得利益，双方密切配合，发挥巨大的商业价值和社会价值。例如，为加强工程专业的研究人员与企业之间的联系，工程与物理科学研究理事会开展广泛的知识交流计划，通过企业使其新的产品和技术走向市场。生物技术与生物科学研究理事会提供了大量资金，供结构生物学、工业生物技术等工程专业研究人员与企业合作，将新的发现、材料和技术推向市场。

5.3.4 加强创业社团建设

伦敦大学学院为了深化内部创业体系的培育，设立了创新创业中心等服务机构，提供技术、资金和场所，帮助学生申请项目、联系企业，进行成果孵化。与此同时，伦敦大学学院大力支持校内创业社团的建设。校内创业社团是学生进行创业实践的主要部门，也是学生与企业紧密联系的中介。伦敦大学学院投入大量资金，成立多种类型的创业社团，如创业协会、企业家协会等，让社团自行与企业建立联系，作为校企合作搭建创业实践平台的另一条联络关系网。表 5-2 显示的是伦敦大学学院校内主要的创业社团，其主要功能及运行方式各有不同。

表 5-2　伦敦大学学院的主要创业社团

校内创业社团名称	主要职责及运行方式
创业协会（Enterprise Society）	创业交流平台，交流创业想法、创业技能、创业设计方案和创业的可行性等
企业家协会（Entrepreneurs Society）	企业家中心，为正在创业或准备创业的人提供创业技能培训和资金保障
创行（Entrepreneurship Association）	企业创新咨询，根据企业的创新需求提供针对性的解决方案
商业协会（Business Society）	创业视野，邀请业界大型企业开展创业网络咨询研讨会
技术协会（Technical Society）	创业技术支持，举办创业技术讲座、创业研讨会和创业相关课程
志愿者协会（Volunteering Society）	学生创业关系网络平台，帮助创业学生联络创业组织或企业

表 5-2 中创业协会为有创业意向的学生与企业员工提供创业交流平台，旨在交流创业想法、创业技能、创业设计方案和创业的可行性等。企业家协会是企业家的中心，为正在创业或准备创业的人提供创业技能培训和资金保障等。创行是一种为企业创新提供咨询的社团，主要是根据企业的创新需求提供针对性的解决方案。商业协会，通过邀请业界大型企业开展创业咨询研讨会，开阔创业视野。技术协会通过举办创业技术讲座、创业研讨会和创业相关课程，提供创业技术支持。志愿者协会是学生创业关系网络平台，负责帮助创业学生联络创业组织或企业。校内创业社团是联系高校、企业和学生三者的服务平台，构成一个创业关系网，为工程创新与创业专业的融合实践提供"软平台"。

自伦敦大学学院新设"工程创新与创业"专业推进"专创融合"以来，取得了初步成效。近年来，每年大约有 800 家企业参加伦敦大学学院组织的招聘就业活动，并且企业参与数量呈上升趋势。此外，据高等教育统计局（The Higher Education Statistics Agency, HESA）统计，2016 年毕业生在毕业后 6 个月的平均起薪达到 25000 英镑。与此同时，工程创新与创业专业迅速成为伦敦大学学院的热门专业，吸引着国内外众多学生报考。工程创新与创业专业的毕业生受到雇主们高度的关注，雇主们看重他们具备的专业知识、创业技能和创业实践经历，最终该专业 98% 的毕业生进入优秀的企业就业或选择创业。

5.4 国外高校创业教育发展的经验借鉴

英国高校创业教育政策具有多元性和连续性，营造了浓厚的创业文化氛围，收获了良好的创业教学效果。借鉴英国高校创业教育政策变迁的主要历程、分析其核心特征，对于推进我国创业教育政策变革、提升高校创业教育质量具有重要意义。

第一，建立完善的创业教育课程体系。英国高校创业教育实践表明，创业课程体系及教学方法的科学性是影响创业教育效果的关键因素。在比较分析视野下，为提升我国高校创业教育质量，一要促进创业课程和专业课程结合，将市场、金融、企业家精神等相关知识融入专业课程内容。课程设计上应注重培养学生的自主学习动力，提升其获取关键性创业知识和技能的能力。提高学生对风险和不确定的容忍性，以应对未来创业可能面对的复杂环境。二要推动理论课程和实践课程结合。在提高传统创业理论教学吸引力的同时，增加创业实践教学的比重，并依托创业实践基地举办创业竞赛、商业计划、模拟实训等，提升大学生的参与度和创业体验。三要追求课程类型的多元化，形成由通识课、专业课、创业实践及讲座报告构成的多层次创业教育课程体系。与此同时，在教学方法上重视情境创设，运用案例教学法、情景模拟法、角色演绎、沙盘模拟、小组讨论等方式组织教学。强化以活动性和经验性为主的知识传递方式，引导学生"做中学"，从而感知真实的商业运行过程。此外，教师应积极引导学生进行创业反思，提升大学生批判性思维能力，循序渐进提升其创新行动力和创业精神。如前所述，英国高度重视创业课程体系建设，借此提高大学生创业能力，推动课程改革及学生学习方式的调整。英国高校创业教育政策明确将创业课程纳入大学核心课程体系；建立明确创业课程开发规则及框架；倡导提出通过质量评估推进创业教育改革、引导创业课程建设的科学化思路。伦敦大学学院的个案反映出建立模块化、嵌套式课程体系已成为推动创业课程建设的新举措。诸如，以多学科交叉融合引领课程设计；以"模块化"课程体系促进工程专业教育与创业教育的融合；以"嵌套式"课程设计推进创业教育的深度融入等。

欧美国家高校创业教育普遍起步早、发展快，与英国高校类似，美国高校也高度重视创业教育课程体系建设，持续促进创业课程的普遍开设和影响力提升。1985年，全美只有253所学院或者大学提供关于小企业管理或创业的课程，到1993年，对创业感兴趣的学生可以选择441种不同的创业课程。皮特·罗宾逊（Peter Robinson）教授于1991年对全美招生人数超过1万人的216所学院和大学展开调研后发现，接近82%的学校为本科生提供了创业课程，过半数的学校为研究生提供了创业课程。根据福特（D. Foote）1999年的研究，从1996年到1999年，在5所美国最佳商学院学习创业内容的学生人数增长了92%，即从3078人增加到5013人；创业课程数量也相应增加了74%。为适应新变化与新需求，美国高校创业教育课程数量和种类也在不断提升，到2012年，美国已经有1800多所大学和学院提供不同类型的创业课程。美国大学被认为是产生创造性、交换创意及整合新方法、看待新事物、学习新东西的滋生地，创业课程的广泛开设至少表明高校提高创业教育的普及率，且已经从操作层面形成较具稳定性、长期性和时效性的体系，为全校性创业奠定了基础。

第二，强化企业家精神培养。英国伦敦大学学院工程创新与创业专业的案例反映出企业家精神培养在创业教育过程中的突出地位。企业家精神培养是伦敦大学学院工程创新与创业专业的成功实践的内在动力。人才培养理念是指培养主体关于人才培养的目标设计、理想追求及相应的教育、教学观念，它对整个人才培养活动起着导向与定位的作用，[1]是整个人才培养活动的"指挥棒"，对培养什么样的人及高校创业教育的发展具有极其重要的意义。推进创业教育与专业教育的融合，高校首先要树立"企业家"型人才培养理念。人才培养理念对人才培养起着重要的指导作用，人才培养理念处于伦敦大学学院工程创新与创业专业开展创业教育与专业教育融合实践的首要地位。我国大多数高校仍然秉持传统的人才培养理念，即以培养岗位专业人才为培养目标，忽视创业精神的培养。[2]为了有效促进创业教育与专业教育融合，我国高校要与时俱进，充分认识到推动我国创业教育发展的社会需求特点，从传统的人才培养理念向"企业家"型人才培养理念转化。而企业家精神的培养是关键要素。高校要将培养学生的企业家精神贯穿于整个专业教育过程，以专业为依托，着重培养学生的企业家精神。

第三，促进创业教育与专业教育的融合。通过比较研究发现，促进创业教育与专业教育的融合与协调发展是国外高校成功推进创业教育的关键。未来我国高校创业教育发展要重视创业教育和专业教育的协调发展。当前，我国大多数高校的创业教育与专业教育在课程设置上还存在脱节，虽然有少数高校把创业教育纳入教学计划中，但没有依据专业特色来安排创业教育课程，在课程设置上也存在只注重创业理论的不合理现象。[3]在分析借鉴英国伦敦大学学院工程创新与创业专业实践基础上，创业教育与专业教育的有效融合必须以专业课程为基础，通过多个方面的课程设置渗透创业课程。未来我国高校推进创业教育与专业教育的融合，至少可以从如下三个角度入手：一是基于学科交叉改进课程。高校要结合自身教育传统及所在区域的文化特色，将自然科学和人文科学的知识融入创业教育课程体系，提升大学生的创业认知水平和人文情怀，以培养综合素养较高的创新创业人才。二是发展专创融合课程体系。根据专业特色精心设计创业教育课程，使创业教育课程的重点渗透到专业教育课程发展的需求中，或在专业教育课程中嵌入创业教育课程模块，采取必修选修相结合的方式开设就业指导和创新创业教育等课程，采用专业实训课程、实践活动课程和创业孵化实践等形式，打造相互嵌套的专创融合实践体系。三是丰富课程组织形式。创业教育课程可采用创业理论知识传授、项目设计与开发、案例教学、创业体验实训、行业专家和企业家进校园等多样化的创业教育课程组织形式，促进创业教育课程教学和实践教学的结合。

[1] 董泽芳，王晓辉.国外一流大学人才培养模式的共同特点及启示——基于对国外八所一流大学培养杰出人才的经验分析 [J].国家教育行政学院学报，2014（4）：83–89.

[2] 黄忠东，庄妍.地方本科高校创业教育与专业教育的深度融合 [J].江苏高教，2015（6）：115–117.

[3] 陈奎庆，毛伟，袁志华.创业教育与专业教育融合的模式及实现路径 [J].中国高等教育，2014（22）：48–50.

　　第四，健全创业教育组织体系。英国高校"创业型大学"转型的浪潮不仅推动了创业教育发展，同时提升了区域创新水平。知识经济时代，英国创业型大学发展的使命是推进知识生产、转化和应用的结合，促成大学与区域形成持续的良性互动。比较而言，我国创业教育组织机构的转型尚处于起步阶段，促进创业型大学的发展可采取三个方面的措施：一是建立政府与高校联合的大学生创业委员会、全国创业教育中心及联盟等，为培养大学生的企业家精神和创业技能提供组织和制度保障，同时为高校提供创业教育支持和资金支持。二是高校要依据区域经济社会发展情况，结合自身办学特色和优势成立专门的创业教育机构，负责推进本校的创业教育，为大学生提供创业实践平台。三是借鉴英国创业型大学建设路径，在大学的专业设置及调整中予以倾斜，开办创业学院、建立创业类专业，促进高校走出"象牙塔"，打破传统大学边界，形成外界与大学内部多层次、多渠道贯通的格局。高校创业教育组织的良性运行对于实现"大众创业、万众创新"发展目标具有重要支撑作用。创业教育组织的特殊性表现为注重在创业模式变革、创业决策路径、创业资源管理及配置等方式上的创新。[1]剑桥大学注重通过创业教育组织建设促进大学"第三职能"的延展。尽管不同大学有着不同的发展历史和文化底蕴，但是在创业教育组织结构的系统性、品牌创业活动设计的理念及打造大学 – 产业 – 政府的和谐关系上体现出一致性。

　　英国高校创业教育组织建设过程及成效反映出高校创业教育有效实施的重要保障。在美国，考夫曼基金会（Kauffman Foundation）较早便以开放的心态提出，创业具有天然的、广泛的适用性，不同学科都可以发展出独特的创业内容及有效的组织形式。在这样的潮流和发展背景下，创业教育研究者和管理者从创业知识传递及创业课程组织过程的角度探讨创业教育组织方式，认为有效的创业教育模式应涵盖机会识别、整合资源及建立操作型商业组织三个层面，[2]提出将创业教育组织过程建立在大学的教学功能上。另外，资源依赖性成为创业教育组织发展的重要特征。创业教育组织建构过程具有主体多样性和主体地位平等性特征，其运行过程依赖于异质资源在大学、政府、企业之间的跨组织整合、流动及优化配置，进而形成充分发挥大学、政府、企业三方联合作用的有效机制。[3]创业教育组织模式的发展特征包括了通过项目的运行过程建立合作伙伴关系，这种合作伙伴关系常常存在复杂甚至冲突的利益相关者关系，这些关系产生于高校、商业界与政府的互动过程，[4]总体来看，创业教育的有效发展需要高校及其内部组织的转型与变革，且多元主体互动是国外高校创业教育组织有效运行的显著特征。

［1］BURGER-HELMCHEN T. Entrepreneurial Organizations［M］. New York：Springer，2013.

［2］KOURILSKY M，OTHERS A. The New Youth Entrepreneur：Getting Ready for Entrepreneurship. Entrepreneur？ Who，Me？ YESS! You. Module 1［M］. Education，Training & Enterprise Center，1995：34.

［3］王晶晶，姚飞，周鑫，等.全球著名商学院创业教育比较及其启示［J］.高等教育研究，2011，32（7）：80-86.

［4］JONES P，MILLER C，PICKERNELL D，et al. Graduate entrepreneurs are different：they have more knowledge？［J］. International Journal of Entrepreneurial Behavior & Research，2011，17（2）：183-202.

6 高校创业教育发展的路径探索[1]

立足中国式现代化的人才支撑，顺应世界创业人才培养的发展趋势，未来我国高校要进一步明确创业教育的根本目的、完善高校创业教育政策制度、优化高校创业教育组织建设、大力发展高校创业师资队伍、推进高校创业课程体系改革、改革高校创业教学策略并强化高校创业文化建设，从而提高大学生创新精神与创业技能，促进创业带动就业倍增效应。

6.1 明确创业教育的根本目的

教育作为一种培养人的社会活动，是在一定的教育目的引导下有计划有组织地进行的活动。在阶级社会中，教育目的是指一定社会制度下、一定阶级或社会集团对所需要的人的总要求，体现了教育活动的发展方向、社会对人才要求的倾向性及个体发展的需求，是教育活动的基本主张。确定科学的教育目的是教育活动有序和有效运行的基础。创业教育作为我国高等教育体系中的重要组成部分，首先要确定创业教育的根本目的，即回答"为谁培养人"和"培养什么样的人"两个问题。"为谁培养人"回应了对教育活动的质的规定性；"培养什么样的人"则是可被优化的人才培养目标，并在社会经济发展的不同阶段不断补充和丰富。

2021 年修订的《中华人民共和国教育法》总则中明确规定"教育必须为社会主义现代化建设服务、为人民服务，必须与生产劳动和社会实践相结合，培养德智体美劳全面发展的社会主义建设者和接班人"。创业教育的目的必须在这一国家总目的的指导下制定，并服务于国家教育总目的。换言之，创业教育是服务我国现代化建设的教育，是培养全面

---

[1] 本章部分观点已发表在：①徐小洲，胡瑞.英国高校创业教育新政策述评 [J]. 比较教育研究，2010（7）：69–70.②胡瑞，冯燕，孙山.认知灵活性对大学生创业意向的影响机制：基于链式中介效应的实证研究 [J]. 教育发展研究，2020（9）：81–87.③胡瑞，王丽.剑桥大学与斯坦福大学创业教育组织建设策略探析 [J]. 外国教育研究，2018，45（12）：77–88.④胡瑞，王丽.大学生创业激情和创造力对创业意向的影响机制——基于风险倾向调节效应的实证研究 [J]. 创新与创业教育，2019，10（3）：43–48.⑤胡瑞，徐传雲."三创"语境下高校教育模式转型的路径选择——基于"科学研究纲领"的探索 [J]. 创新与创业教育，2023，14（2）：108–116.

发展的人的教育，是为我国社会主义建设培养创新创业创造人才的教育，这是创业教育目的中的政治性"内核"，是创业教育保持生命力和进步性的根本保证。此外，创业教育目的的制定不仅要充分体现我国教育社会性质的根本方向，同时应牢记"三个服务"的原则，即教育目的服务于产业变革、服务于产业需求、服务于产业发展。服务产业变革，要求创业教育目的紧密联系全球产业变革的新形势与新特点，结合我国产业升级的本土化特征，有针对性地设置教育目的，充分吸取技术创新企业的建议，将国家战略与市场需求相结合。服务产业需求和发展，要求创业教育的目的导向要偏向国家战略发展所急需的产业，要充分考虑产业升级对创新型人才的需求，以"产业需求"为导向及时调整教育目的；不仅要满足当下社会发展需求，同时也需要具有一定的前瞻性和引领性，培养能够引领产业创新和产业发展的复合型人才。

在遵循国家教育总体发展战略的同时，创业教育目的也要结合当前我国深入实施创新驱动发展战略的实际需要，结合"大众创业，万众创新"发展态势的新特点，为培养符合时代需求的创新创业人才确定发展目标。从个体发展的质的规定性视角来看，创业教育的目的就在于对教育对象进行"创业精神"和"创业素质"的培养，即"树立创新意识、培养创造能力和激发创业精神"，使之具有良好的创新创业素养。因此，创业教育目的必须以素质发展为核心，确立促进人的全面发展的教育观。实现创业教育目标不能脱离个体素质的培养，素质作为人从事各项活动的底蕴，决定了个体在创新创业创造上的潜能，表现为对创新的敏感度及把握新事物和解决问题的实际水平。从人才培养目标定位来看，须突出对学生创业素质的培育，树立学生创新意识，激发学生创业精神，培养学生创造能力。一方面，创新意识包括独立意识、发展意识及创新敏感度。其中，独立意识中的独立思维和独立决策是个体成熟的重要表现之一，也是创新意识的前提；发展意识是学生与时俱进、不断学习的意识，这是创新意识的不竭动力；创新敏感度要求学生能够在学习和实践过程中发现创新生长点，开辟新的研究领域和内容。另一方面，创业精神旨在培养具有良好的市场适应性、行业开拓性且能够务实的人才，不仅要培养实干家和企业家，也要培养各领域专业型、应用型和创新型人才。此外，创造能力则是要培养学生开展创造活动的能力，创造能力的提升也是将科学技术转化为现实生产力的必要条件。从个性培养与全面发展的统一来看，创业教育目的要更加关注人的素质提升，重视个体发展的多样性，追求人发展的差异性和特殊性。但同时创业教育目的也关注人的全面发展，尤其突出人在生产劳动领域的全面发展，追求精神世界与实践世界的统一。

据此，创业教育的目的可表述为，在我国社会主义教育性质的规定下，为服务创新驱动发展战略，服务国家产业发展，为把我国建设成为创新型国家，通过教育活动有目的、有意识地培养具有创新意识、创业精神和创造能力的社会主义建设者和接班人。

6.2 完善高校创业教育政策制度

第一，健全创业教育平台和机构建设。其一，健全创业服务平台，形成政府和高校创业服务平台之间的联动。政府各级行政部门颁布实施的大学生创业政策缺少一个平台进行整合，各行政部门间也缺少针对大学生创业方面相互沟通与交流的平台，政府、高校与社会、企业也缺少参与大学生创业活动的沟通平台。因此，建立各级大学生创业服务机构，能够有效地实施对大学生创业政策落实情况的指导与监督。高校应持续强化大学生创业服务机构建设，将其打造成为沟通政府、高校、社会与创业大学生之间的桥梁，使大学生创业前、中、后期都能够得到及时的指导与扶持，从而保证大学生创业活动的健康发展。其二，加强双创示范基地建设，深入实施创业就业"校企行"专项行动，推动企业示范基地和高校示范基地结对共建，建立稳定合作关系。指导高校示范基地所在城市主动规划和布局高校周边产业，积极承接大学生创新成果和人才等要素，打造"城校共生"的创新创业生态。推动中央企业、科研院所和相关公共服务机构利用自身技术、人才、场地、资本等优势，为大学生建设集研发、孵化、投资等于一体的创业创新培育中心、互联网双创平台、孵化器和科技产业园区。

第二，完善创业教育经费投入制度。创业资金匮乏是大学生实施创业活动的一大障碍，目前大学生创业资金政策扶持方式主要为提供小额贷款。大学生创业多倾向于机会型创业，侧重于科技成果研发、高技术产业等领域，小额贷款远不能满足创业大学生对创业起步资金的需求。其一，应完善大学生创业资金扶持的相关政策。各级政府应创新符合我国大学生创业现状的资金政策，多渠道、全方位为大学生创业筹措资金，从而建立大学生创业的政策性资金扶持体系。同时，要注意减少大学生创业贷款、投资的限制性条件，简化贷款审批程序，为大学生创业提供方便。融资方面，政府应通过与银行等合作，为大学生创办的企业创造最优惠、最有利的条件，积极调控降低融资成本。其二，鼓励高校设立多样化的专项基金，为创业教育提供资金保障。当前，我国创新创业教育经费仍以高校年度预算支出和政府财政拨款为主，经费总量有限且来源渠道单一。应通过政府投资、高校自筹、校友和企业捐资的多元经费筹措机制，设立创新创业教育基金，以保障创业教育的可持续发展。在捐资企业的选择上，应注意甄别企业资质，确保基金非营利性和公益性的性质。

第三，夯实创业教育保障制度。其一，完善大学生创业税收优惠的相关政策。目前，我国相继出台并完善关于创业税收方面的优惠政策，但依旧力度比较小，不仅不能激发大学生的创业动机，而且对已创业大学生的帮助也不大。政府应积极拓展大学生创业相关税收扶持政策，完善相关的配套政策，只有让大学生切身感受到相关政策的优惠，才能更好地激发大学生的创业热情。与此同时，应开展税收和融资政策监管质量评价。以保障税收征管的公平、公正、公开，有力推进大学生创业税收优惠政策的落实，保证税收和金融政策实施的质量。其二，强化创业风险规避制度。创业是一个复杂的过程，风险和机遇并存。因此，大学毕业生创业初期不仅应通过相关政策给予指导、扶持，还应在创业风险规避上给予帮助，具体涉及创业风险保险、生活最低保障等问题，以期在激发更多大学生创业的同时，更能减少创业大学生的后顾之忧。

6.3 优化高校创业教育组织建设

本书第五章分析了英国高校创业教育发展政策，探索了剑桥大学的典型案例，展示了高校创业教育推动区域创新水平提升的途径。知识经济时代，英国高校创业教育推进了知识生产、转化和应用的结合，促成大学与区域形成持续的良性互动。相对而言，我国创业教育组织机构的建设与转型尚处于起步阶段，与产业和政府的深入互动也有待加强，制约了创业教育效果的提升，应采取措施促进创业教育组织的发展。

第一，明确高校创业教育组织建设的内容及原则。剑桥大学精英创业协会采用"委员会制"创业教育组织框架，通过部门协同开展创业竞赛活动，积极打造良好的组织外部关系，实现了组织的高效运作。高校创业教育组织建设的内容应主要包括组织内部管理、组织创业教育活动的实施、建立和谐组织外部关系。内部管理建设是高校创业教育组织建设的核心，高校创业教育组织建设须从组织内部管理建设做起。抓好组织内部管理建设是做好组织有效运行与组织外部关系建设的基础，组织有效运行和组织外部关系建设促使高校创业教育组织更好地进行组织内部管理建设。高校创业教育组织建设应遵循科学性、实用性、协调性原则。科学性原则有利于提高高校创业教育组织运行的合理性和有效性。依据科学性原则，高校创业教育组织须根据创业教育的发展，完善组织内部结构，优化人员配置，促进内部不同部门间的协同。坚持实用性原则，高校创业教育组织要致力于大学生创业综合素养与创业能力的提升，遴选优秀大学生创业计划并尝试产业化。协调性原则集中体现了三螺旋视域下，高校须将自身置身于区域科技创新的主体地位，要求校内创业教育组织依据规章制度，明确工作纪律与权责分配，实现组织内部工作和外部关系的协调。

第二，健全高校内部创业教育组织结构。推动内部创业教育组织建设是世界一流大学发展创业教育的成功经验。其一，改革创业教育运行机制，构建多部门纵向与横向相结合的管理运行机制。通过加强校内组织协同，夯实创业教育内部支撑。纵向运行机制由高校、学院、实践基地等不同层次构成。具体而言，高校应组建以校长牵头，二级学院院长、学校职能部门负责人及实践基地负责人为核心的纵向管理运行机制，借此协调各方，针对本校实际情况制订富有特色的创业教育目标，克服创业教育实施的困难。学院根据专业行业特点，分别制订各自的创业教育实施计划，深入推进不同专业院系的专创融合教育。横向运行机制是指建立由行政人员、教师和学生组成的协商机制。行政人员、教师和学生都是创业教育的主要实施者和接受者，高校可通过创建校内网络社交平台或组织协商讨论会等方式展开对话，充分听取行政人员、教师和学生的意见和建议，提升创业教育运行效率和管理质量。其二，推动创业教育体制创新，设立创业教育发展中心。借鉴发达国家的成功经验，依托高校人才培养优势、科研创新优势和资源整合优势，设立强有力的创业教育发展中心。在机构功能上，一方面为在校生和毕业创业者提供创新创业咨询服务、针对不同需求的创新创业课程培训服务；另一方面组织校内"三创"大赛、创业实践项目等活动，拓展创新创业教育形式。在组织架构上，围绕创业教育发展中心的主要职能优化内部机构，可设置包括为初创期、早中期企业解决技术创新难题的公共技术服务部门，为创业企业提供市场政策和创新创业政策分析的研究部门及联结中小学创业启蒙教育的中小学创业教育指导部门等。

第三，建立良好的组织外部关系。目前我国高校创业教育组织模式主要依托传统教学组织模式，缺乏独立性、针对性和系统性，[1] 且创业教育实施过程具有线性及链式结构特征，多为点对点的线性合作模式，忽略了创业教育组织模式多主体互动的本质特点。其一，未来我国高校创业教育组织应在争取政府拨款、校友捐赠等资金支持的同时，打造品牌创业项目，积极引入风险投资机制，与创业咨询培训机构、专利商标公司、律师事务所和税务机构等建立合作关系，形成一套有助于大学生实现创业梦的互动体系。三方各自发挥主体优势，大学利用创新人才培养优势、政府提供积极创业政策及财税政策、产业界注入资本及提供孵化平台，共同实现资源整合与共享，统筹组织大学生创业教育实践，推动区域科技创新。其二，构建大学、政府、企业"三螺旋"主体互动下的非线性创业教育组织模式，提升高校创业教育组织的有效性及创业教育的实施效果，提振区域创新水平。建立政府与高校联合的大学生创业委员会、全国创业教育中心及联盟等，为培养大学生企业家精神和创业技能提供组织和制度保障，同时为高校提供创业教育支持和资金支持。政府应建立完善的大学生创业专项资助体系，强化创业政策，加大宣传力度，为大学生创业提供专项资金和各种优惠政策。其三，高校内部要依据区域经济和社会发展特征，结合自身的办学特色和优势设立专门的创业教育组织机构，负责推进本校的创业教育，强化与外界的联系，为大学生提供创业实践平台及指导。高校不仅要为学生提供如何启动和成功运营公司的具体知识和技能，还要为大学生提供创业所需要的实物，例如创业场地、办公设施、孵化设施等，切实帮助学生解决创业开头难的问题。

第四，构建多主体联动的创业教育平台。"三螺旋"理论阐释了要增强高校与外部创业资源的共享及优化配置，加速高校创新创业成果的转化，从而实现基于政府、企业、高校互动条件下的创业教育体系建设及运行，对于创新创业人才培养、高校创业教育组织优化、区域创新水平提升具有重要的现实指导意义。其一，打造基于多方合作的创业教育平台。目前，我国高校创业教育实施过程中以线性及链式结构特征为主，高校、政府和企业的多元互动体系尚未建成。"三螺旋"体系确立了大学在区域创新中的主体地位，将创业教育及其资源流动纳入大学—企业—政府主体互动的过程中。因此，高校要加大与政府、企业及相关社会组织的合作。充分运用大学的人才培养优势，政府的创业及财税政策优势，产业界注入资本和提供孵化平台的优势，[2] 建立综合创业教育服务平台。从而在政策倾斜、法律援助、资金支持、项目发布及实践平台支撑上形成合力。与此同时，要特别注重发挥企业在科研成果市场化中的特长，搭建基于市场需求的创业项目培育平台，吸纳和

[1] 李伟铭，黎春燕，杜晓华.我国高校创业教育十年：演进、问题与体系建设 [J].教育研究，2013（6）：42-51.
[2] 胡瑞，王丽.剑桥大学与斯坦福大学创业教育组织建设策略探析 [J].外国教育研究，2018，45（12）：77-88.

培养具有创新精神和创业潜力的大学生投入其中。其二，持续强化校企互动。一是企业要积极参与到大学生创业中去，投资大学生创造性的想法，大学生往往具有较高的创业力和活力，一个好的创业想法能给企业带来新的发展视角和巨大的收益。同时，企业对大学生创业的投资能帮助学生实施自己的创业想法，如果能够在企业支持的环境下开始尝试实施自己的创业想法，学生会对创业更有信心。二是高校要主动与企业建立紧密联系，共同组织教师和学生到企业进行调研或实践。根据企业需求每年定期举办创业模拟竞赛；组织学生创办模拟公司，设定其运营项目、岗位职责和最终目标；鼓励企业为学生参与创新创业项目提供实践场地和技术支持等。

6.4　大力发展高校创业师资队伍

创业教育师资的素质直接影响学生在创业方面的态度和行为。合理的创业教育师资队伍包含数量和结构两个方面，为充分促进创业教育师资发展，应尝试采取搭建师资培养平台、强化校企合作、建立创业研究生培养项目等做法保证创业教育师资的供给。

第一，搭建创业师资培训平台。平台是高校创业师资培训的重要保障，也成为众多高校及相关组织机构推进创业师资培养的依托。目前我国高校尚缺乏持续、稳定的创业教师培养平台。其一，为提升我国高校现有创业教育师资水平与质量，可以设立创业师资培训平台。例如，由政府主导建立"教与学优异中心基金"，为鼓励高校创业教育教师推广优秀教学实践、建设创业教材、开展创业教育学术活动提供支撑，从而引领全国创业师资培训平台建设。其二，不同层次、类型的高校建立各具特色的教师培训中心，用于提升创业教育师资水平。我国高校要打造服务于创业教师培养的稳定、专业化平台，分层次建立多元化创业教师培训机构或组织。邀请专业相关的企业家、企业管理人员、创业成功人士等为专业教师提供创新创业师资培训；定期选拔优秀专业教师出国在全球范围内进行专业的交流研究，开阔教师的创新视野，使创业型专业教师与国际接轨，改变将就业指导教师及学工战线教师作为创业教师补给的状况。

第二，校企合作培养创业教育师资。创业教育内容要突出反映实践性，经验性课程在课程体系中占有重要地位，这就需要教师具有实际管理或者创立企业的经验。与此同时，校企合作培养创业教育师资可以依托高校提供"专业化持续发展"项目，通过项目协作的方式培养大学创业教师和企业雇用人员，促进高深学问与商业知识之间的转移和传递。大学教师通过专业化持续发展项目可以持续获得最新的专业化实践，提升创业教育技能。企业员工则通过与大学教师的交流了解和掌握相关学术观点。部分高校通过校企合作建立了基于知识产权的共有创业师资培训模块（co-ownership modules），实现部分高校间的师资培训学分互认，促进学院在区域内的交流互动。从我国的现实情况看，一是在培养和用好现有创业师资的前提下，需要强化校企联合，广泛吸纳优秀企业家及高层管理人员充实教师队伍，从企业聘请创业投资家、咨询师等具有实际管理工作经验的人员担任大学创业教育教师，鼓励小组互动的教学方式，更多地联系真实的创业活动，促使学生尽可能获得创业经验。聘请企业兼职教师承担相关人才培养任务，促进其企业实践经历在创业课程及教学中得以体现，同时有利于高校与企业保持联系与合作，推进创业实践教学。二是强化创业实践导师配备，从优秀校友、知名企业管理者当中聘请创业名师，组建具有丰富创业经营管理经验的实践型创业导师团队，对大学生创业过程进行全程辅导，提升高校创业实践教育效果。三是鼓励专业教师深入企业进行创业实践。通过提供资金并制定政策，如纳入职称评定考核、优先排课等，使专业教师掌握创业经验与技能，并促进创业知识与专业课程有效衔接。

第三，尝试设立"创业研究生培养项目"，强化师资补给。一方面，可以借鉴"创业研究生培养项目"的做法，将创业师资培养层次逐步提高，考虑将创业硕士列入专业学位类型，为壮大师资队伍奠定基础。促进专业化人才走入创业教育队伍，有效提高创业教育师资培养效率，唤起更多高校对创业教育师资培养的重视。另一方面，针对"三创"教育师资不足的问题，高校应调整教师的聘用制度和培养机制。其一，参照世界一流大学的普遍做法，充分发挥校友资源的优势，邀请创业校友回校开设创业教育讲座；以荣誉聘请的形式邀请校友担任创业教育兼职教师；建立高校所属院系与校友企业的长期合作机制，为创业教育提供优质师资保障。其二，要注重对在岗创新创业教师的培养和能力提升，通过科学化、有组织的系统培训，丰富教师的创新创业理论认知和实践体验，以期更好地服务于创新创业教育目标。

6.5　推进高校创业课程体系改革

创业课程体系及教学方法的科学性是影响创业教育效果的关键因素。美国教育家布鲁贝克（John Brubacher）在其著作《高等教育哲学》中提出，"无论采取什么教学形式，都有必要对学术课程的选择、组织、结构及其内容的逻辑和动机做出深入分析。"[1]创业教育课程在高校创业教育发展的早期阶段处于核心地位，创业课程是达到教育目的和实现教学目标的有效方式。

第一，更新创业课程理念。依据泰勒（R. W. Tyler）关于课程与教学的基本原理，创业教育课程内涵的厘定应从创业课程的教学目标、学习活动组织、教学内容传授及教学效果评价4个维度探讨。结合我国高校创业教育及课程建设的实际，更新理念至少包括如下几个方面：一是设计理念上，创业教育课程内容的设计与编排既要与国内社会环境、大众心理、大学生创业意向相协调，也要与高校办学理念、教育目标相协调，同时也要按照时代发展趋势与要求去发展创业教育课程，兼顾民族、本土化特色。二是创业课程目标要紧密围绕大学生创新精神及创业核心技能培养。通过课程教学提高大学生识别、把握被他人忽视的机会的能力；培养其远见和信心，促使其在发现机遇之时，能够采取恰当的行动予以把握；使其在充分掌握创业知识的基础上习得创业基本技能。同时，对于创业课程教学

---

[1] 布鲁贝克.高等教育哲学［M］.王承绪，译.杭州：浙江教育出版社，2001：103-106.

目标是否达成的判断，则须坚持"顾客满意为导向的指标体系"，注重质量与效益的提高，关注学生是否将创业精神、创业意识内化，是否主动将创业意向转化为创业行为，自主创业的比率是否提高等。三是牢固树立创业课程和专业课程结合的观念。在课程内容架构上将市场、金融、企业家精神等相关知识融入专业课程内容之中；采取多种课程类型促进创业课程和专业课程的结合，形成以通识课、专业课、创业实践及讲座报告构成的多层次创业课程融入专业教学体系的发展路径。四是应扩大创业课程的惠及面，关注所有学生。广泛开设创业课程，如"创业学""创业精神"和"创业思维"等，营造创业氛围，提高创业意识，激发创业思维和兴趣。高校创业实践活动不应局限于商学院，应建立有效激励机制，吸引不同专业背景和来源的大学生参与其中。

第二，优化创业课程内容。首先，改进创业课程设计。创业教育课程应包括创业理论知识、创业实践体验、创业精神和态度的培养、创业金融管理等各方面的知识，同时将企业家精神的培养融入课程教学过程。内容设计上，要兼顾国际化和本土化需求。国际化背景下，创业教育课程发展具有"全球一体化"的共同特征，特别是我国创业教育起步晚、良好的创业文化氛围尚未形成，需要从世界高等教育视野中去探索和分析，汲取成功经验；创业课程不能被视为"舶来品"，对于发达国家创业课程的学习不宜直接"移植"，避免造成水土不服。此外，创业课程的设计和安排要体现学生需求导向，要基于学生个体创业意愿的强度差异，区分创业专业课程和通识课程。对于单纯想了解创业的学生，以开设创业通识课程为主；而对于想深入学习并在未来致力于创办企业的学生，应提供诸如机会评估、团队管理、市场营销等深层次创业课程。如百森商学院和麻省理工大学斯隆商学院就将创业课程分为基础课程、选修课程和聚焦课程三个层级。其次，重视创业隐性课程建设。通常，高校以"显性创业课程"（explicit entrepreneurial curriculum）为载体推进创业教育。显性创业课程拥有实际形态，其主体构成包括了创业学科课程、创业活动课程和创业实践课程，具有利于组织、实施与评价的优势，占据创业教育教学的主体地位。与显性课程不同，创业隐性课程（hidden curriculum）具有潜移默化的教育和感染作用，主要以间接和内隐的方式呈现，包含学生在学校情境中潜移默化习得的观念、经验及其文化影响，其特点表现为隐蔽性、多样性和长期性。创业隐性课程包含了学校政策层面及课程教学计划中没有明确规定的、无意识或非正式的创业学习经验，其作用是促进学生对创业学习自然而然产生情感、形成正确的态度和价值观等。经验中心课程论强调，知识习得的基础是学习者经验及其社会生活实践，经验被视为"包罗万象的整体"，架构了主观与客观之间的桥梁。因而，隐性创业课程的编制应以学习者的生活经验为依据，内容呈现的逻辑要与受教育者生活经验获得和发展的线索相一致，从某种角度来说，创业隐性课程对传统知识传授提出了挑战，也是创业教育的适应性选择。目前，我国高校创业教育进入较成熟的深入发展阶段，创业教育氛围日渐浓厚且与外界互动愈发频繁，创业隐性课程及其知识传授的重要性增强，创业精神环境与心理环境的创设将作为创业课程的重要组成部分，创业隐性课程与创业显性课程的和谐发展将成为一种趋势。

第三，强化创业实践课程建设。美国实用主义教育家约翰·杜威（John Dewey）将课程类型划分为学科课程和活动课程，活动课程主要指经验性、动态性、"主动作业"式的知识传递。[1] 创业课程学习活动组织须提供相应的教育经验，包括课程学习理论支撑体系和学生主体实践两个部分。因此，进一步优化和完善"活动课程"体系，对于持续提升创业教育质量十分必要。多元化、多层次、受众面更加广泛的创业实践课程体系，有利于提高传统创业理论教学的吸引力。我国高校创业活动以创业讲座和创业设计大赛为主。目前影响较大的是共青团中央、全国青联与国际劳工组织合作的"KAB 创业教育拓展计划"，因此，应加大力度完善创业实践课程体系建设。其一，厘清创业实践课程的角色定位。创业实践课程是创业课程的有机组成，更加注重创业实践技能的掌握。但是，与创业理论课程不同，创业实践课程要以创业实践技能提升为导向，活动的设计当以大学生的兴趣和创业知识习得的动机为切入点，通过商业计划大赛等多种形式激发培养大学生创业热情、提升创业技能等。课外创业活动要作为创业课程的必要补充，通过实践促进学生对创业过程的体验及初步经验的积累。在明确定位的前提下，课外创业活动的设计要把握三方面的原则：一是经验性，课外创业活动的设计应着眼于学生创业直接经验的获取，通过强调经验的获得与重构来掌握创业技能获取相关知识；二是主体性，以充分激发学生主动精神为出发点，发挥活动课程以学生为中心的优势，提升创业学习效果；三是综合性，活动课程内容不拘泥于创业相关学科课程的框架，主要通过丰富的形式，以创业实践过程的主要环节为学习单元展开。其二，丰富创业实践课程内容。将企业家精神教育贯穿创业教学的全过程，鼓励创业教师注重商业经验的传授。创业设计大赛是近年来我国高校普遍采用的创业活动形式。高校及教育管理部门通过大赛选拔具有创业潜力的学生及团队，评估具有较好市场潜力和开发价值的创业项目，择优予以资助，带动和影响更多的大学生投身创业实践。此外，还应通过虚拟案例研习、商业计划、企业创建模拟、创业论坛或研讨会、创业夏令营，组织学生到专业相关企业实习或调研等实践的方式影响学生的创业学习过程，帮助他们初步掌握企业创业的具体步骤和复杂过程。创业竞赛可要求以团体形式参赛，并且至少有一名成员来自本专业，至少有两名成员来自不同的学科。这不仅有利于与其他学科知识的融合，还能通过与其他学科思想理念的碰撞，产生新的创业想法；而到专业相关企业实习或调研有助于学生了解专业领域内社会和企业的需求，可以结合专业知识提出更有创意的想法，设计出创新性产品。其三，拓展创业活动的组织形式。创业教育组织形式对个体的主观规范有着显著的正向影响，创业教育组织形式越多元化，个体主观规范越强，对创业态度和知觉行为控制的影响越显著，进而提高创业意向。据此，创业并不仅仅是在课堂上掌握了创业知识后就能产生创业行为，更多是需要在创业实践或创业项目中切实体验创业的过程，在体验创业的过程中提高创业能力，增长创业经验，进而产生创业行为。

第四，拓展创业活动的参与主体。伴随高校创业教育的持续深化，受众群体呈现逐步扩大的趋势。多元化的创业教育组织方式至少包括，高校与企业合作组织的创业实践培

[1] 杜威. 民主主义与教育 [M]. 陶志琼，译. 北京：中国轻工业出版社，2014.

训、由政府部门组织的创业教育培训、工作单位组织的创业培训、课外正式创业课程或项目、国际知名高校开展的在线创业课程或项目等。要有效管理和配置高校内外资源，通过科学的活动设计，撬动大学－产业－政府（university–industry–government，UIG）的创业活动资源，积极争取和有效利用政府对于高校创业教育的政策和财政支持，尝试引入企业风险投资机制，与创业咨询培训机构建立良性互动，形成一套有助于确立大学生创业意向和创业技能提升的系列品牌创业活动。归纳来看，创业实践课程在组织实施过程中需要关注三方面的问题：一是积极促进多校联合的创业活动，体现区域性、地方性特色，改变"单兵作战"形式单一、影响面小的状况；二是积极促进大学生创业团队自发组织创业活动，改变依赖高校或地方政府的现状；三是呼吁建立或完善国家、地方、高校三级创业项目资助体系，满足不同层次、不同类型高校及大学生创业实践锻炼的现实需求。西方发达国家高校创业教育的参与主体扩展为三大类别：一是在校大学生。提升在校学生的创业技能、创业自信与创业参与率成为高校创业教育的首要任务。二是校友。校友被看作潜在创业者，其优势主要表现为在具备理论知识的基础上，拥有丰富的实践经验及工作过程中获取的资源优势，邀请校友参加创业活动成为新趋势。三是大学所能辐射的周边人群，例如大学所在社区的创业者等。扩大创业教育的参与主体，要走出创业活动仅关注本科生的局限，依托学校创新与创业管理部门，定期开展硕士创业项目，初期选择与创业具有较好结合点的专业。例如，选择商学院的硕士专业开展创业活动项目及培训，甚至将创业活动拓展到博士阶段，通过研究生创业项目设计与发布，吸引有创业意向及创新思路的博士研究生开展创业学习和实践，力求推动其将科研成果与商业结合，尽可能将科研成果的商业评价及应用前景融入论文写作当中，达到双赢的效果。与此同时，加大对校友资源的挖掘，摆脱传统上主要通过资金支持回馈母校的方式，吸引校友开发或参与多种形式课外创业活动。

6.6　改革高校创业教学策略

创业教育方法要培养学生在压力下作出决定，支持团队建设，提高对创业角色的总体认识，探索看待事物的方式，发展创造力，提高交流、劝导能力等。创业教育方法应注重从知（cognitive）、情（affective）、意（conative）三个方面提高学生创业能力。[1]

第一，提高教学方法的灵活性，促进课堂内外学习的有效衔接。一是提高教学方法的灵活性。教师应积极运用参与式课堂教学模式，按照"组间同质、组内异质"原则实施分组教学，通过提问、辩论、讨论等形式，引导小组成员针对特定创业情境展开探讨与合作、取长补短，提升大学生面对挑战性目标的信念及行动能力。与此同时，依托多元化的评价方式巩固课堂教学效果。教师可将各个教学环节纳入考核范畴，加强对学生能力的考核，客观评价学生的学习成绩和不足，帮助学生建立多元创业认知表征，以提升其灵活运

[1] 徐小洲，胡瑞. 英国高校创业教育新政策述评［J］. 比较教育研究，2010（7）：69–70.

用知识的能力。[1] 二是强化创业课堂内外的有效衔接。在教学方法上，无论是创业教育还是专业教育，都要课上与课下结合。课上专业教育以课堂教学、专业知识讲座、课堂讨论等形式为主；课下创业教育最好采用创业讲座、案例研究、模拟演练、项目研究、角色扮演等自由活跃的组织形式。课上内容让学生思想层面发生深刻改变，课下将其内化理解转化为创业实践。三是在教学过程中注重激发学生的创业激情。创业激情能够促进潜在创业者发挥内在潜能采取积极的创业行动。因此，在创业教育过程中要强化创业成功典范的标杆作用，邀请成功企业家开展创业讲座，激发大学生的创业激情；引导大学生掌握积极的创业学习方式；倡导大学生管理好创业激情。过高与过低的创业激情水平均不利于理性创业行为的发生，要引导大学生调控自身情绪，促进创业激情正向作用于创业意向及今后的创业行为。[2] 与此同时，强化创业教学过程对创造力提升的作用。创业教学过程要挖掘和揭示知识蕴含的创造元素，促进学生了解和掌握创造的规律、过程及方法，进而主动采取创新性实践。激励大学生主动寻求和处理信息、运用创造力改进现状，充分发挥创造力对创业意向的积极作用。服务于创新能力及创造力培养是高校人才培养的目标。

第二，探索"情景式"创业教学策略。在创业教育过程中引入情境式教学模式（situational-teaching），通过案例分析、情境模拟等方式，将创业真实情境融入课堂教学当中，促进学生对创业风险及不确定性的感知、判断与抉择，提高学生面对创业情境的灵活应变的能力。其一，形成对于"情景式"创业教学的共识。"情景式"教学是一种创设性实践教学方式，通常以一定的技术手段和教学媒介促进学生融入场景创设，从而完成预期教学目标。"情景式"创业教学赖以存在的前提是"情境"，情境是创业行为所处的真实环境条件，也是高校创业教学设计的重要依据。"情景式"教学能够将创业真实"情境"与创业教学过程的"情景"有效关联，有助于将创业真实情境引入大学生创业知识习得的过程之中。创业活动的情境要素包括了时间、空间、历史、制度和社会等因素，各种情境要素共同决定创业者与机会的关联方式及创业行为有效性的边界条件。[3] 其二，"情景式"创业教学的效果。情境异质性影响创业学习的有效性，[4] 然而，大学生难以感知商业企业运行中的风险及不确定性，必须通过情景化的教育教学活动提升其创业认知能力，进而指导今后的创业实践活动。[5] 我国学者分析了美国圣路易斯大学创业教育的学习主题，认为该校通过创业学习的多元情境创设及资料储备与提供、风险竞争机制的引入等方式，为学

［1］胡瑞，冯燕，孙山.认知灵活性对大学生创业意向的影响机制：基于链式中介效应的实证研究［J］.教育发展研究，2020（9）：81-87.

［2］胡瑞，王丽.大学生创业激情和创造力对创业意向的影响机制——基于风险倾向调节效应的实证研究［J］.创新与创业教育，2019，10（3）：43-48.

［3］HARRISON RT，LEITCH C M. Entrepreneurial learning：researching the interface between learning and the entrepreneurial context［J］. Entrepreneurship Theory & Practice，2005，29（4）：351-371.

［4］陆根书，刘秀英.常规和在线学习情景下学生投入特征及类型——基于西安交通大学大学生学习经历调查数据［J］.高等工程教育研究，2017（3）：129-136.

［5］WALTER S G，BLOCK J H. Outcomes of entrepreneurship education：An institutional perspective［J］. Journal of business venturing，2016，31（2）：216-233.

生成长提供一个创业的思维模式和技能架构，保持了创业知识的动态发展与转移。[1] 国外学者通过实证研究认为，商业计划及企业创建模拟有助于帮助学生感受真实的创业环境及复杂的企业创建过程，有助于扩大大学生创业知识的静态存量、提升创业认知能力。[2-4] 情景式创业教学与创业情境紧密相连的活动课程较之创业学科课程更有效、更具优越性。[5] 其三，"情景式"创业教学的措施。"情景式"教学有利于改变传统课堂教学以理论讲解为主，且注重传授可靠的、无疑的、明确的系统知识为导向的教学方式。推进"情景式"创业教学，一是在教学过程中重视情境创设，运用案例教学法、情景模拟法、角色演绎、沙盘模拟、小组讨论等方式组织教学。教学过程中要引导大学生通过角色扮演等方式，激发其在特定情景感知基础上的认知与思考，从而增加课程教学的吸引力和针对性，最终提高创业课程教学的质量。[6] 二是教师应积极促进学生进行反思，促进大学生批判性思维能力，循序渐进提升其创新行动力和创业精神，并在此过程中创造文化价值、社会价值和经济价值。三是引导大学生通过探究式学习（hands-on inquiry based learning）互促共进，探究式学习从本质上体现了著名教育家约翰·杜威"做中学"的理念。实证研究表明，通过"情景"创设能够促进大学生感知真实的创业"情境"，促进其采取探究式学习方略，从而提升创业激情。

6.7 强化高校创业文化建设

创业文化具有独特的育人功能，能够潜移默化、润物无声地培育大学生的创新精神和创业能力。因此，要促进创业文化成为大学生创新思维提升、创造力发展的源泉。

第一，形成创业文化认同。文化认同（cultrual identity）可以归结为一种群体意识，即个体作为群体的要素受群体文化影响的感觉与现象，从而形成基本价值认同，是一种对有意义的事物的肯定性体认。文化认同的作用表现为群体意识的一致性与行为的凝聚力，能有效促进社会个体及群体间的沟通，维持与保障社会政治经济生活的有序性，是行为推进的精神力量与内在因素。一方面，创新创业文化发展影响创业氛围及创业参与率。客观

［1］李华晶，张玉利，TANG J. 从圣路易斯大学看创业教育与知识转化的契合［J］.管理现代化，2015，35（3）：120-122.

［2］LIÑÁN F. The Role of Entrepreneurship Education in the Entrepreneurial Process［M］// Handbook of Research in Entrepreneurship Education. Edward Elgar Publishing，2007：230-247.

［3］GRAEVENITZ G V，HARHOFF D，WEBER R. The effects of entrepreneurship education［J］. Journal of Economic Behavior & Organization，2010，76（1）：90-112.

［4］ARASTI Z，KIANI F M，IMANIPOUR N. A study of teaching methods in entrepreneurship education for graduate students［J］. Higher Education Studies，2012，2（1）：2-10.

［5］KUCKERTZ A. Entrepreneurship education：status quo and prospective developments［J］. Journal of Entrepreneurship Education，2013，16：59-71.

［6］胡瑞，冯燕，孙山. 认知灵活性对大学生创业意向的影响机制：基于链式中介效应的实证研究［J］.教育发展研究，2020（9）：81-87.

上说，我国的创业文化认同感无论在社会上还是在高校内部尚缺乏蓬勃发展的土壤。传统的"中庸哲学"及"官本位"思想制约创业文化认同感的形成。中庸是儒家思想文化的重要构成，也是中国传统儒、释、道思想的精髓，宋明理学将其阐释为"中者，不偏不倚、无过不及之名；庸，平常也"。"中庸"所代表的世界观和价值观与西方主流文化的处世之道存在显著差异，也与创业精神中的敢于冒险、大胆突破等不一致；另一方面，"官本位"思想所蕴含的体制架构及制度安排与创业文化不同。"十年寒窗无人问，一朝成名天下知"，当今这一表述的内涵被有的人演绎为，读书学习的目标被定格为通过成为"体制内的人"而"成名天下"，而非开创自己的商业。因而，我国高校创业文化认同感的打造和培育需要经历一个相对较长的过程。

另外，要着力提升大学生的创业文化认同感。在大学生群体中宣讲和传播创业精神，提升大学生对创业是创造性过程的认识。促进学生在面临心理上、经济上及社会层面挑战之时，勇于突破、大胆创新，实现经济收益与个人成就感双赢。借助创业理念及其精髓对"中庸"思想进行科学的扬弃，培植创业文化发展土壤。同时，要挖掘创业精英，运用典型事例感染、榜样引领的办法，打造创业文化氛围。大学生是最具可塑性、创新性及创业潜能的群体，榜样带动作用对其行为调适具有积极、显著的效用。高校可选择校友中的创业精英，甚至是大学生创业活动中的优秀案例作为典型，挖掘其成功的历程、经验及教训，给予大学生更多的精神滋养与鼓舞，促进其认同创业的精神内涵及价值取向，逐步将创业作为重要的就业选择之一，摒弃"官本位"思想的桎梏。

第二，完善创业制度文化。依据制度理论推衍，创业作为组织水平的社会活动受制于创业政策，个体从创业意向到创业行动的转变与政策因素紧密相关。完善创业制度文化是促进创业发展的重要途径：一是进一步发挥政策的激励和引导作用，在创业企业准入、税费减免、小额贷款、知识产权保护、技术创新、科研技术成果转化与转让、工商管理、创业培训、资金扶持等方面给予支持。[1]同时出台激励政策，完善配套创业公共服务，为大学生创业者排除创业实践中的难题。二是高校作为创业教育的主体，应主动将商业文化、企业文化整合到创业教育之中，依托商业、企业、社团组织的支持，实现自身的社会价值和服务职能，促进传统文化、学术文化与商业文化的融合与平衡。[2]三是大力宣传大学生创业优惠政策。促进更多的大学生了解和认识创业优惠政策，有利于促进其从创业意向到创业行为的改变。建议将大学生创业优惠政策的解读及运用作为创业理论教学内容之一，以帮助大学生了解政策内容、把握政策机遇、提升创业信心与创业文化认同感。

第三，建设创业文化载体。发挥创业文化育人载体功能，以提升大学生的创业意向。一要发挥以物质为载体的创业物质文化功能。例如，合理布置创业园区，充分展示创业标识，将更多创新元素融入创业实践基地中等。二要发挥以制度为载体的创业制度文化功能。建立符合市场需求及创业教育特点的大学生创业支持政策及配套激励措施，营造良好

[1] 刘碧强. 英国高校创业型人才培养模式及其启示 [J]. 高校教育管理，2014，8（1）：109-115.
[2] 苗青. 英国创业教育对我国的启发 [J]. 教育评论，2018（3）：67-72.

的创新创业氛围。三是加强社会创业文化环境建设，营造鼓励创新、容忍失败的氛围，以多元化、科学化的方式传播创业文化，促使全社会形成创新创业、勇于探索的共识，从而潜移默化、润物无声地对大学生创业意向及行为产生积极影响。力求在全社会倡导敢于突破、勇于创新和宽容失败的创业文化，给予创新人才自由宽松的环境。在良好的创业文化环境中逐步推动大学的创业文化适应，促使大学生放下就业的思想包袱，转而考虑如何创造工作岗位，实现创业带动就业的倍增效应。四是发挥创业文化的育人功能，打造推动创业教育发展与革新的精神文化、物质文化和制度文化，普遍宣传企业家精神，鼓励师生探索性的研究与实践活动，并不断完善创业教育制度及保障措施。此外，高校要注重将创业文化以生动、合理、科学化的方式传播与内化，促进在更大范围内形成鼓励创新创业、勇于探索的普遍共识。

参考文献

1. 埃茨科威兹 . 创业型大学与创新的三螺旋模型［J］. 王聚平，李平，译 . 科学学研究，2009（4）：481-488.

2. 埃茨科威兹 . 国家创新模式：增补版［M］. 周春彦，译 . 北京：东方出版社，2014：25-34.

3. 埃茨科维兹 . 三螺旋［M］. 周春彦，译 . 北京：东方出版社，2005：35-43.

4. 白少君，崔萌筱，耿紫珍 . 创新与企业家精神研究文献综述［J］. 科技进步与对策，2014（23）：178-182.

5. 白逸仙 . 高校培养创业型工程人才的方式研究［D］. 武汉：华中科技大学，2011.

6. 布鲁贝克 . 高等教育哲学［M］. 王承绪，译 . 杭州：浙江教育出版社，2001：103-106.

7. 蔡莉，崔启国，史琳 . 创业环境研究框架［J］. 吉林大学社会科学学报，2007（1）：50-56.

8. 蔡莉，单标安 . 中国情境下的创业研究：回顾与展望［J］. 管理世界，2013（12）：160-169.

9. 蔡莉，费宇鹏，朱秀梅 . 基于流程视角的创业研究框架构建［J］. 管理科学学报，2006（1）：86-96.

10. 蔡莉，尹苗苗，柳青 . 生存型和机会型新创企业初始资源充裕程度比较研究［J］. 吉林工商学院学报，2008（1）：36-41.

11. 蔡翔，王文平，李远远 . 三螺旋创新理论的主要贡献、待解决问题及对中国的启示［J］. 技术经济与管理研究，2010（1）：26-29.

12. 曹扬，邹云龙 . 创业教育与就业教育、创新教育的关系辨析［J］. 东北师大学报（哲学社会科学版），2014（2）：199-202.

13. 曹扬 . 转变经济发展方式背景下高校创新创业教育问题研究［D］. 长春：东北师范大学，2014.

14. 陈丹，王文科 . 大学生创业意向影响因素研究［J］. 山东大学学报（哲学社会科学版），2012（6）：113-119.

15. 陈洪源 . 大学生创业指导服务的社会资源整合探析［J］. 当代教育科学，2015（15）：59-61.

16. 陈克现，周向阳，王春潮 . 应用技术型人才培养的内涵与途径——以独立学院的教学改革为例［J］. 高等农业教育，2015（9）：56-60.

17. 陈奎庆，毛伟，袁志华 . 创业教育与专业教育融合的模式及实现路径［J］. 中国高等教育，2014（22）：48-50.

18. 陈良雨，汤志伟 . 群落生态视角下一流学科组织模式研究［J］. 高校教育管理，2020，14（1）：8-15.

19. 陈天勇 . 基于素质模型的高校创新型科技人才培养研究［J］. 现代营销（下旬刊），2015（9）：92.

20. 陈巍，陈国军，郁汉琪 . 建构主义理论的项目式教学体系构建［J］. 实验室研究与探索，2018，37（2）：183-187，206.

21. 陈文娟，姚冠新，徐占东 . 大学生创业意愿影响因素实证研究［J］. 中国高教研究，2012（9）：86-90.

22. 陈闻冠 . 创业人才的素质和识别方法研究［D］. 上海：同济大学，2007.

23. 陈怡安 . 我国人才创新创业环境测算与评价［J］. 经济体制改革，2015（5）：29-35.

24. 陈昀，贺远琼 . 创业认知研究现状探析与未来展望［J］. 外国经济与管理，2012，34（12）：12-19.

25. 陈震红，刘国新，董俊武 . 国外创业研究的历程、动态与新趋势［J］. 国外社会科学，2004（1）：21-27.

26. 成伟.从背离到融合:大学生创业教育与专业教育关系的创新[J].教育发展研究,2018,38(11):80-84.

27. 崔军,蒋迪尼,顾露雯.英国高等教育改革新动向:市场竞争、学生选择和机构优化[J].外国教育研究,2018,45(1):20-32.

28. 单中惠.西方教育思想史[M].北京:教育科学出版社,2007.

29. 德鲁克.创新与企业家精神[M].蔡文燕,译.北京:机械工业出版社,2010.

30. 董泽芳,王晓辉.国外一流大学人才培养模式的共同特点及启示——基于对国外八所一流大学培养杰出人才的经验分析[J].国家教育行政学院学报,2014(4):83-89.

31. 杜威.民主主义与教育[M].陶志琼,译.北京:中国轻工业出版社,2014.

32. 方杰,张敏强.中介效应的点估计和区间估计:乘积分布法、非参数Bootstrap和MCMC法[J].心理学报,2012,44(10):1408-1420.

33. 高福安,铁俊.创业教育与创业型大学制度创新研究[J].国家教育行政学院学报,2014(6):9-13.

34. 高桂娟.英国创业教育对高等教育提出的期望过高[N].文汇报,2017-02-17(7).

35. 高健,宋欣.高校大学生创新创业共生服务机制建设探究[J].教育与职业,2015(24):39-41.

36. 高书国.从徘徊到跨越:英国高等教育普及化模式及成因分析[J].外国教育研究,2007(2):57-61.

37. 葛宝山,董保宝.动态环境下创业者管理才能对新创企业资源获取的影响研究[J].研究与发展管理,2009(8):20-27.

38. 顾远东,彭纪生.创新自我效能感对员工创新行为的影响机制研究[J].科研管理,2011,32(9):63-73.

39. 郭必裕.我国大学生机会型创业与生存型创业对比研究[J].清华大学教育研究,2010,31(4):70-73.

40. 郭德侠,楚江亭.我国大学生创业政策评析[J].教育发展研究,2013,33(7):65-69.

41. 郭红东,周惠珺.先前经验、创业警觉与农民创业机会识别——一个中介效应模型及其启示[J].浙江大学学报(人文社会科学版),2013,43(4):17-27.

42. 郭元源,陈瑶瑶,池仁勇.城市创业环境评价方法研究及实证[J].科技进步与对策,2006(2):141-145.

43. 郝杰,吴爱华,侯永峰.美国创新创业教育体系的建设与启示[J].高等工程教育研究,2016(2):7-12.

44. 郝喜玲,张玉利.认知视角下创业失败研究述评和未来展望[J].外国经济与管理,2016,38(8):3-14,4.

45. 和建华.新时代大学生创业教育现状与发展策略研究[J].中外企业家,2018(36):171-172.

46. 侯永雄,程圳生.我国近三十年来的创业政策回顾与展望[J].创新与创业教育,2015,6(2):5-8.

47. 胡玲玉,吴剑琳,古继宝.创业环境和创业自我效能对个体创业意向的影响[J].管理学报,2014,11(10):1484-1490.

48. 胡瑞,冯燕,孙山.认知灵活性对大学生创业意向的影响机制:基于链式中介效应的实证研究[J].教育发展研究,2020(9):81-87.

49. 胡瑞,王丽.大学生创业激情和创造力对创业意向的影响机制——基于风险倾向调节效应的实证研究[J].创新与创业教育,2019,10(3):43-48.

50. 胡瑞,王亚运,王伊凡.创业教育对大学生创业技能的影响机制——基于创业警觉中介效应的实证分析[J].高等农业教育,2017(3):78-82.

51. 胡瑞,王伊凡,张军伟.创业教育组织方式对大学生创业意向的作用机理——一个有中介的调节效应[J].教育发展研究,2018,38(11):73-79.

52. 胡瑞."第三条道路"思潮与当代英国教育改革[J].现代大学教育,2012(1):36-40.

53. 胡瑞.高水平大学创业教育发展策略——以剑桥大学为例[J].复旦教育论坛,2015(3):6-10.

54. 胡文龙.论学科发展观及其演进[J].高等工程教育研究,2020(1):118-122.

55. 胡晓风，姚文忠，金成林.创业教育简论［J］.四川师范大学学报（社会科学版），1989（4）：1-6.

56. 黄茂.高校创业教育与专业教育的融合发展探析［J］.教育与职业，2010（15）：74-76.

57. 黄小平."全价值链"创业型人才培养模式实施路径与效果探讨［J］.职教论坛，2019（11）：172-176.

58. 黄兆信，罗志敏.多元理论视角下高校创业教育的发展策略研究［J］.教育研究，2016，37（11）：58-64.

59. 黄兆信，曾纪瑞，曾尔雷.以岗位创业为导向的人才培养体系研究与实践——以温州大学为例［J］.教育研究，2013（6）：144-149.

60. 黄忠东，庄妍.地方本科高校创业教育与专业教育的深度融合［J］.江苏高教，2015（6）：115-117.

61. 姜萍.大学生社会网络、创业警觉性与创业机会识别的关系研究［D］.长春：吉林大学，2015.

62. 姜彦福，张韩.创业管理学［M］.北京：清华大学出版社，2005：102.

63. 金生鈜.规训与教化［M］.北京：教育科学出版社，2004：34-81.

64. 金生鈜.教育为什么要培养理性精神［J］.教育研究与实验，2003（3）：12-16.

65. 昆斯.剑桥现象：高技术在大学城的发展［M］.郭碧坚，译.北京：科学技术文献出版社，1988.

66. 来新安.创业者特征、创业环境与创业绩效：一个概念性框架的构建［J］.统计与决策，2009（2）：162-164.

67. 李爱国，徐刚，曾宪军，等.教育制度设计对大学生机会型创业意向的影响——来自重庆的实证研究［J］.复旦教育论坛，2012，10（1）：32-38.

68. 李炳安.产学研合作的英国教学公司模式及其借鉴［J］.高等工程教育研究，2012（1）：58-63.

69. 李博.生态学［M］.北京：高等教育出版社，2000.

70. 李国彦，李南.大学生创业者个体因素对创业警觉性的影响研究——基于社会创业政策的调节作用［J］.教育发展研究，2014（19）：38-43.

71. 李华晶，张玉利，TANG J.从圣路易斯大学看创业教育与知识转化的契合［J］.管理现代化，2015，35（3）：120-122.

72. 李静薇.创业教育对大学生创业意向的作用机制研究［D］.天津：南开大学，2013.

73. 李明章，代吉林.我国大学创业教育效果评价——基于创业意向及创业胜任力的实证研究［J］.国家教育行政学院学报，2011（5）：79-85.

74. 李伟铭，黎春燕，杜晓华.我国高校创业教育十年：演进、问题与体系建设［J］.教育研究，2013（6）：42-51.

75. 李小康.创业人才行为对产业集群发展的动力研究［D］.武汉：华中科技大学，2013.

76. 李晓.区域创业环境评价指标体系的优化［J］.统计与决策，2009（15）：48-49.

77. 李雅琦.基于需要层次理论分析应用型本科人才培养模式改革研究［J］.课程教育研究，2019（17）：38.

78. 李永强，白璇，毛雨，等.基于TPB模型的学生创业意愿影响因素分析［J］.中国软科学，2008（5）：122-128.

79. 林健.引领高等教育改革的新工科建设［J］.中国高等教育，2017（增刊2）：40-43.

80. 林嵩，许健.嵌入性与初创企业创新倾向：一个实证研究［J］.科技进步与对策，2018，35（1）：102-108.

81. 刘碧强.英国高校创业型人才培养模式及其启示［J］.高校教育管理，2014，8（1）：109-115.

82. 刘春湘，刘佳俊.创新创业教育政策演进与实施路径［J］.大学教育科学，2017（4）：94-100，126.

83. 刘晖.从《罗宾斯报告》到《迪尔英报告》——英国高等教育的发展路径、战略及其启示［J］.比较教育研究，2001，22（2）：24-28.

84. 刘加凤.基于计划行为理论的创业教育对大学生创业意愿影响分析［J］.高教探索，2017（5）：117-122.

85. 刘敏，陆根书，彭正霞.大学生创业意向的性别差异及影响因素分析［J］.复旦教育论坛，2011，9（6）：55-62.

86. 刘容志.产业集群创业人才孵化主体的互动与协调研究［D］.武汉：华中科技大学，2012.

87. 刘树春.基于第二课堂建设推动创新创业教育有效开展［J］.江苏高教，2015（3）：119-120，135.

88. 刘葳漪.创业投资走进大学——'98首届清华创业计划大奖赛预赛侧记［J］.中国科技信息，1998（增刊1）：82-83.

89. 刘艳芳，杨少清，胡甲刚."创业教育"在武大［J］.科技创业月刊，2003（11）：54.

90. 龙宝新.学科作为生命体：一流学科建设的新视角［J］.高校教育管理，2018，12（5）：15-22.

91. 陆根书，刘秀英.常规和在线学习情景下学生投入特征及类型——基于西安交通大学大学生学习经历调查数据［J］.高等工程教育研究，2017（3）：129-136.

92. 陆国栋，李拓宇.新工科建设与发展的路径思考［J］.高等工程教育研究，2017（3）：20-26.

93. 罗晨，魏巍.谈大学生创业心理和创业精神的培养［J］.国家林业局管理干部学院学报，2013，12（4）：30-32.

94. 马德俊，刘艳丽.学习理论的发展、应用与创新型人才培养［J］.教育探索，2001（7）：11-13.

95. 马斯洛.人性能达到的境界［M］.林方，译.昆明：云南人民出版社，1987：169.

96. 马永斌，柏喆.大学创新创业教育的实践模式研究与探索［J］.清华大学教育研究，2015，36（6）：99-103.

97. 马永红，陈丹.企业参与校企合作教育动力机制研究——基于经济利益与社会责任视角［J］.高教探索，2018（3）：5-13.

98. 马占杰.国外创业意向研究前沿探析［J］.外国经济与管理，2010，32（4）：9-15，24.

99. 毛畅果，孙健敏.基于主动性人格调节作用的工作场所不文明行为危害研究［J］.管理学报，2013，10（5）：708-714.

100. 梅红，任之光，王静静，等.目标定向、多样性经历对个体创新行为的影响——基于陕西省8所高校的实证研究［J］.复旦教育论坛，2017，15（4）：62-68.

101. 梅伟惠，徐小洲.大学生创业技能要素模型研究［J］.高等工程教育研究，2012（3）：57-61.

102. 梅伟惠.创业人才培养新视域：全校性创业教育理论与实践［J］.教育研究，2012，33（6）：144-149.

103. 孟德会.新时期地方高校开放办学的若干思考［J］.高教论坛，2020（4）：79-82.

104. 孟新，胡汉辉.大学生创业自我效能感与创业意愿关系中的调节效应分析——以江苏高校的实证统计为例［J］.教育发展研究，2015（11）：79-84.

105. 米江霞，傅象喜.大学生创业教育的三个维度［J］.社科纵横，2012，27（7）：157-158.

106. 苗青.英国创业教育对我国的启发［J］.教育评论，2018（3）：67-72.

107. 莫寰.中国文化背景下的创业意愿路径图——基于"计划行为理论"［J］.科研管理，2009，30（6）：128-135.

108. 木志荣.大学生创业教育和创业意向关系研究［M］.北京：清华大学出版社，2016.

109. 倪师军，曹俊兴，邓斌.关于素质教育、创新教育及创业教育的思考［J］.成都理工大学学报（社会科学版），2004（4）：1-5.

110. 宁德鹏.创业教育对创业行为的影响机理研究［D］.长春：吉林大学，2017.

111. 牛长松.英国大学生创业教育政策探析［J］.比较教育研究，2007（4）：79-83.

112. 牛彦飞."双创"升级趋势下高职创新创业师资队伍建设探析［J］.教育与职业，2020（2）：72-76.

113. 潘东华，尹大为.三螺旋接口组织与创新机制［J］.科研管理，2009（1）：5-12.

114. 潘丽丽，王晓宇.基于主观心理视角的游客环境行为意愿影响因素研究——以西溪国家湿地公园为例［J］.地理科学，2018，38（8）：1337-1345.

115. 潘永明，刘亚芸，邹丁华.股权众筹投资者投资意愿的影响研究——基于投资者创新性的调节作用［J］.经营与管理，2018（7）：19-26.

116. 彭杜宏.大学生创业核心技能构成的调查研究［J］.黑龙江高教研究，2011（7）：142-144.

117. 齐昕，刘家树.大学生创业意愿影响因素研究——模型与实证［J］.科技进步与对策，2011，28（16）：151-155.

118. 钱武，吴伟涛 . 建构主义与"以学生为中心"的教学理念 [J] . 广东水利电力职业技术学院学报，2007（2）：13-15.

119. 钱永红 . 创业意向影响因素研究 [J] . 浙江大学学报（人文社会科学版），2007（4）：144-152.

120. 邱宏亮 . 道德规范与旅游者文明旅游行为意愿——基于 TPB 的扩展模型 [J] . 浙江社会科学，2016（3）：96-103.

121. 斯晓夫，邬爱其 . 创业理论：前沿思维与中国愿景 [J] . 人民论坛·学术前沿，2016（8）：82-90.

122. 宋旭，吴媛 . 以创新创业能力培养为目标的高校实践教学体系构建 [J] . 中国成人教育，2018（24）：101-103.

123. 宋亚峰，王世斌，潘海生 . 一流大学建设高校的学科生态与治理逻辑 [J] . 高等教育研究，2019，40（12）：26-34.

124. 谭颖，陈晓红 . 我国中小企业创业环境的实证研究 [J] . 中南财经政法大学学报，2009（4）：114-119，144.

125. 谭玉，李明雪，吴晓旺 . 大学生创新创业政策的变迁和支持研究——基于 59 篇大学生创新创业政策文本的分析 [J] . 现代教育技术，2019，29（5）：112-118.

126. 王本贤，朱虹 . 前瞻性人格与创业意向的关系：成就动机的中介效应 [J] . 中国高等教育，2015（19）：42-44.

127. 王本贤 . 基于计划行为理论的创业意向与创业教育 [J] . 学术论坛，2013，36（3）：219-222.

128. 王晶晶，姚飞，周鑫，等 . 全球著名商学院创业教育比较及其启示 [J] . 高等教育研究，2011，32（7）：80-86.

129. 王丽娟，高志宏 . 大学生创新创业教育研究 [J] . 中国青年研究，2012（10）：96-99，109.

130. 王湅，刘爱书 . 童年期心理虐待对抑郁的影响：认知灵活性的中介作用 [J] . 中国特殊教育，2017（3）：84-90，96.

131. 王文龙，孙自愿，朱长风，等 . 校友力助推新型研发机构建设的思考 [J] . 中国高校科技，2019（9）：83-85.

132. 王湘波 . 深圳市创业人才培养现状、问题及对策 [D] . 湘潭：湘潭大学，2016.

133. 王向华 . 基于三螺旋理论的区域智力资本协同创新机制研究 [D] . 天津：天津大学，2012.

134. 王晓辉 . 一流大学个性化人才培养模式研究 [D] . 武汉：华中师范大学，2014.

135. 王心焕，薄赋徭，雷家骕 . 创业教育对大学生创业意向的影响研究——兼对本科生与高职生的比较 [J] . 清华大学教育研究，2016，37（5）：116-124.

136. 王秀峰，李华晶，张玉利 . 创业环境与新企业竞争优势：CPSED 的检验 [J] . 科学学研究，2013（10）：1548-1552.

137. 王占仁，常飒飒 . 欧盟"创业型教师"教育研究 [J] . 比较教育研究，2017，39（6）：20-27.

138. 王占仁 . "广谱式"创新创业教育的体系架构与理论价值 [J] . 教育研究，2015（5）：56-63.

139. 王占仁 . 创新创业教育的核心要义与周边关系论析 [J] . 国家教育行政学院学报，2018（1）：21-26.

140. 王占仁 . 中国创业教育的演进历程与发展趋势研究 [J] . 华东师范大学学报（教育科学版），2016，34（2）：30-38，113.

141. 魏巍，李强 . 社会资本对大学生创业意愿影响的实证研究——基于 6 所高校 402 份调查问卷的分析 [J] . 西安电子科技大学学报（社会科学版），2013，23（3）：72-79.

142. 魏喜武，陈德棉 . 创业警觉性与创业机会的匹配研究 [J] . 管理学报，2011（1）：133-136，158.

143. 温忠麟，侯杰泰，张雷 . 调节效应与中介效应的比较和应用 [J] . 心理学报，2005（2）：268-274.

144. 巫蓉，徐剑，朱霞 . 大学生创业技能要素模型构建与培养路径 [J] . 科技创业月刊，2013（6）：13-16.

145. 吴霞 . 裴斯泰洛齐的教育智慧：教育心理学化解读及其实践意蕴 [J] . 教书育人（高教论坛），2015（3）：20-22.

146. 吴晓波，张超群，王莹 . 社会网络、创业效能感与创业意向的关系研究 [J] . 科研管理，2014（2）：104-110.

147. 夏伟怀.建构主义视角下的本科工程教育教学设计研究 [J].大学教育,2018(10):4-7.

148. 夏征农.辞海 [M].上海:上海辞书出版社,2000:516.

149. 向春,雷家骕.大学生创业态度和倾向的关系及影响因素——以清华大学学生为研究对象 [J].清华大学教育研究,2011,32(5):116-124.

150. 谢雅萍,陈小燕,叶丹容.创业激情有助于创业成功吗?[J].管理评论,2016,28(11):170-181.

151. 全国十二所重点师范大学联合编写.心理学基础 [M].2版.北京:教育科学出版社,2012:72.

152. 熊华军,岳芩.斯坦福大学创业教育的内涵及启示 [J].比较教育研究,2011(11):67-70.

153. 徐小洲,胡瑞.英国高校创业教育新政策述评 [J].比较教育研究,2010(7):69-70.

154. 徐小洲,梅伟惠,倪好.大学生创业困境与制度创新 [J].中国高教研究,2015(1):45-48,53.

155. 徐小洲,倪好,吴静超.创业教育国际发展趋势与我国创业教育观念转型 [J].中国高教研究,2017(4):92-97.

156. 徐小洲,叶映华.大学生创业成功技能的结构维度探索 [J].应用心理学,2012(2):60-68.

157. 徐小洲,臧玲玲.创业教育与工程教育的融合——美国欧林工学院教育模式探析 [J].高等工程教育研究,2014(1):103-107.

158. 徐晓静.优化创业政策促进大众创业:浙江省创业政策分析 [J].上海企业,2017(6):28-31.

159. 徐晓鸣."绿色教育"视角下的职业院校环境教育人才培养研究 [D].济南:山东师范大学,2019.

160. 薛红志,张玉利,杨俊.机会拉动与贫穷推动型企业家精神比较研究 [J].外国经济与管理,2003,25(6):2-8.

161. 薛明,刘晓明,李阳.新工科体系下对实践教学改革与实践 [J].教育现代化,2018,5(52):67-69.

162. 杨俊,田莉,张玉利,等.创新还是模仿:创业团队经验异质性与冲突特征的角色 [J].管理世界,2010(3):84-96.

163. 杨俊,张玉利,杨晓非,等.关系强度、关系资源与新企业绩效——基于行为视角的实证研究 [J].南开管理评论,2009,12(4):44-54.

164. 杨俊.创业决策研究进展探析与未来研究展望 [J].外国经济与管理,2014,36(1):2-11.

165. 杨俊.创业团队的最佳结构模式 [J].中外管理,2013(11):104-105.

166. 杨武斌.创业环境是创业成功的外部条件 [J].科技创业,2004(8):20.

167. 姚凯,李思志,王姣姣.高校创业型人才培养模式研究——以复旦大学为例 [J].现代教育管理,2020(4):40-46.

168. 叶正飞.基于产教融合的地方高校创新创业教育共同体构建研究 [J].高等工程教育研究,2019(3):150-155.

169. 曾尔雷,黄新敏.创业教育融入专业教育的发展模式及其策略研究 [J].中国高教研究,2010(12):70-72.

170. 曾尔雷.基于二维结构的大学生创业技能提升的创业教育策略 [J].教育发展研究,2013(11):63-68.

171. 翟亚军,王战军.基于生态学观点的大学学科建设应然研究 [J].科学学与科学技术管理,2006(12):111-115.

172. 张健,姜彦福,林强.创业理论研究与发展动态 [J].经济学动态,2003(5):71-74.

173. 张兰.校企协同创新创业人才培养体系的研究 [D].哈尔滨:哈尔滨理工大学,2014.

174. 张腾,张玉利,田莉.经典环境模型及其演化分析 [J].管理学报,2015,12(8):1210-1216.

175. 张天华.论高校创业教育的系统构建 [J].国家教育行政学院报,2014(5):25-30.

176. 张秀娥,王勃.创业警觉性、创造性思维与创业机会识别关系研究 [J].社会科学战线,2013(1):78-84.

177. 张秀萍.基于三螺旋理论的创业型大学管理模式创新 [J].大学教育科学,2010(5):43-47.

178. 张洋磊,苏永建.创新创业教育何以成为国家行动——基于多源流理论的政策议程研究 [J].教育发展研究,2016,36(5):41-47.

179. 张永伟. 研究生教育目标的理性定位研究［D］. 保定：河北大学，2008.

180. 张玉利，陈寒松. 创业管理［M］. 北京：机械工业出版社，2011.

181. 张玉利，陈立新. 中小企业创业的核心要素与创业环境分析［J］. 经济界，2004（3）：29-34.

182. 张玉利，王晓文. 先前经验、学习风格与创业能力的实证研究［J］. 管理科学，2011，24（3）：1.

183. 张玉利. 高校毕业生创业后劲不足症结何在［N］. 中国教育报，2013-10-21（7）.

184. 张增田. 基于计划行为理论的公务员参与廉政教育意向研究［J］. 中国行政管理，2015（2）：24-27.

185. 张振刚，李云健，余传鹏. 员工的主动性人格与创新行为关系研究——心理安全感与知识分享能力的调节作用［J］. 科学学与科学技术管理，2014（7）：171-180.

186. 赵继，谢寅波. 新工科建设与工程教育创新［J］. 高等工程教育研究，2017（5）：13-17，41.

187. 赵军，杨克岩. "互联网+"环境下创新创业信息平台构建研究——以大学生创新创业教育为例［J］. 情报科学，2016，34（5）：59-63.

188. 赵丽霞. 学习理论流派及其教学设计观［J］. 天津市教科院学报，2010（2）：8-10.

189. 钟秉林. 加快构建大学生创业技能提升支撑体系［J］. 教育与职业，2010（31）：16.

190. 钟淑萍. 高校创新创业教育资源整合路径［J］. 思想政治教育研究，2020，36（2）：156-160.

191. 钟小彬. 美国斯坦福大学创业教育研究［D］. 广州：华南理工大学，2013：28.

192. 仲伟仁，付小庆，王丽平，等. 基于中小企业创业环境的政府作为评价研究［J］. 经济研究参考，2013（63）：90-99.

193. 周春彦. 大学–产业–政府三螺旋创新模式——亨利·埃茨科维兹《三螺旋》评介［J］. 自然辩证法研究，2006（4）：75-77.

194. 周方涛. 区域科技创业人才生态系统构建及 SEM 分析［J］. 中国科技论坛，2012（12）：86-90.

195. 周玲强，李秋成，朱琳. 行为效能、人地情感与旅游者环境负责行为意愿：一个基于计划行为理论的改进模型［J］. 浙江大学学报（人文社会科学版），2014，44（2）：88-98.

196. 周勇，杨文燮. 大学生创业主动性的现状及对策研究［J］. 中国青年研究，2014（10）：78-82.

197. 朱红，张优良. 北京高校创业教育对本专科生创业意向的影响机制——基于学生参与视角的实证分析［J］. 清华大学教育研究，2014，35（6）：100-107.

198. 卓名信，熊五一，周家法，等. 军事大辞海［M］. 北京：长城出版社，2000.

199. 邹辉，叶蓓，贺超凯，等. 新工科背景下实践教学质量标准研究［J］. 大学物理实验，2017，30(6)：136-138.

200. 邹益民，张智雄. 创新三螺旋模型的计量研究与实践进展［J］. 情报杂志，2013（4）：85-90.

201. AJZEN I. Attitudes，personality，and behavior［M］. Homewood：Dorsey Press，1988.

202. AJZEN I. The theory of planned behavior［J］. Research in Nursing & Health，1991，14（2）：137-44.

203. ALFRED P. Proactivity in career development of employees［J］. Career Development International，2015，20（5）：525-538.

204. ANACKER C，HEN R. Adult hippocampal neurogenesis and cognitive flexibility—linking memory and mood［J］. Nature Reviews Neuroscience，2017，18（6）：335.

205. ARASTI Z，KIANI FALAVARJANI M，IMANIPOUR N. A study of teaching methods in entrepreneurship education for graduate students［J］. Higher Education Studies，2012，2（1）：2-10.

206. ARDICHVILI A，CARDOZO R，RAY S. A theory of entrepreneurial opportunity identification and development［J］. Journal of Business Venturing，2003，18（1）：105-123.

207. ARENIUS P，AUTIO E. Global Entrepreneurship Monitor：2003 Executive Summary［M］. London：Global Entrepreneurship Research Association，2004.

208. AUSTIN J，STEVENSON H，WEI-SKILLERN J. Social and commercial entrepreneurship：same，different，or both？［J］. Entrepreneurship Theory and Practice，2006，30（1）：1-22.

209. BANDURA A，EDWIN A L. Negative self-efficacy and goal effects revisited［J］. Journal of Applied Psychology，2003，88（1）：87-99.

210. BANDURA A. Regulation of cognitive processes through perceived self-efficacy［J］. Developmental

Psychology, 1989, 25（5）: 729–735.

211. BANDURA A. Social cognitive theory: an agentic perspective ［J］. Asian Journal of Social Psychology, 1999, 2（1）: 21–41.

212. BANDURA A. Social foundations of thought and action: A social cognitive theory ［M］. Englewood Cliffs, New Jersey: Prentice-Hall, 1986.

213. BARBOSA S D, GERHARDT M W, KICKUL J R. The role of cognitive style and risk preference on entrepreneurial self-efficacy and entrepreneurial intentions ［J］. Journal of Leadership & Organizational Studies, 2007, 13（4）: 86–104.

214. BARNIR A, WATSON W E, HUTCHINS H M. Mediation and moderated mediation in the relationship among role models, self-efficacy, entrepreneurial career intention, and gender ［J］. Journal of Applied Social Psychology, 2011, 41（2）: 270–297.

215. BARON R M, KENNY D A. The moderator-mediator variable distinction in social psychological research: conceptual, strategic, and statistical considerations ［J］. Journal of personality and social psychology, 1986, 51（6）: 1173.

216. BATEMAN T S, CRANT J M. The proactive component of organizational behavior: A measure and correlates ［J］. Journal of Organizational Behavior, 1993, 14（2）: 103–118.

217. BAUM J R, LOCKE E A. The relationship of entrepreneurial traits, skill, and motivation to subsequent venture growth. ［J］. Journal of Applied Psychology, 2004, 89（4）: 587–598.

218. BERGMAN N, ROSENBLATT Z, EREZ M, et al. Gender and the effects of an entrepreneurship training programme on entrepreneurial self-efficacy and entrepreneurial knowledge gain ［J］. International Journal of Entrepreneurship & Small Business, 2011, 13（1）: 38–54.

219. BIRAGLIA A, KADILE V. The role of entrepreneurial passion and creativity in developing entrepreneurial intentions: insights from American homebrewers ［J］. Journal of Small Business Management, 2017, 55（1）: 170–188.

220. BIRD B, BRUSH C. A gendered perspective on organizational creation ［J］. Entrepreneurship Theory & Practice, 2002, 26（3）: 41–65.

221. BODDY M, HICKMAN H. The Cambridge phenomenon and the challenge of planning reform［J］. The Town Planning Review, 2016, 87（1）: 31–52.

222. BOYD N G, VOZIKIS G S. The influence of self-efficacy on the development of entrepreneurial intentions and actions ［J］. Entrepreneurship Theory and Practice, 1994, 18（4）: 63–77.

223. BURGER-HELMCHEN T. Entrepreneurial Organizations ［M］. New York: Springer, 2013.

224. BUSS A H, FINN S E. Classification of personality traits ［J］. Journal of Personality & Social Psychology, 1987, 52（2）: 432–444.

225. BUTLER D. Enterprise Planning and Development ［M］. London: Routledge, 2006: 65–66.

226. BYRNE O, SHEPHERD D. Different strokes for different folks: entrepreneurial narratives of emotion, cognition, and making sense of business failure ［J］. Entrepreneurship Theory and Practice, 2015, 39（2）: 375–405.

227. CAMELO-ORDAZ C, DIÁEZ-GONZÁEZ J P, RUIZ-NAVARRO J. The influence of gender on entrepreneurial intention: the mediating role of perceptual factors ［J］. BRQ Business Research Quarterly, 2016（19）: 261–277.

228. CARDON M S, FOO M D, SHEPHERD D, et al. Exploring the heart: entrepreneurial emotion is a hot topic ［J］. Entrepreneurship Theory and Practice, 2012, 36（1）: 1–10.

229. CARDON M S, GREGOIRE D A, STEVENS C E, et al. Measuring entrepreneurial passion: conceptual foundations and scale validation ［J］. Journal of business venturing, 2013, 28（3）: 373–396.

230. CARDON M S, KIRK C P. Entrepreneurial passion as mediator of the self-efficacy to persistence relationship ［J］. Entrepreneurship Theory & Practice, 2015, 39（5）: 1027–1050.

231. CARDON M S, WINCENT J, SINGH J, et al. The nature and experience of entrepreneurial passion [J]. Academy of Management Review, 2009, 34 (3): 511-532.

232. CHEN C C, GREENE P G, CRICK A. Does entrepreneurial self-efficacy distinguish entrepreneurs from managers? [J]. Journal of Business Venturing, 1998, 13 (4): 295-316.

233. COHEN J, COHEN P, WEST S G, et al. Applied Multiple Regression/Correlation Analysis for the Behavioral Sciences [M]. New York: Psychology Press, 1983.

234. COLOVIC A, LAMOTTE O. Technological environment and technology entrepreneurship: a cross-country analysis [J]. Creativity & Innovation Management, 2015, 24 (4): 617-628.

235. CRANT J M. The proactive personality scale as a predictor of entrepreneurial intention [J]. Management, 1996, 34 (3): 42-49.

236. DE NOBLE A, JUNG D, EHRLICH S. Initiation of new ventures: the role of entrepreneurial Self-efficacy [R]. Paper presented at the Babson Research Conference. Bostomn MA: Babson College, 1999.

237. DHEER R J S, LENARTOWICZ T. Cognitive flexibility: impact on entrepreneurial intentions [J]. Journal of Vocational Behavior, 2019, 115: 103339.

238. EAST L, HUTCHINSON M. Evaluation of a filmed clinical scenario as a teaching resource for an introductory pharmacology unit for undergraduate health students: A pilot study [J]. Nurse Education Today, 2015, 35 (12): 1252-1256.

239. WILLAM N, BEADLE S, CHARALAMBOUS S. Enterprise education: impact in higher education and further education [R]. London: BIS, 2013.

240. ETTL K, WELTER F. Gender, context and entrepreneurial learning [J]. International Journal of Gender and Entrepreneurship, 2010, 2 (2): 108-129.

241. ETZKOWITZ H, LEYDESDORFF L. The future location of research and technology transfer [J]. Journal of Technology Transfer, 1999, 24 (2): 111-123.

242. ETZKOWITZ H, LEYDESDORFF L. The triple helix: university-industry-government relations: a laboratory for knowledge based economic development [J]. Glyco conjugate Journal, 1995, 14 (1): 14-19.

243. ETZKOWITZ H. The Triple Helix: University-Industry-Government Innovation in Action [M]. New York: Routledge, 2008.

244. European Commission. Entrepreneurship in Higher Education, Especially within non-business studies. [R]. Office for Official Publications of the European Communities, 2004.

245. FARASHAH A D. The process of impact of entrepreneurship education and training on entrepreneurship perception and intention: Study of educational system of Iran [J]. Education & Training, 2013, 55(8-9): 868-885.

246. FAYOLLE A, GAILLY B, LASSAS-CLERC N. Assessing the impact of entrepreneurship education programmes: a new methodology [J]. Journal of European Industrial Training, 2006, 30 (9): 701-720.

247. FELDMAN D C, BOLINO M C. Career patterns of the self-employed: career motivations and career outcomes [J]. Journal of Small Business Management, 2000, 38 (3): 53-67.

248. FOO M D, UY M A, MURNIEKS C. Beyond affective valence: Untangling valence and activation influences on opportunity identification [J]. Entrepreneurship theory and practice, 2015, 39 (2): 407-431.

249. GAGLIO C M, KATZ J A. The psychological basis of opportunity identification: entrepreneurial alertness [J]. Small business economics, 2001, 16 (2): 95-111.

250. GEORGE J M, ZHOU J. When openness to experience and conscientiousness are related to creative behavior: an interactional approach [J]. Journal of Applied Psychology, 2001, 86 (3): 513-524.

251. GIBB A A. Enterprise culture and education: understanding enterprise education and its links with small business, entrepreneurship and wider educational goals [J]. International Small Business Journal, 1993, 11 (3): 11-34.

252. GIBB A A. Key factors in the design of policy support for the small and medium enterprise (SME) development process: an overview [J] . Entrepreneurship & Regional Development, 1993, 5 (1): 1–24.

253. GIBB A. Concepts into practice: meeting the challenge of development of entrepreneurship educators around an innovative paradigm: the case of the international entrepreneurship educators' programme (IEEP) [J] . International Journal of Entrepreneurial Behaviour & Research, 2011, 17 (2): 146–165.

254. GIST M E, MITCHELL T B. Self–efficacy: a theoretical analysis of its determinants and malleability [J] . Academy of Management Review, 1992, 17 (2): 183–211.

255. GNYAWALI D R, FOGEL D S. Environments for entrepreneurship development: key dimensions and research implications [J] . Entrepreneurship Theory and Practice, 1994, 18 (4): 43–62.

256. GRAEVENITZ G V, HARHOFF D, WEBER R. The effects of entrepreneurship education [J] . Journal of Economic Behavior & Organization, 2010, 76 (1): 90–112.

257. GRUBER M, MACMILLAN I C. Entrepreneurial behavior: a reconceptualization and extension based on identity theory [J] . Strategic Entrepreneurship Journal, 2017, 11 (3): 195–370.

258. GU J, HU L. Risk propensity, self–regulation, and entrepreneurial intention: empirical evidence from China [J] . Current Psychology, 2018, 37 (3): 648–660.

259. GUPTA V K, JAVADIAN G, JALILI N. Role of entrepreneur gender and management style in influencing perceptions and behaviors of new recruits: Evidence from the Islamic Republic of Iran [J] . Journal of International Entrepreneurship, 2014, 12 (1): 85–109.

260. HAMZAH H, YAHYA Z, SARIP A G, et al. Impact of entrepreneurship education programme (EEP) on entrepreneurial intention of real estate graduates [J]. Pacific Rim Property Research Journal, 2016, 22(1): 1–13.

261. HANSEN D J, SHRADER R, MONITOR J. Defragmenting definitions of entrepreneurial opportunity [J] . Journal of Small Business Management, 2011, 49 (2): 283–304.

262. HAO N, YINGHUA Y. Entrepreneurship education matters: exploring secondary vocational school students' entrepreneurial intention in China [J] . The Asia–Pacific Education Researcher, 2018, 27 (2): 409–418.

263. HARRISON R T, LEITCH C M. Entrepreneurial learning: researching the interface between learning and the entrepreneurial context [J] . Entrepreneurship Theory & Practice, 2005, 29 (4): 351–371.

264. HARRYSON S J, DUDKOWSKI R, STERN A. Transformation networks in innovation alliances–the development of volvo C70 [J] . Journal of Management Studies, 2008, 45 (4): 745–773.

265. HAYNIE J M, SHEPHERD D, MOSAKOWSKI E, et al. A situated metacognitive model of the entrepreneurial mindset [J] . Journal of Business Venturing, 2010, 25 (2): 217–229.

266. HE V F, SIRÉN C, SINGH S, et al. Keep calm and carry on: emotion regulation in entrepreneurs' learning from failure [J] . Entrepreneurship Theory & Practice, 2018, 42 (4): 605–630.

267. HEUER A, KOLVEREID L. Education in entrepreneurship and the theory of planned behaviour [J] . European Journal of Training and Development, 2014, 38 (6): 506–523.

268. HISRICH R D. Entrepreneurship/intrapreneurship [J] . American Psychologist, 1990, 45 (2): 209–222.

269. HU R, YE Y. Do entrepreneurial alertness and self–efficacy predict Chinese sports major students' entrepreneurial intention [J] . Social Behavior and Personality: an international journal, 2017, 45 (7): 1187–1196.

270. HUNTER S T B. Climate for creativity: a quantitative review [J] . Creativity Research Journal, 2007, 19: 69–90.

271. INDRAWATI N K, SALIM U, DJUMAHIR A H, et al. The mediating role of entrepreneurial alertness in relationship between environmental dimensions and entrepreneurial commitment: entrepreneurial self–efficacy as moderating variables [J] . International Journal of Entrepreneurship & Small Business, 2015, 26 (4): 467–489.

272. JAMES L R, BRETT J M. Mediators, moderators, and tests for mediation [J]. Journal of Applied Psychology, 1984, 69（2）: 307-321.

273. JONES C, ENGLISH J. A contemporary approach to entrepreneurship education [J]. Education and Training, 2004, 46（8/9）: 416-423.

274. JONES P, MILLER C, PICKERNELL D, et al. Graduate entrepreneurs are different: they have more knowledge [J]. International Journal of Entrepreneurial Behavior & Research, 2011, 17（2）: 183-202.

275. KANG N H, ORGILL M K, CRIPPEN K J. Understanding teachers' conceptions of classroom inquiry with a teaching scenario survey instrument [J]. Journal of Science Teacher Education, 2008, 19（4）: 337-354.

276. KARIMI S, BIEMANS H J A, LANS T, et al. The impact of entrepreneurship education: a study of Iranian students' entrepreneurial intentions and opportunity identification [J]. Journal of Small Business Management, 2016, 54（1）: 187-209.

277. KATZ J A. The chronology and intellectual trajectory of American entrepreneurship education: 1876—1999[J]. Journal of Business Venturing, 2003, 18（2）: 283-300.

278. KIM J Y, CHOI D S, SUNG C S, et al. The role of problem solving ability on innovative behavior and opportunity recognition in university students [J]. Journal of Open Innovation Technology Market & Complexity, 2018, 4（1）: 4.

279. KIM T Y, HON A H Y, CRANT J M. Proactive personality, employee creativity, and newcomer outcomes: a longitudinal study [J]. Journal of Business & Psychology, 2009, 24（1）: 93-103.

280. KIRBY D A, IBRAHIM N. Entrepreneurship education and the creation of an enterprise culture: provisional results from an experiment in Egypt [J]. International entrepreneurship and management journal, 2011, 7（2）: 181-193.

281. KIRZNER I M. Competition and Entrepreneurship [M]. Chicago: University of Chicago Press, 2015.

282. KIRZNER I M. Perception, Opportunity, and Prof-it: Studies in the Theory of Entrepreneurship [M]. Chicago: The University of Chicago Press, 1979.

283. KLINE S J, ROSENBERG N. An Overview of Innovation [M]// Studies on Science and the Innovation Process: Selected Works of Nathan Rosenberg. Singapore: World Scientific Publishing, 2009: 173-203.

284. KNIGHT F H. Risk, Uncertainty, and Profit[M]. Boston: Houghton Mifflin, 1921.

285. KOLVEREID L, MOEN ØYSTEIN. Entrepreneurship among business graduates: does a major in entrepreneurship make a difference [J]. Journal of European Industrial Training, 1997, 21（4）: 154-160.

286. KOURILSKY M L. Entrepreneurship Education: opportunity in search of curriculum. Business Education Forum, 1995: 1-18.

287. KOURILSKY M, OTHERS A. The New Youth Entrepreneur: Getting Ready for Entrepreneurship. Entrepreneur? Who, Me? YESS! You. Module 1 [M]. Camden: Education, Training & Enterprise Center, 1995: 34.

288. KRUEGER N F, REILLY M D, CARSRUD A L. Competing models of entrepreneurial intentions [J]. Journal of Business Venturing, 2000, 15（5）: 411-432.

289. KÜTTIM M, KALLASTE M, VENESAAR U, et al. Entrepreneurship education at university level and students' entrepreneurial intentions [J]. Procedia Social & Behavioral Sciences, 2014, 110: 658-668.

290. KUCKERTZ A. Entrepreneurship education: status quo and prospective developments [J]. Journal of Entrepreneurship Education, 2013, 16: 59-71.

291. KUPPUSWAMY V, BAYUS B L. Crowdfunding creative ideas: the dynamics of project backers in kickstarter [J]. Social Science Electronic Publishing, 2013.

292. KURATKO D, HODGETTS R. Entrepreneurship: a Contemporary Approach [M]. 4th ed. Fort Worth: Dryden Press, 1998: 257-283.

293. LAMBERT R. Lambert Review of Business-University Collaboration: Final Report [R]. 2003.

294. LARCKER F D F. Evaluating structural equation models with unobservable variables and measurement error

[J] . Journal of Marketing Research, 1981, 18 (1): 39–50.

295. LEUTNER F, AHMETOGLU G, AKHTAR R, et al. The relationship between the entrepreneurial personality and the Big Five personality traits [J] . Personality & Individual Differences, 2014, 63: 58–63.

296. LEYDESDORFF L, ETZKOWITZ H. The Triple Helix as a model for innovation studies [J] . Science and Public Policy, 1998, 25 (3): 195–203.

297. LEYDESDORFF L. The triple helix, quadruple helix and an n-tuple of helices: explanatory models for analyzing the knowledge- based economy. [J] . Journal of the Knowledge Economy, 2012, 3 (1): 25–35.

298. LIÑÁN F, CHEN Y-W. Development and cross-cultural application of a specific instrument to measure entrepreneurial intentions [J] . Entrepreneurship Theory & Practice, 2010, 33 (3): 593–617.

299. LIÑÁN F. The Role of Entrepreneurship Education in the Entrepreneurial Process [M] //Handbook of Research in Entrepreneurship Education. Cheltenham: Edward Elgar Publishing, 2007: 230–247.

300. LUNDBERG H, ANDRESEN E. Cooperation among companies, universities and local government in a Swedish context [J] . Industrial marketing management, 2012, 41 (3): 429–437.

301. LUNDSTRÖM A, STEVENSONL A. Entrepreneurship Policy: Theory and Practice [M] . New York: Springer, 2005.

302. MAES J, LEROY H, SELS L. Gender differences in entrepreneurial intentions: a TPB multi-group analysis at factor and indicator level [J] . European Management Journal, 2014, 32 (5): 784–794.

303. MAN T W Y, LAU T, CHAN K F. The competitiveness of small and medium enterprises: A conceptualization with focus on entrepreneurial competencies [J] . Journal of Business Venturing, 2002, 17 (2): 123–142.

304. MARESCH D, HARMS R, KAILER N, et al. The impact of entrepreneurship education on the entrepreneurial intention of students in science and engineering versus business studies university programs [J] . Technological forecasting and social change, 2016, 104: 172–179.

305. MARTIN B C, MCNALLY J J, KAY M J. Examining the formation of human capital in entrepreneurship: a meta-analysis of entrepreneurship education outcomes [J] . Journal of Business Venturing, 2013, 28 (2): 211–224.

306. MARTIN M M, ANDERSON C M. The cognitive flexibility scale: three validity studies [J] . Communication Reports, 1998, 11 (1): 1–9.

307. MARTIN M M, RUBIN R B. A new measure of cognitive flexibility [J] . Psychological Reports, 1995, 76 (2): 623–626.

308. MAVIN S, BRYANS P. Management development in the public sector —what roles can universities play? [J] . International Journal of Public Sector Management, 2000, 13 (2): 142–152.

309. MCCAMMON M G. Corporate venture capital and Cambridge: a novel route to entrepreneurship at the University of Cambridge [J] . Nature Biotechnology, 2014. 32 (10): 975–988.

310. MCCRAE R R, COSTA P T, DEL PILAR G H, et al. Cross-cultural assessment of the five-factor model: The revised neo personality inventory [J] . Journal of Cross-Cultural Psychology, 1998, 29 (29): 171–188.

311. MCGEE J E, PETERSON M, MUELLER S L, et al. Entrepreneurial self-efficacy: refining the measure [J] . Entrepreneurship theory and Practice, 2009, 33 (4): 965–988.

312. MCMULLAN W E, GILLIN L M. Developing technological start-up entrepreneurs: a case study of a graduate entrepreneurship programme at Swinburne University [J] . Technovation, 1998, 18 (4): 275–286.

313. MCMULLAN W E, KENWORTHY T P. Creativity and Entrepreneurial Performance [M] . Cham: Springer Cham, 2015.

314. MERVAT SHARABATI-SHAHIN. A Framework for University-Industry Relationships [M] . Norderstedt: Lap Lambert Academic Publishing, 2013.

315. MULLINS J W, FORLANI D. Missing the boat or sinking the boat: a study of new venture decision making [J] . Journal of Business Venturing, 2005, 20 (1): 47–69.

316. MULLINS J, KOMISAR R. Getting to Plan B: Breaking Through to a Better Business Model [M] . Boston, MA: Harvard Business Press, 2009.

317. MWASALWIBA E S. Entrepreneurship education: a review of its objectives, teaching methods, and impact indicators [J] . IEEE Engineering Management Review, 2010, 40 (1): 72–94.

318. NAKWA K, ZAWDIE G. The role of innovation intermediaries in promoting the triple helix system in MNC–dominated industries in Thailand: the case of hard disk drive and automotive sectors [J] . International Journal of Technology Management & Sustainable Development, 2012, 11 (3): 265–283.

319. OBSCHONKA M, HAHN E, BAJWA N U H. Personal agency in newly arrived refugees: the role of personality, entrepreneurial cognitions and intentions, and career adaptability [J] . Journal of Vocational Behavior, 2018, 105: 173–184.

320. OBSCHONKA M, KAI H, LONKA K, et al. Entrepreneurship as a twenty–first century skill: entrepreneurial alertness and intention in the transition to adulthood [J] . Small Business Economics, 2017, 48 (3), 487–501.

321. OGUNLEYE A J, OSAGU J C. Self–Efficacy, Tolerance for ambiguity and need for achievement as predictors of entrepreneurial orientation among entrepreneurs in Ekiti State, Nigeria [J] . European Journal of Business and Management, 2014, 6: 240–250.

322. OSIYEVSKYY O, DEWALD J. Explorative versus exploitative business model change: the cognitive antecedents of firm–level responses to disruptive innovation [J] . Strategic Entrepreneurship Journal, 2015, 9 (1): 58–78.

323. PALICH L E, BAGBY D R. Using cognitive theory to explain entrepreneurial risk–taking: challenging conventional wisdom [J] . Journal of Business Venturing, 1995, 10 (6): 425–438.

324. PATEL K, TOKHY O E. Scenario–based teaching in undergraduate medical education [J] . Advances in Medical Education & Practice, 2016, 8: 9–10.

325. PATTERSON D. An interview with Stanford University president John Hennessy [J] . Communications of the ACM, 2016, 59 (3): 40–45.

326. PETERMAN N E, KENNEDY J. Enterprise education: influencing students' perceptions of entrepreneurship [J] . Entrepreneurship: Theory and Practice, 2003, 28 (2): 129–144.

327. PIPEROPOULOS P, DIMOV D. Burst bubbles or build steam? entrepreneurship education, entrepreneurial self–efficacy, and entrepreneurial intentions [J] . Journal of Small Business Management, 2015.

328. PODOYNITSYNA K S, BIJ H V D, SONG M. The role of mixed emotions in the risk perception of novice and serial entrepreneurs [J] . Entrepreneurship Theory and Practice, 2012, 36 (1) .

329. RAAB G, STEDHAM Y, NEUNER M. Entrepreneurial potential: an exploratory study of business students in the US and Germany [J] . Journal of Business & Management, 2005, 11: 71–88.

330. RAUCH A, HULSINK W. Putting entrepreneurship education where the intention to act lies: an investigation into the impact of entrepreneurship education on entrepreneurial behavior [J] . Academy of Management Learning & Education, 2015, 14 (2): 187–204.

331. REYNOLDS P D, BOSMA N, AUTIO E, et al. Global entrepreneurship monitor: data collection design and implementation 1998—2003 [J] . Small Business Economics, 2005, 24 (3): 205–231.

332. RUDMANN C. Entrepreneurial skills and their role in enhancing the relative independence of farmers [R] . Research Institute of Organic Agriculture FiBL, 2008.

333. SAMBHARYA R, MUSTEEN M. Institutional environment and entrepreneurship: an empirical study across countries [J] . Journal of International Entrepreneurship, 2014, 12 (4): 314–330.

334. SARASVATHY S D, DEW N, READ S, et al. Designing organizations that design environments: lessons from entrepreneurial expertise [J] . Organization Studies, 2009, 29 (3): 331–350.

335. SCOTT J M, PENALUNA A, THOMPSON J L. A critical perspective on learning outcomes and the effectiveness of experiential approaches in entrepreneurship education [J] . Education & Training, 2016,

58（1）：82–93.

336. SHANE S, VENKATARAMAN S. The Promise of Entrepreneurship as a Field of Research ［ M ］// Cuervo Á, Ribeiro D, Roig S. Entrepreneurship. Berlin, Heidelberg：Springer, 2007.

337. SHEPHERD D A. Party On! A call for entrepreneurship research that is more interactive, activity based, cognitively hot, compassionate, and prosocial ［ J ］. Journal of Business Venturing, 2015, 30（4）：489–507.

338. SINGH G, DENOBLE A. Views on self–employment and personality：an exploratory study ［ J ］. Journal of Developmental Entrepreneurship, 2003, 8（3）：265–281.

339. SiTKIN S B, WEINGART L R. Determinants of risky decision–making behavior：a test of the mediating role of risk perceptions and propensity ［ J ］. Academy of Management Journal, 1995, 38（6）：1573–1592.

340. SMITH A M J, PATON R A. Embedding enterprise education：a service based transferable skills framework ［ J ］. The International Journal of Management Education, 2014, 12（3）：550–560.

341. SMITH R M, ARDESHMUKH S R, OMBS G M. Understanding gender, creativity, and entrepreneurial intentions ［ J ］. Education Training, 2016, 58（3）：263–282.

342. SOUITARIS V, ZERBINATI S, AL–LAHAM A. Do entrepreneurship programmes raise entrepreneurial intention of science and engineering students? The effect of learning, inspiration and resources ［ J ］. Journal of Business Venturing, 2007, 22（4）：566–591.

343. STERNBERG R J, LUBART T I. The concept of creativity：prospects and paradigms ［ J ］. Handbook of Creativity, 2006：3–15.

344. STIRLING J. Cambridge University History Faculty Building ［ M ］// Nicholas Ray. Architecture and its Ethical Dilemmas. London：Taylor & Francis, 2005：17–28.

345. STOREY D J. Understanding the Small Business Sector ［ M ］. London：Routledge, 1994.

346. TANG J, KACMAR K M, BUSENITZ L. Entrepreneurial alertness in the pursuit of new opportunities ［ J ］. Journal of Business Venturing, 2012, 27（1）：77–94.

347. TANG J. Environmental munificence for entrepreneurs：entrepreneurial alertness and commitment ［ J ］. International Journal of Entrepreneurial Behavior & Research, 2008, 14（3）：128–151.

348. TARIQ A. Antecedents of entrepreneurial intentions and entrepreneurial behaviour：The role of entrepreneurial education and contextual factors ［ D ］. Kuala Lumpur：Universiti Malaya, 2015.

349. THORADENIYA P, LEE J, TAN R, et al. Sustainability reporting and the theory of planned behaviour ［ J ］. Accounting, Auditing & Accountability Journal, 2015, 28（7）：1099–1137.

350. TIWARI P, BHAT A K, TIKORIA J. Relationship between Entrepreneurship Education and Entrepreneurial Intentions：A Validation Study ［ M ］//Manimala M, Thomas P. Entrepreneurship Education. Singapore：Springer, 2017.

351. URBAN B. A metacognitive approach to explaining entrepreneurial intentions ［ J ］. Management Dynamics：Journal of the Southern African Institute for Management Scientists, 2012, 21（2）：16–33.

352. UTAMI C W. Attitude, subjective norms, perceived behavior, entrepreneurship education and self–efficacy toward entrepreneurial intention university student in Indonesia ［ J ］. European Research Studies Journal, 2017, 20（2）：475–495.

353. UY M A, CHAN K Y, SAM Y L, et al. Proactivity, adaptability and boundaryless career attitudes：the mediating role of entrepreneurial alertness ［ J ］. Journal of vocational behavior, 2015, 86（1）：115–123.

354. VAN PRAAG C M, CRAMER J S. The roots of entrepreneurship and labor demand：individual ability and low risk aversion ［ J ］. Economic, 2001, 68（269）：45–62.

355. VAN KLEEF G A, DE DREU C K W, MANSTEAD A S R. Supplication and appeasement in conflict and negotiation：the interpersonal effects of disappointment, worry, guilt, and regret ［ J ］. Journal of Personality & Social Psychology, 2006, 91（1）：124–142.

356. WACKER J. Effects of positive emotion, extraversion, and dopamine on cognitive stability flexibility and

frontal EEG asymmetry [J]. Psychophysiology, 2018, 55 (1): e12727.

357. WALTER S G, BLOCK J H. Outcomes of entrepreneurship education: an institutional perspective [J]. Journal of business venturing, 2016, 31 (2): 216-233.

358. WILSON F, KICKUL J, MARLINO D. Gender, entrepreneurial self-efficacy, and entrepreneurial career intentions: implications for entrepreneurship education [J]. Entrepreneurship Theory & Practice, 2007, 31 (3): 387-406.

359. WOOD M S, WILLIAMS D W. Opportunity evaluation as rule-based decision making [J]. Journal of Management Studies, 2014, 51 (4): 573-602.

360. XU X, NI H, YE Y. Factors influencing entrepreneurial intentions of Chinese secondary school students: an empirical study [J]. Asia Pacific Education Review, 2016, 17 (4): 625-635.

361. ZAMPETAKIS L A, GOTSI M, ANDRIOPOULOS C, et al. Creativity and entrepreneurial intention in young people [J]. International Journal of Entrepreneurship & Innovation, 2011, 12 (3): 189-199.

362. ZHANG P, WANG D D, OWEN C D. A study of entrepreneurial intention of university students [J]. Entrepreneurship Research Journal, 2014, 5 (1): 61-82.

363. ZHAO H, SEIBERT S E, HILLS G E. The mediating role of self-efficacy in the development of entrepreneurial intentions [J]. Journal of Applied Psychology, 2005, 90 (6): 1265-1272.

读者意见反馈

为收集对教材的意见建议,进一步完善教材编写并做好服务工作,读者可将对本教材的意见建议通过如下渠道反馈至我社。

咨询电话　400-810-0598

反馈邮箱　gjdzfwb@pub.hep.cn

通信地址　北京市朝阳区惠新东街4号富盛大厦1座　高等教育出版社总编辑办公室

邮政编码　100029

防伪查询说明

用户购书后刮开封底防伪涂层,使用手机微信等软件扫描二维码,会跳转至防伪查询网页,获得所购图书详细信息。

防伪客服电话　(010) 58582300